Rowohlt Verlag GmbH, Kirchenallee 19, 20099 Hamburg

Kontaktadresse nach EU-Produktsicherheitsverordnung:
produktsicherheit@rowohlt.de

Zu diesem Buch

«Es war ein trüber Wintertag im Februar, Nebel in der Luft und die Stadt grau und konturlos. Es war der Tag, der mich abschnitt von der Welt, deren Teil ich gewesen war und der mich ausstieß aus meinem bisherigen Leben.»

So beginnt der erschütternde Bericht der jungen Mutter und angehenden Malerin, als sie ihren ersten Psychose-Schub erleidet. Einfühlsam zeichnet Renate Klöppel den Verlauf der Krankheit nach, schildert, wie auch die Familie und das soziale Umfeld an der Schizophrenie der jungen Frau zu zerbrechen drohen. Nach einem langen Weg findet sie schließlich zurück in ihr Leben als Künstlerin, Ehefrau und Mutter, ohne ihre Krankheit zu verleugnen.

Renate Klöppel, geboren 1948, ist Diplommusikpädagogin und Kinderärztin mit dem Tätigkeitsschwerpunkt Sozialpädiatrie. Sie lernte die Protagonistin durch eines ihrer beiden Bücher kennen und gewann ihr Vertrauen. Im engen Austausch mit ihr schrieb sie die von Schizophrenie geprägte Lebensgeschichte nieder, um sie einem breiten Publikum von Interessierten, Betroffenen und deren Angehörigen zugänglich zu machen.

Neben vier Fachbüchern hat Renate Klöppel zwei Kriminalromane und einen literarischen Roman veröffentlicht. Kontaktmöglichkeiten bestehen unter *www.Renate-Kloeppel.de*. Eine ausführliche Vita der Hauptperson findet sich auf Seite 287.

Renate
Klöppel

Die Schattenseite des Mondes

Ein Leben mit Schizophrenie

Rowohlt Taschenbuch Verlag

7. Auflage November 2020

Originalausgabe
Veröffentlicht im Rowohlt Taschenbuch Verlag,
Reinbek bei Hamburg, Dezember 2004
Copyright © 2004 Rowohlt Verlag GmbH, Reinbek
bei Hamburg
Redaktion Katrin Mackowiak
Umschlaggestaltung ZERO Werbeagentur, München
(Foto: mauritius images)
Satz Bembo PostScript bei Pinkuin
Satz und Datentechnik, Berlin
Druck und Bindung BoD - Books on Demand GmbH,
Norderstedt, Germany
ISBN 978 3 499 61941 0

Inhalt

Vorwort

Wahnsinn, bei dir bleiben dürfen und nicht mehr zurückmüssen in die sterbliche Welt, in die Vergänglichkeit, die Unvollkommenheit, die sinnlosen Kämpfe, die Bedeutungslosigkeit, die Hässlichkeit, die Leere, die Trostlosigkeit, die Gewalt, die Verständnislosigkeit …

Diese Zeilen schrieb «Maria Jahn» während eines ihrer Aufenthalte in einer psychiatrischen Klinik. Die junge Mutter erkrankte mit 28 Jahren während ihres Studiums an einer Kunstakademie an Schizophrenie und durchlebte in den folgenden Jahren fünf schwere psychotische Episoden. Das Buch «Die Schattenseite des Mondes» schildert diese Zeit. Was Maria Jahn widerfuhr, war für sie selbst wie für ihre Angehörigen rätselhaft und unbegreiflich. Und doch sind ihre Erlebnisse und Erfahrungen nicht ungewöhnlich. Schizophrenie kommt häufig vor, wird aber oft verkannt oder verschwiegen. Jeder Hundertste erkrankt an Schizophrenie, und in jeder Nachbarschaft, in jedem größeren Bekanntenkreis gibt es jemanden, der von dieser oft erschreckenden Erkrankung betroffen ist oder der Verwandte hat, die daran leiden.

Den Anstoß, dieses Buch zu schreiben, gaben meine eigenen Begegnungen mit Betroffenen und die Konfrontation mit ihrem Schicksal. Die Protagonistin lernte ich kennen, als ich dieses Buch plante. Ich wurde auf sie aufmerksam, weil sie selbst gemeinsam mit ihrem Mann zwei Ratgeber für Betroffene verfasst hat, in die Erfahrungen aus ihrem eigenen Leben einfließen.

Die hier niedergeschriebenen Ereignisse haben sich in Wirklichkeit nicht in München abgespielt, sondern in einer anderen deutschen Großstadt. Auch andere Orte wurden verändert, um die Anonymität der Menschen zu wahren, die den Lebensweg von Maria geprägt haben. Wie ihre Erkrankung auch, so entwickelt sich jede Schizophrenie vor dem Hintergrund einer individuellen Lebensgeschichte, die sich in den Wahninhalten widerspiegeln kann. Doch bei aller Individualität finden sich im Leben vieler Betroffener Gemeinsamkeiten in ihren Erfahrungen, Ängsten, Gedankengängen, in ihren Hoffnungen und Wünschen. Auch die Reaktionen der Angehörigen, ihr Nichtverstehen, ihr Nichterkennen und vor allem ihr Nicht-wahrhaben-Wollen wiederholen sich in vielen Krankheitsgeschichten.

Seit Jahren war die Hauptperson nicht mehr in stationärer Behandlung. Sie hat nach mehreren Rückfällen gelernt, mit ihrer Krankheit zu leben, fast als sei sie gesund. Vor allem hat sie gelernt, schon die allerfeinsten Anzeichen einer drohenden Psychose wahrzunehmen und die notwendigen Konsequenzen zu ziehen.

Ihre persönliche Geschichte möge vielen Betroffenen und deren Angehörigen Mut machen. Sie möge auch helfen, an Schizophrenie erkrankten Menschen offen und vorurteilsfrei und mit mehr Verständnis zu begegnen.

Mein Dank gilt den vielen Menschen, die mich durch ihre Gespräche bei der Arbeit an diesem Buch unterstützt haben, sowie den psychiatrischen Kliniken, die mir Einblick in ihre Arbeit gewährt haben. Insbesondere danke ich der Klinik und

Poliklinik für Psychiatrie und Psychotherapie der Ludwig-Maximilians-Universität München.

Mein ganz besonderer Dank gilt natürlich der Hauptperson und ihrem Mann, die mein Anliegen zu ihrem gemacht haben und durch die enge und vertrauensvolle Zusammenarbeit dieses Buch ermöglicht haben.

Wie es anfing

Eine leere Fläche, braun und gelb. Weit und breit kein Mensch, ein Haus in der Ferne, Bäume am Horizont. Dunkle Regenwolken, darunter das schwarz-weiße Geflatter eines Kiebitzschwarms. Ich gehe weiter in die Richtung, die mir vorgegeben ist.

Mein Weg führt ins Moor.

Wasserpfützen zwischen gelben Grasbüscheln, tote Birken mit kahlem Geäst wie schwarze Tuschezeichnungen, Piktogramme voller Bedeutung, Zeichen in einer Sprache, die mich berührt. Ihre Worte kenne ich nicht. Ich gehe auf die Bäume zu, lausche den leblosen Ästen. Sie zischeln, sie wispern, sie rufen mir zu.

Ich kann sie nicht verstehen!

Die Erde gibt nach unter meinen Schritten, neben mir tiefes Wasser, braun wie Kaffee, Moorkuhlen, undurchsichtig und rätselhaft. Auf der Wasserfläche das Gesicht des Geliebten, Haare, dunkel wie das Wasser, Augen wie Steinkohle. Das Bild verschwimmt, verschwindet.

Wo bist du?

Du führst mich hierher, doch ich finde dich nicht. Ich weiß, dass du hier bist!

Ein Baumstamm im Wasser, bemoost und schon halb versunken. Die Welt ist voller Bilder, deine Botschaften und Zeichen sind überall.

Ich sehe sie, aber ich begreife sie nicht.

An einem Wasserloch hocken schwarz gekleidete Frauen, die Gesichter mit Schleiern verhüllt, wie ein Schwarm riesenhafter Raben. Was wollt ihr von mir?

Ich weiche ihnen aus.

Hellgrünes Torfmoos zwischen krüppeligen Kiefern, ein schwankender Teppich, darunter ein Abgrund.

Keine Angst, hab keine Angst!

Meine Füße versinken bis über die Knöchel, braunes Wasser quillt in meine Schuhe, alles gibt nach, nichts Festes ist mehr unter mir. Das Gurgeln des Wassers wird lauter, ein Rauschen, ein mächtiges Dröhnen, ferne Brandung eines Meeres. Ich taumele weiter, eingetaucht in das schwammige Grün. Der Ast einer Kiefer am Rand, ein Wollgrasbüschel geben mir Halt.

Über mir ein Bussard, sein Schrei zerteilt die Luft und wird sichtbar, steht zitternd am grauen Himmel, ehe er herabstürzt zur Erde. Die schwarzen Frauen sehen mich an. Sie heben die Hände. Kehr um! Du darfst hier nicht gehen.

Ich bleibe stehen, weiche vor ihnen zurück. Trauer und Schmerz. Mein Weg war umsonst. Die Sehnsucht ist unerträglich.

September 1996

Seit einer Stunde steht Kai am Fenster und starrt hinaus.

«Mama, warum schauen mich die Männer so an?»

Ich blicke über seine Schulter. Draußen hält ein Bus. Eine alte Frau, ein paar Kinder sitzen hinter den nassen Scheiben.

«Niemand sieht dich an», sage ich.

Kai ist ratlos und verwirrt. «Mama, siehst du nicht die Männer?»

Ich wende mich ab. «Komm doch endlich zum Essen.»

«Mama, die Männer!»

Mein Gesicht ist jetzt so dicht an der Scheibe wie seines, und nun sehe ich sie auch. Drei Männer stehen auf dem Gehweg, mit Schreibheften und Stiften und tatsächlich, sie sehen herauf.

«Was wollen die?»

«Ich weiß es nicht», sage ich. «Komm doch zum Essen.»

«Mama, die Kinder auf dem Schulhof sehen mich so komisch an», sagt Kai am nächsten Tag, als er aus dem Gymnasium kommt.

Ich habe Angst um ihn. Ich kenne sie, diese Blicke, die niemand ausgesendet hat. Das kann ein Anfang sein. Heute sind es nur Blicke. Morgen ist es vielleicht schon mehr. Es kann ganz allmählich anfangen.

– Ich weiß, wie es ist, wenn man verrückt wird.

Acht Jahre zuvor hat der Wahnsinn zum ersten Mal von mir Besitz ergriffen. Ganz allmählich ist er über mich gekommen als ein sachtes Hineingleiten in eine befremdliche Welt. Immer mehr Dinge wurden bedeutsam, Zufälliges ordnete sich zu Bildern, Bilder wurden zu Rätseln, Rätsel zu Sprache. Aber ich konnte sie nicht verstehen. Erst hatte es nichts Erschreckendes, nicht bis sie den Zauber über mich brachten. Der Zauber, das waren ihre Pfeile, das war das Gift, das war der Tod.

Es war ein trüber Wintertag, Nebel in der Luft und die Stadt grau und konturlos, ein ganz gewöhnlicher Tag im frühen Februar. Aber es war der Tag, der mich abschnitt von der Welt, deren Teil ich gewesen war, und der mich ausstieß aus meinem bisherigen Leben. Niemals nach diesem Tag sollte es wieder sein wie zuvor. Die junge unbekümmerte Mutter, die sorglose Kunststudentin, ist an diesem Tag gestorben.

Sie sitzen im Kreis, als ich als Letzte komme, hinter ihnen die Staffeleien, die Tische mit den Farben und Pinseln. Ich sehe ihre Gesichter, helle Scheiben mit dunklen Augenschlitzen, sehe gebeugte Rücken auf hohen Schemeln, sehe Holgers schwarze Haare, seine eckigen Schultern. Ich schließe die Tür hinter mir, bleibe stehen. Jetzt bemerken sie mich, zuerst die, deren Gesicht der Tür zugewandt ist, dann die anderen, sie drehen sich um, unwillig und abweisend. Holger, der jetzt verstummt, lässt das Bild in seinen Händen sinken und blickt in meine Richtung. Ich klammere mich an die Mappe mit meinen Zeichnungen, sehe seine Augen, sehe die feindseligen Blicke der anderen zwölf.

Niemand macht Platz für mich.

Dann, während ich noch unbeweglich stehe, geschieht das Unfassbare. Ich sehe die Pfeile, die sie senden, spitze schwarze Geschosse, die mich erreichen, mich treffen mitten ins Herz, wo sie mit furchtbarem Schmerz stecken bleiben. Ich fühle das Gift in meinem Körper, und ich weiß, ich werde sterben, getötet von ihren Pfeilen, vernichtet von dem Zauber, den sie über mich gebracht haben. Mein Mund öffnet sich, ich will schreien, aber ich bleibe stumm.

Qualvolle, unerträgliche Angst. Todesangst!

«Warum setzt du dich nicht?», fragt Holger. Endlich macht mir jemand Platz. Aber ich weiche zurück. Die Pfeile! Sie stecken noch immer in meinem Herzen. Ich sehe sie und spüre, wie sich ihr Gift ausbreitet. Ihr Neid, ihre Missgunst sind leibhaftig geworden und ihre Gedanken greifbare Realität.

«Maria, was ist los mit dir?»

Ich antworte nicht.

Das ist der Zauber! Sie haben mich nie gemocht. Was mich getroffen hat, ist ihr Hass. Es ist die Vergeltung für meine Liebe zu Holger.

Grauenvolle Angst!

Ich verlasse das Atelier, fliehe den langen Gang entlang, die Treppe hinunter, hindurch zwischen Castor und Pollux auf ihren bronzenen Pferden, fort von der Akademie. Die Pfeile! Ich muss die Pfeile loswerden und den Tod, der in mich eingedrungen ist, der mich zerfrisst, zerreißt, vernichtet. Ich sehe nicht die rote Ampel am Siegestor, höre nicht das Hupen der Autos und das Quietschen der Reifen. In mir ist ein Abgrund aus Schmerzen, Angst und Verzweiflung.

Ich brauche Hilfe!

Gleichgültige, abweisende Gesichter. Niemand hilft.

Plötzlich vor mir eine alte Frau. Über ihren Stock gebückt, schlurft sie den Gehweg entlang. Das ist meine Chance. Diese Greisin wird sich nicht wehren, sie wird mein Leben retten. Ich folge ihr. An einer Querstraße bleibt sie stehen, ich dicht neben ihr, ganz dicht. Ich bündele alle meine Energie, alle meine Vorstellungskraft in einen einzigen Gedanken: Ich reiße die Pfeile aus meinem Körper, ziehe mit ihnen den Zauber heraus, das Gift. Sie werden die Alte treffen, todbringend, und sie wird sie mit in ihr Grab nehmen. Ich habe keine Wahl, nur so kann es Rettung für mich geben.

Die Alte rührt sich nicht. Die knochige Hand auf den Griff ihres Stockes gestützt, verharrt sie wie ein verwittertes Stück Holz, gleichgültig und teilnahmslos. Nichts ist ihr geschehen.

Meine Pfeile haben sie nicht getroffen. Sie müssen ihr Ziel verfehlt haben. Aber ein Opfer wird es geben, der Hass wird es fordern.

Kai! Kai ist das Opfer! Mein Sohn ist in Gefahr, und ich bin schuld. Ich habe die Pfeile zu ihm geschickt. Ich muss Kai holen, ich muss ihm helfen!

Die Angst um meinen Sohn ist mit einem Mal unerträglich. Der Zauber, der mich getroffen hat, bedroht jetzt auch ihn.

Ich fahre zum Kindergarten, aber er ist nicht da, niemand aus seiner Gruppe ist da. Der Raum ist leer, die Stühlchen, die Puppen, die Spiele verlassen.

Ohne jemanden zu fragen, fahre ich davon.

Angst! Nur Angst.

Von zu Hause rufe ich Joachim an, erzähle vom leeren Gruppenraum.

«Kai ist fort», sage ich, und das Entsetzen in meiner Stimme kann ihm nicht entgehen. «Ich muss ihn suchen.»

Joachim hat zu tun, mein Anruf stört ihn. «Warum hast du nicht gefragt, wo die Gruppe ist? Warum bist du überhaupt noch einmal zum Kindergarten gefahren?»

Ich antworte nicht. Etwas in mir verbietet es, über das Ungeheure zu sprechen, das sich ereignet hat. Was wäre, wenn Joachim mir die Pfeile und das Gift in meinem Körper glauben würde? Wenn er mein Grauen teilte? Und meine Angst um Kai? Noch ist die Hoffnung in mir, der Albtraum werde enden, der Film zerreißen und die Wirklichkeit etwas anderes sein als das, was ich in dieser Stunde erlebe. Joachim hätte mir diesen Ausweg verschütten können.

«Ich muss jetzt arbeiten», sagt er. Und: «Mach dich nicht verrückt, bloß weil die Kinder unterwegs sind.» Er legt auf, und ich bleibe sitzen, starre geradeaus, unfähig, zu denken oder etwas zu tun. Nach endlosen Minuten lege ich den Hörer auf den Apparat, wähle jedoch sofort wieder die Nummer vom Kindergarten, höre auf das Tuten. Niemand meldet sich.

Immer mehr Angst!

Ich wähle noch einmal, warte endlos. Dann eine fremde Stimme. Sie kennt Kai. «Die Kinder sind in den Englischen Garten gegangen.» Die Stimme wundert sich über meine Sorge.

Wie eine Fremde warte ich in der Wohnung. Alles ist anders, Joachims Mantel an der Garderobe, Kais Schuhe im Flur, sein Bagger und die Bauklötze sind Staffage einer fremden Welt. Ich kauere auf meinem Stuhl am Schreibtisch und rauche eine Zigarette nach der anderen, harrend und bangend, dass etwas geschehen würde. Die Post vor dem Briefkastenschlitz geht mich nichts an, das Fleisch im Kühlschrank und das Frühstücksgeschirr auf dem Küchentisch sind mir egal. Mein Zeichenblock und ein paar Pinsel liegen vor mir. Endlich greife ich einen und tauche ihn in die schwarze Farbe. Immer wieder fahre ich über das Papier, bis es zerreißt. Ja, das ist es! Ich löse das Blatt vom Block und beginne aufs Neue, führe wieder den Pinsel so heftig, bis das Papier an einer Stelle nachgibt: verletztes Leben in einer zerrissenen Welt. Es sind die Spuren dessen, was mir widerfährt: Von mir und meinen Bildern bleiben Fetzen.

Unerträgliche Qual!

Ich springe auf, renne ins Schlafzimmer. In meinem Körper und auf meiner Haut brennt das Feuer. Ich reiße meine Kleidung vom Leib, den roten Pullover, die blauen Jeans. Farbig, das ist dicht, das ist schwer, das ist schwer zu tragen, das ist unerträglich. Das Gewicht der Farben presst meinen Körper zusammen und droht mich zu ersticken. Eine helle Sommerhose, eine weiße Bluse, das ist alles, was ich ertragen kann. Das Brennen lässt nach.

Um zwölf hole ich Kai aus dem Kindergarten nach Hause.

«Mama, warum gibt es heute nichts zu essen?»

Keine Antwort.

Ich helfe ihm, die Schuhe wieder anzuziehen, nehme ihn an die Hand, ziehe ihn mit mir fort, die Treppen hinunter und weiter durch die Straßen zur U-Bahn-Station.

«Mama, wohin fahren wir?»

«In die Stadt.»

«Was machen wir da?»

Schweigen. Kai macht sich von meiner Hand los, hüpft an der Bahnsteigkante, schneidet Grimassen und macht alberne Geräusche.

«Passen Sie auf das Kind auf», ruft jemand, als der Zug einfährt.

In der U-Bahn schläft Kai ein. Er sitzt auf meinem Schoß, und sein Kopf liegt an meiner Brust, gerade dort, wo noch immer die Pfeile stecken. Ich habe sie nicht entfernen können, und der Schmerz hat meinen Körper nicht verlassen. Ich streiche über seinen blonden Scheitel, ich ziehe die Kapuze über seine Haare. Das kann ein Schutz sein, das gibt ein klein wenig Sicherheit vor ihrer Magie. Mehr kann ich nicht für ihn tun. Am Marienplatz steige ich aus, auf meinem Arm das müde, schwere Bündel. Das Gedränge und Geschiebe in der niedrigen Tunnelröhre versetzen mich in Schrecken. Ich habe Angst, in der grauen Masse zu versinken. Der Strom der Leiber reißt mich mit sich fort zur Rolltreppe und weiter zum Ausgang. Ich kann die vielen Menschen nicht ertragen. Draußen stelle ich Kai auf die Füße und ziehe ihn eilig über den weiten Platz in den Schutz der Häuser. Die Stadt ist abweisend und bedrohlich.

«Mama, ich habe Hunger.»

Bei einem Bäcker kaufe ich ihm eine Butterbrezel. Ich esse nichts. Kai stolpert über seine Füße, als ich ihn weiterziehe. Widerwillig folgt er mir in ein Kaufhaus, bleibt immer wieder stehen, müde und nörgelnd. Ich finde nichts, was mir hätte helfen können. Wonach suche ich? Kai zerre ich weiter zum nächsten Kaufhaus, wir treten durch die eine Tür hinein, fahren mit der Rolltreppe durch die Stockwerke, fahren wieder hinunter, verlassen das Gebäude durch irgendeine andere Tür.

«Mama, ich will nochmal Rolltreppe fahren.» Ich lasse mich fortziehen, zurück ins Kaufhaus. Wir fahren fünfmal, zehnmal, zwanzigmal, immer hinauf durch alle Stockwerke und wieder hinunter. Kai wird wissen, warum wir das tun müssen. Ist das seine Hilfe? Er muss eingeweiht sein in ihren Zauber, also hat das Fahren einen Sinn. Ich habe nicht den Mut, mich seinem Wunsch zu widersetzen. – Und nicht die Kraft.

Dann hat er genug. Er bleibt in der Spielwarenabteilung stehen.

«Mama, kaufst du mir ein Auto?»

Alles kann er von mir bekommen, jedes Wort, das er sagt, könnte meine Rettung sein. Kai nimmt ein kleines blaues Auto aus Blech. «Mein Papa baut große Autos», sagt er zur Verkäuferin.

Später, auf dem Heimweg, gehen wir in eine Boutique, die ich noch nie zuvor betreten habe, nur ein paar hundert Meter von unserer Wohnung entfernt. Ich sehe die Blicke der Verkäuferinnen, und sie sind Realität, ihre herablassenden Mienen, ihr Starren auf meine dünne Bluse und ihr eingefrorenes

Lächeln. Ich gehöre nicht hierher, und Kai gehört nicht hierher. An einer Puppe neben der Tür hängt ein weißes Etwas, kein Mantel, kein Cape, nichts als eine Decke, ein Umhang aus dünn gewebter Wolle ohne Kragen und ohne Ärmel. Das Stück Stoff ist teuer, aber ich brauche es, unbedingt. Ich kann nicht mehr ohne es sein.

Joachim kommt um sechs von der Arbeit, wie immer. Ich stehe in der Küche, ratlos, ich stehe vor den Tassen und den Tellern, vor den Messern und Gabeln und kann den Tisch nicht decken. Joachim stellt das Geschirr auf den Tisch, und nun sind sie plötzlich wieder da, die vertrauten Handlungen, die Automatismen des Alltags. Ich verteile das Geschirr, und Joachim weiß nicht, warum der Tisch leer war, als er nach Hause kam.

Beim Essen fährt Kai mit dem neuen blauen Auto auf dem Tisch hin und her, immer heftiger, immer ungestümer. Endlich stößt er gegen seinen Becher, dass er umfällt. Joachim holt einen Lappen und wischt den Tee auf.

«Die Mama hat mir ein Auto geschenkt.»

«Das war nicht zu übersehen», sagt Joachim. «Wo wart ihr heute Morgen?»

«Bei den Enten am Teich. Die haben mein Brot gegessen.»

Später sagt Kai: «Die Mama hat an der Straße nicht geschaut. Da kamen Autos, und wir mussten ganz schnell laufen.»

Und: «Die Mama hat einen ganz komischen Mantel gekauft.»

Nach dem Abendbrot läuft Kai zu seinem großen Bagger ins Wohnzimmer. Joachim schiebt seinen Teller zur Seite und holt den Prospekt, den er aus der Firma mitgebracht hat: Limousinen und Sportwagen auf Hochglanzpapier.

«Ich bin krank», sage ich.

Joachim blickt kurz auf. «So?», sagt er, als habe er meine Worte nicht wirklich gehört. Dann schweigt er, den Blick auf Ledersitzen und Edelholzblenden.

«Ich bin krank», sage ich noch einmal.

Joachim sieht mich prüfend an, auch ein wenig besorgt. «Wenn du krank bist, warum bist du so sommerlich angezogen?»

«Ich bin nicht erkältet.»

Joachim vertieft sich in die technischen Daten, obwohl er spürt, dass etwas noch nicht gesagt ist.

«Wieso bist du krank?»

«Es ist ein Zauber.»

«Aha», sagt Joachim und lacht. Er senkt seinen Blick wieder, tastet sich noch einmal zu mir zurück, unsicher, fragend.

«Ein Voodoo-Kult, Fernanda hat ihn aus Brasilien mitgebracht.»

Joachim steht auf, streicht mir im Vorübergehen über das Haar, ein erleichterter, gutherziger Hüne, ein argloser Rationalist, in dessen Leben Zauberei keinen Platz hat. Dann geht er an den Kühlschrank, holt sich ein Bier. Er gießt sich ein, vorsichtig, als gäbe es nichts Wichtigeres, als sei es der einzige Gegenstand seiner Sorge, das Glas zu füllen und dem Schaum zuzusehen, wie er sich zur Krone sammelt und knapp über dem Rand stehen bleibt. Endlich sieht er meinen Blick.

«Was hast du da gerade gesagt?»

Kai kommt mit seinem großen Bagger in die Küche, fährt einen Meter vor bis zum Tisch, einen Meter zurück. Zu mehr reicht der Platz nicht. Ich stehe auf, räume ab, und Kai fährt vor meinen Füßen hin und her, immer wieder einen Meter vor, einen Meter zurück.

Kein Wort von den Pfeilen, kein Wort von dem Gift. In meinem Herzen brennt der Schmerz.

«Ich habe Herzstiche», sage ich, «seit ich heute in der Akademie war.»

«Du arbeitest zu viel.» Joachim blättert weiter in dem Heftchen, sieht nur kurz auf, als ich mich zu ihm setze. Kai stoppt seinen Bagger. Er klettert auf meinen Schoß und legt den Kopf an meine Brust. Es ist still bis auf das Ticken der Uhr auf dem Schrank und das leise Geräusch, wenn der große Zeiger mit den verstreichenden Minuten weiterrückt. Die Zeit vergeht, Kais Augen werden klein vor Müdigkeit, er liegt ganz schwer in meinen Armen, und ein bisschen kehrt jetzt Ruhe ein – Ruhe und Hoffnung. Vielleicht wird morgen alles wieder sein wie zuvor, und dieser Tag wird vergehen und vergessen werden wie ein böser Traum.

Joachim hat das Heft durchgeblättert und steht auf. Er stellt sich hinter mich, legt seine Hände auf meine Schultern und beugt sich zu mir herunter. «Heute Abend bringe ich Kai ins Bett, und morgen früh fahre ich ihn zum Kindergarten, dann kannst du länger schlafen.»

Ich greife nach seiner Hand. «Das ist lieb von dir.»

Ja, schlafen. Endlich wieder Ruhe finden. Schlafen und den Albtraum hinter mir lassen.

Um zehn Uhr liege ich im Bett. Ich warte auf den Schlaf. Die Stunden der Nacht kriechen dahin. Am nächsten Tag ist meine Unruhe groß wie am Tag zuvor, dazu eine Sehnsucht nach Holger, die unerträglich ist. Wo kommt dieses Sehnen her, das sogar die Angst vor dem Zauber verdrängt, vor dem Gift und den Pfeilen?

«Wie geht es dir heute?», fragt mich Joachim am nächsten Abend.

«Nicht gut.»

Er sieht mich lange und nachdenklich an: «Ich glaube, irgendwann wirst du dich entscheiden müssen. Hausfrau, Mutter und Kunststudentin, das kann kein Mensch bewältigen.»

Ich schweige. Was Joachim sagt, ist belanglos geworden. Etwas in mir hat mir die Entscheidung abgenommen, und was mich treibt, ist nicht das Studium selbst. Es gibt nur eine Möglichkeit. Nach dem Abendessen nehme ich den weißen Umhang und stehle mich fort ohne Begründung, ohne Blick, ohne Gruß.

Kai schläft noch nicht, Joachim wird ihn zu Bett bringen.

«Wohin gehst du?», ruft Joachim mir durchs Treppenhaus nach.

«Weg.»

Meine Unruhe treibt mich zur Eile. Ich nehme die U-Bahn, steige an der Universität wieder aus und renne die Schellingstraße entlang, als käme ich zu spät zu einer wichtigen Verabredung.

Im «Atzinger» ist es voll wie immer. Ich starre in jedes der Gesichter. Das, welches ich suche, finde ich nicht. Ein paar Studenten an einem großen Tisch hinter der Tür kenne ich von der Akademie. Ich verlasse das Lokal, ohne sie zu grüßen. Ich laufe weiter zum «Alten Simpl», drängele mich durch das große verwinkelte Lokal, immer in Eile, mustere die Gesichter vor den dunklen holzgetäfelten Wänden, suche im schummerigen Kerzenlicht in jeder Ecke. Ich merke, wie die Gespräche verstummen, sich mir die Köpfe zuwenden, neugierig und verwundert. Starrende Augen. Alle sehen mich an. Nur mich!

Endlich laufe ich weiter zum «Türkenhof», atemlos, suche auch dort. Ich eile von einer Kneipe in die andere, mechanisch und sinnlos.

Meine Suche ist vergebens.

Mit der U-Bahn fahre ich in die Dachauer Straße. In der «Negerhalle» tauche ich ein in das flackernde Diskolicht. Ich warte, bis sich meine Augen an das Halbdunkel gewöhnt haben, dann mache ich mich auf meinen qualvollen Weg von einem Gesicht zum anderen. Ich beginne an der Bar, dränge mich zwischen den Stehenden hindurch, stoße zusammen mit Schultern, Brüsten und Rippen, stolpere über Füße, schiebe mich von Tisch zu Tisch, betäubt vom Dröhnen der Boxen und dem Gedränge. Die Tanzenden beachte ich nicht. Ich weiß, dass Holger niemals tanzt. Einmal noch streife ich durch die ganze Halle – er hätte gekommen sein können, während ich ihn an anderer Stelle suchte –, dann setze ich mich an einen Tisch neben dem Eingang. Ich bestelle einen Gimlet und starre zur Tür, warte. Warte endlos.

Irgendwann stehe ich auf, enttäuscht und leer gebrannt, und verlasse die Disko. Mitternacht ist lange vorüber, als ich meine absurde Suche endlich aufgebe und mit der U-Bahn zurück zur Münchener Freiheit fahre.

Langsam gehe ich durch den dichten Nebel, der sich über die menschenleeren Straßen ausgebreitet hat. Zwischen schmutzigen Plastikbechern und leeren Bierdosen schmilzt der letzte Schnee zu dreckigen schwarzen Häufchen zusammen.

In der Feilitzschstraße höre ich meine Schuhe auf dem Pflaster. Dann, mit jedem Schritt, hallen sie lauter, tönen immer mehr wie in einer riesigen, leeren Kathedrale, werden wie die Stiefel einer ganzen Armee, unerträglich und unfassbar, ein furchtbarer Lärm, der meinen Kopf erfüllt und ihn zu zersprengen droht, bis die Welt ringsum zu dröhnen beginnt. Ich wage nicht weiterzugehen. Das ohrenzerreißende Grollen nagelt mich fest, ich stehe in meinem Entsetzen wie betäubt, überwältigt, erdrückt und ohne Atem. Lange dauert es, bis das Dröhnen endlich leiser wird.

Rätsel! Wieder ist es eines von diesen erschreckenden Rätseln, die ich nicht lösen kann! Ich habe Holger nicht gefunden, deswegen schickt er mir dieses Zeichen. Aber ich verstehe es nicht! Ich versuche einen Schritt vorwärts, einen zweiten, kehre noch einmal um. Jetzt ist nichts zu hören als das leise Tappen meiner Schritte. Wieder fühle ich den Schmerz in meiner Brust, mächtiger noch als heute Morgen, aber die Ursache ist nicht das Gift. Was da brennt, ist wieder diese verzweifelte, hilflose Sehnsucht. Das Verlangen nach meinem Professor hat mich überfallen wie ein Naturereignis, und das, was mit mir geschieht, ist mir fremd und unbegreiflich.

Am nächsten Tag steht Joachim als Erster auf, kocht Kaffee, deckt den Tisch, schüttet für Kai Cornflakes in ein Schälchen, stellt Milch dazu. Dann hilft er ihm beim Anziehen. Kai kommt an mein Bett.

«Mama, steh endlich auf.»

Ich komme spät zum Frühstück, er ist schon fertig.

«Wo warst du gestern Abend?»

«Wir müssen die Wohnung neu streichen», sage ich, ohne ihn anzusehen. «Es soll alles ganz weiß werden.»

«Wo warst du gestern Abend?»

«Es ist so dunkel hier. Alles soll ganz weiß sein.»

«Ich möchte wissen, wo du gestern Abend warst.»

«Die Wohnung. Wir müssen alles neu streichen.»

«Maria!», er packt mich am Handgelenk. Jetzt begreife ich seine Worte, und es ist eine Schärfe in seiner Stimme, die ich nicht kenne: «Wo warst du gestern Abend?»

«Weg. Mit den anderen.»

Joachim sieht mich unsicher an. Es ist an ihm, irgendetwas zu sagen, aber er scheint nicht zu wissen, was, also schweigt er. Er hat mir niemals verboten, mit der Klasse mitzugehen. Er ist stolz auf sein Vertrauen. Aber etwas war anders gestern Abend, etwas ist anders heute Morgen, er spürt es, aber er fragt nicht, was das ist.

«Warum trägst du schon wieder Weiß?»

«Ich kann das dunkle Zeug nicht mehr sehen.»

Joachim muss sich beeilen. Noch ist alles wie immer, als er fort ist. Ich helfe Kai, Schuhe und Jacke anzuziehen, und bringe ihn zum Kindergarten wie jeden Morgen. Auch der Weg zur Akademie wie immer – oder beinahe wie immer. In der Spitze einer Eiche vor dem alten Gebäude sitzt ein großer Vogel. Er schreit, wie ich noch nie einen Vogel habe schreien hören – unaufhörlich und erschütternd. Ich sehe diesen Vogel und weiß, es ist Kai. Meine Schuld, es ist meine Schuld, dass er so schreit! Er ist in Gefahr, aber ich kann ihn nicht beschützen. In mir plötzlich wieder Hilflosigkeit, Angst und Verzweiflung.

Die letzten Meter zum Akademiegebäude gehe ich ganz

langsam. Ich zittere, als ich die breite Freitreppe hinaufsteige. Im Klassenatelier werde ich nicht allein sein, da sind die anderen, da sind die Pfeile, da lauern Bosheit und Heimtücke, da wohnt die Angst. Trotzdem trete ich ein, aber ich grüße nicht, beachte niemanden. Farben und Pinsel nehme ich aus meinem Spind, ohne aufzusehen. Unsere Blicke dürfen sich nicht treffen. Ihre Blicke sind Tod und Vernichtung!

Ich nehme das hellbraune Seidenpapier, das in einer Ecke zerknüllt am Boden liegt. Ich frage nicht, wem es gehört, und glätte es unter meinen Händen. Mit Graphitstift und Pastellkreiden werfe ich die Linien auf das zarte Papier, hastig und ohne innezuhalten. Das Bild strömt aus mir heraus, eine Frau mit gesenktem Gesicht, verletzlich wie mein beschädigter Körper, empfindsam wie meine zerreißbare, dünnhäutige Seele. Mit Sprühkleber hefte ich das Seidenpapier auf einen großen weißen Bogen.

Mein Bild ist für Holger.

Gegen Mittag verlasse ich die Akademie und hole Kai aus dem Kindergarten.

«Mama, warum kommst du so spät?»

Ich antworte nicht.

Zu Hause lässt er seine Jacke auf den Boden fallen. Sie bleibt dort liegen, wie jetzt alles irgendwo strandet, von nichts als den Gesetzen des Chaos gelenkt.

Ich gehe in die Küche, will Essen kochen wie immer, schalte den Gasherd an.

Nichts ist wie immer. Die Flamme spricht zu mir! Dieses bläuliche Flackern und Züngeln, dieser rötliche Schein, sie sprechen zu mir wie ein lebendiges Wesen. Das ist kein Zufall.

Es gibt nichts Zufälliges mehr. Ich knie nieder auf dem Boden vor dem Herd und starre in das brennende Gas. Die Flamme saugt mich auf, reißt alle meine Gedanken an sich. Das Feuer lebt! Es ist körperlich wie ein Mensch! In seinem Farbenspiel, im Wechsel seiner Größe, offenbart es mir seine Botschaft. Holger! Ich darf die Augen nicht von dem Flackern lassen, jedes Abschweifen meiner Augen wird das Band zerreißen. Holger! Er selbst ist die Flamme, er ist es, der zu mir spricht. Kai habe ich vergessen. Alle Gedanken bündeln sich in der Flamme. Ich kann meinen Blick nicht abwenden, kann das Flackern nicht aus den Augen lassen, und mit einem Mal erfasst mich das Verlangen, eins zu werden mit der Flamme, in ihr aufzugehen, in ihr zu verbrennen.

Dann in die Stille hinein Schreie, gellend und anhaltend, dazu ein Poltern und Krachen, das den Boden erschüttert. Das wilde Geheul ist nicht das Toben eines alles vernichtenden Dämons, es sind auch nicht die schrillen, abgehackten Schreie des verstörten Vogels oben auf dem Baum vor der Akademie. Die Welt, aus der es kommt, ist eine andere. Ein Bild taucht auf, eine Erinnerung aus einer vergangenen Zeit, Kai am Herd, ein Topf mit heißem Wasser, er reißt ihn herunter, er schreit, er hält sich die Brust …

Kai! Lange brauche ich, bis ich begreife und aufspringe.

Im Wohnzimmer liegt Kai am Boden, halb verdeckt vom Kindertisch und einem Stühlchen, sein Gesicht, seine Hände blutverschmiert, über der linken Augenbraue eine klaffende Wunde.

Plötzlich eine unerträgliche Angst, er könne sterben.

Ich hebe ihn auf und presse ihn an mich in einer verzweifelten Hilflosigkeit. Überall ist das klebrige Blut. Kai schreit immer noch. Dann endlich – viel Zeit ist vergangen – nehme ich mein Taschentuch und drücke es auf die Wunde. Jetzt wiege ich ihn in meinen Armen, finde auch die Worte, die eine Mutter spricht, um ihr Kind zu trösten. Kais Schluchzen wird leiser, wird weniger, endet endlich in langen tiefen Seufzern.

«Mama, gibst du mir die Schokolade?»

Ich stehe auf. Die Wunde beginnt wieder zu bluten, als ich die Hand von seiner Stirn nehme. Ich gebe ihm die Schokolade und stille wieder das Blut mit meinem Taschentuch. Kai weint nicht mehr und jetzt ist in seinem Gesicht ein Ausdruck stillen Triumphes.

Wie lange habe ich ihn aus den Augen gelassen? Wie lange hat er gebraucht, Tisch und Stuhl vor dem Schrank übereinander zu türmen? Wie lange habe ich in die Flamme gestarrt?

Ich weiß es nicht.

Bin ich überhaupt noch ich selbst? Was ist mit mir geschehen, seit mich die Pfeile getroffen hatten? Vorgestern! Erst vorgestern! Heute weiß ich nicht mehr, was ich tue.

Unmöglich, zu begreifen, dass ich selbst, Maria Jahn, diese Frau bin, die wie verblödet in Herdflammen starrt, die nachts liebestoll durch Kneipen irrt, die ihren Sohn vergisst. Nein, das ist nicht verstehbar.

Aber hätte ich das Ende gewusst, all das wäre leichter zu ertragen gewesen.

Kai will fernsehen, also schalte ich den Fernsehapparat ein, bleibe mit ihm auf dem Schoß sitzen. Auf dem Bildschirm Kinder mit schwarzen Haaren und dunkler Haut, große Augen in schmutzigen Gesichtern, magere Körper in zerlumpten Kleidern, Mädchen, kleine Schönheiten, die in Mülltonnen wühlen, und Jungen, die in zerlumpte Decken gehüllt auf dem Straßenpflaster schlafen. Ratten huschen zwischen ihren Körpern.

«Da liegen sie in ihren Steingräbern», sagt der Sprecher. Und: «Alle Kinder sind zu Stein geworden.» Kinder aus Stein, das muss mir gelten! Der Sprecher sieht mich an, nur mich! Kinder aus Stein. Sie haben diesen Film nur für mich ausgewählt, und sie haben es getan, weil sich Kai verletzt hat. Meine Schuld, meine unverzeihliche Schuld. «Schuldig», höre ich die Stimme. «Schuldig am Tod der Kinder!» Es ist entsetzlich, und ich breche in Tränen aus in einer überwältigenden und befremdlichen Traurigkeit. Und dann streichele ich Kai. Ich lasse meine freie Hand über seine blutverschmierten Wangen gleiten, ich streiche über seinen Hals und seine Schultern, und meine Bewegungen werden immer heftiger. Ich muss Kai streicheln, ich darf nicht nachlassen. Nur ich, die Schuldige, kann den Kindern helfen. Nur meine Hände, nur ihre Kraft und Energie können sie aus ihren Gräbern erwecken und aus ihrer Versteinerung erlösen.

Ihr Leben liegt in meiner Hand.

Als Joachim am Abend von der Arbeit kommt, sitzt Kai mit Tränenspuren im blutverschmierten Gesicht und einem Pflaster auf der Stirn allein und verloren vor dem Fernseher. Verständnislos blickt er auf eine Reportage über Atomkraftwerke. In der Küche stehen noch immer die schmutzigen Teller und Tassen vom Frühstück, und auf dem Herd liegt neben der brennenden Flamme das Schokoladenpapier. Den Tisch habe ich gedeckt, drei Teller, drei Becher für den Tee, Wurst und Käse, aber es fehlen die Bestecke, es gibt keine Butter, und das

Brot ist knapp. Ich habe nicht eingekauft. Ein rätselhaftes Unvermögen hat mich befallen, eine unerträgliche Unruhe, und meine zerstiebenden Gedanken lassen mir keinen Raum für schmutziges Geschirr oder für Einkaufslisten. Nicht einmal für Kai ist noch Platz in mir.

Aber ich habe gemalt in einem jähen Ausbruch aus meiner Selbstanklage und Traurigkeit. Steine habe ich gemalt, Steine wie braune Erdklumpen, tot, starr. Es sind die versteinerten Kinder. Ich konnte sie nicht zum Leben erwecken.

Joachim macht den Herd aus, betrachtet die Wunde auf Kais Stirn. «Das muss genäht werden», sagt er. «Warum bist du nicht mit ihm zum Arzt gegangen?»

«Es geht mir nicht gut», sage ich.

Joachim sieht mich an – wieder dieser unsichere Blick –, fragt aber nicht weiter. Wir setzen uns an den Tisch, aber ich esse nichts. Seit drei Tagen habe ich nichts gegessen bis auf ein paar Brocken trockenes Brot und ein Schälchen Haferflocken zum Frühstück. Ich habe keinen Hunger. Meine Unruhe schnürt mir die Kehle zu.

Nach dem Abendbrot bleibe ich allein in der Wohnung. Joachim ist mit Kai ins Krankenhaus gefahren. Ich zünde die Flamme wieder an, starre in das blaue Licht. Sehnsucht nach Holger, Sehnsucht nach seinen Zeichen! Aber die Flamme spricht nicht mehr zu mir. Ihr Flackern hat jede Bedeutung verloren. Unerträgliche Sehnsucht!

Ich ziehe einen weiten langen Sommerrock aus dünner Baumwolle an, dazu eine weiße Seidenbluse, aber keinen Mantel, keine Jacke. Helle, leichte Kleidung ist das Einzige, was ich tragen kann, leicht wie die Luft sollen meine Kleider sein, leicht wie der Äther, überirdisch für den, der selbst göttlich ist. Der Finsternis des Winters, dem Dunkel und der Vergänglichkeit der irdischen Welt werde ich entfliehen.

Dann ein plötzliches Innehalten.

Da ist ein Bild auf meinem Nachtschrank, und ich weiß nicht, ob ich es schon einmal gesehen habe. Ein Mann ist auf dem Bild, dahinter ein Garten, alte Bäume, ein Haus. Alles ist grau und unscharf, alles wie im Nebel. Ich kenne es, dieses Haus. Irgendwo in mir, noch rätselhaft, ist die Erinnerung daran. Das Denken fällt mir schwer, und das Bild zerfällt, baut sich wieder auf, ist immer noch unscharf, doch dann wird es klarer. Es ist das Haus unserer ersten Begegnung. Es ist das Wohnheim in der Hiltenspergerstraße, und der Mann mit dem grauen Gesicht in dem grauen Garten ist Joachim.

«Grüß dich, Maria.»

«Grüß dich.»

Der junge Mann saß ein paar Meter von mir entfernt an der Kellerbar des Studentenwohnheims in der Hiltenspergerstraße. Er hatte die Füße auf einen Stuhl gelegt und las Zeitung in dem spärlichen Licht oder hielt eine Zeitung, ohne zu lesen, so genau konnte ich das nicht erkennen, dazu die Stimme von Leonard Cohen, melancholisch und traurigschön.

«Suzanne takes you down to her place near the river
You can hear the boats go by
You can spend the night beside her ...»

Es war spät, und wir waren allein. Ich hatte eine Cola aus dem Getränkeautomaten geholt und mich so gesetzt, dass sich unsere Blicke trafen, als er einmal aufsah. Er senkte den Kopf wieder, und ich hatte Zeit, sein Gesicht zu betrachten. Es war unauffällig, eines von denen, die man leicht übersieht, ein Jungengesicht mit großen Augen, fast wie die eines Kindes, der Blick sehr sanft, auch Kinn und Nase weich und kindlich. Nichts Eckiges war daran, obwohl hager, sehr hager sogar, ein sympathisches Gesicht, das ich seit langem grüßte, wenn ich ihm im Flur begegnete, ohne es wirklich zu kennen, Monat für Monat, ein ganzes Jahr. Er studierte Maschinenbau oder Elektrotechnik oder irgendetwas anderes, jedenfalls an der TU. Seinen Namen hatte ich vergessen.

«Warst du noch fort?», fragte er.

Ich erzählte von dem Stück, das ich in den Kammerspielen gesehen hatte, ein Ehedrama in vier Akten ohne Happyend. Ein alterndes Paar gräbt mit Psychologen und Psychiatern nach den Wurzeln des Dauerzwists, der ihnen das Leben zur Hölle macht. Am Ende die große Leere und Langeweile. Sie hatten sich nichts mehr zu sagen, nur im Streit waren sie verbunden gewesen.

«Sind nicht unsere Auseinandersetzungen, unsere Verrücktheiten das, was das Menschliche an uns ausmacht?», fragte er.

Irgendwann kamen wir auf die Malerei zu sprechen, und ich erzählte von meinen Bildern und von meiner Suche nach einer besonderen Farbe, einer bestimmten Linie. «Die Linie, die ich male, muss eine Seele haben, sie muss lebendig sein, sie muss atmen.»

Er hörte lange zu, ohne mich zu unterbrechen.

«Bei dir gibt es keine zwei Striche, die gleich sind», sagte er dann. «Aber ich kann meine Linien mit Formeln ausdrücken, so genau, dass jeder einzelne Punkt exakt definiert ist.»

Ich lachte: «Warum sollte ich genau beschreiben, was ich

male? Meine Welt ist so bunt und vielfältig wie meine Phantasie. Du begrenzt die Welt durch die Formeln, mit denen du sie erfasst.»

Er hatte die Zeitung aus der Hand gelegt, und in seinem Gesicht und in seiner Stimme war ein Eifer, den ich ihm nicht zugetraut hatte. «Meine Welt ist nicht begrenzt, ganz im Gegenteil. Wie eng sind die drei Dimensionen, in denen du lebst und denkst! Für dich gibt es nichts, was darüber hinausgeht.»

Ich wollte protestieren, nichts war für mich freier als die Kunst, aber Joachim fuhr fort. «Als Mathematiker stehe ich über solchen Beschränkungen. Wenn ich an eine Grenze stoße, schaffe ich eine neue, eine fiktive Dimension. Statt deiner drei gibt es für mich beliebig viele Dimensionen.»

Er nahm die Füße vom Stuhl und setzte sich auf, wie jemand, der eine wichtige Aufgabe in Angriff nimmt. «Die Mathematik ist für mich ein Werkzeug, um das, was ihr Maler erschafft, zu beschreiben und dadurch reproduzierbar und willentlich veränderbar zu machen.»

Ich lachte wieder. «Du berechnest, was ich staunend erlebe, du analysierst, was für mich ein Rätsel ist.» Dann sprach ich von meinem Philosophiestudium, von Logik und Metaphysik.

«Die Logik in der Mathematik ist künstlich und von den Menschen erdacht, aber sie kann so spannend sein wie ein Krimi», sagte er.

Die Kerzen auf den Tischen brannten langsam nieder, und im Haus wurde es still.

Wir redeten bis zum Morgen.

Erst als wir beide aufstanden und zur Tür gingen, fragte ich nach seinem Namen.

«Joachim», wiederholte ich. «Joachim, wie mein Bruder.»

Wir gingen gemeinsam durch den langen, kahlen Gang zum Fahrstuhl, und meine Schritte hallten auf dem Steinboden. Joachim hatte sein Zimmer im fünften Stock, meines war im dritten.

«Um ein paar Leute tut es mir Leid, wenn ich sie bald nicht mehr treffe», sagte ich, als sich die Fahrstuhltüren hinter uns schlossen. «Auch um dich.»

«Du gehst fort?»

Ich nickte. «Übermorgen.» Dann trat ich aus dem Fahrstuhl und ging zu meinem Zimmer, ohne mich noch einmal umzusehen.

Wir trafen uns noch einmal, anderntags beim Gartenfest des Wohnheims.

«Das hast du lieb gesagt, gestern», meinte Joachim.

Ich sah ihn fragend an.

«Dass es dir Leid tut, wenn du mich nicht mehr siehst. So hat das noch niemand zu mir gesagt.»

Joachim holte sich einen der wackeligen Gartenstühle von der Terrasse und setzte sich neben mich unter die große Kastanie. Den ganzen Abend redeten wir, über die Universität, über die Professoren, über die Stadt, über die Liebe und den Tod. Wir hatten die gleiche Vorliebe, den Sachen auf den Grund zu gehen.

«Du bist die erste Frau, mit der ich so reden kann», sagte er. «Vielleicht denkst du ein wenig wie ein Mann.»

Ich fuhr auf, tat empört, ahnte aber, was er meinte.

Später sprachen wir wieder über Kunst. Ich erzählte von der Prinzhorn-Sammlung, diesem Fundus von Bildern und Skulpturen, den Geisteskranke vor etwa hundert Jahren geschaffen hatten. Ich sprach von ihrer ungeheuren Phantasie und dem Gedankenreichtum, ihrer unverstellten Kunst, die frei war von allen Konventionen.

«Sie sehen die Welt anders als wir», sagte ich, «wie verzaubert. Manchmal beneide ich sie darum.»

Joachim hörte aufmerksam zu. «Ich habe die Kunst noch nie mit den Augen gesehen, mit denen du sie siehst. Es ist etwas anderes, was mich daran interessiert. Manchmal ist es die Zusammenstellung der Farben, oft ist es die Perspektive oder die Anordnung der Teile zum Ganzen.»

Joachim gefiel mir, wie er zuhörte, wie er ernst nahm, was ich sagte, und ich freute mich über seine ehrliche Anteilnahme an der neuen Welt, die sich ihm durch mich erschloss.

«Warum gibst du dein Philosophiestudium auf, um Malerei zu studieren?», wollte er wissen.

«Was ist Philosophie?», erwiderte ich. «Die Erkenntnis des Seienden, Ewigen, Unveränderlichen, wie Platon meint? Aber wenn der Mensch gar nicht in der Lage ist, das Ewige zu erkennen, wenn es gar nichts Unveränderliches gibt? Und was bin ich denn, wenn ich mein Studium abgeschlossen habe? Eine Philosophin? Die Philosophie macht mich hilflos mit ihren Theorien. Nur in der Malerei finde ich mich selbst. Ein Leben ohne Malerei kann es für mich nicht mehr geben.»

Joachim fiel es schwer zu verstehen, dass ich zu meinen Eltern zurückkehren wollte, um mich auf das Kunststudium vorzubereiten.

«Und dann?», fragte er. «Kommst du dann zurück?»

Ich zuckte mit den Schultern. «Ich weiß nicht, ob ich die Aufnahmeprüfung bestehen werde.» Ich nahm sein betrübtes Gesicht nicht ernst. «Und ein Jahr wird es in jedem Fall dauern, bis ich wieder hier bin. Bis dahin hast du mich längst vergessen.»

«Dich werde ich nie vergessen», sagte Joachim.

Im Garten war es still geworden. Auf den Tischen standen leere Gläser, und in der Luft lag noch der Geruch von Lagerfeuer. Winzige weiße Wolken krochen an dem halben Mond vorüber, der tief über den Bäumen stand. Ich war schläfrig und lehnte meinen Kopf an Joachims Schulter. Wir redeten nicht mehr, bis wir endlich aufstanden und langsam die Treppe zur Eingangshalle hinaufstiegen.

Als sich die Fahrstuhltüren hinter uns geschlossen hatten, sah Joachim mich ernst an. Er nahm mich in den Arm, und wir küssten uns, bis der Aufzug mit einem kleinen Ruck im dritten Stock hielt.

«Mach's gut», sagte ich und sah zu, wie Joachim hinter den sich schließenden Türen schmaler wurde, für einen Augenblick ein Strich noch, dann verschwand.

Ich ging in das kleine Zimmer, das für ein Jahr mein Zuhause gewesen war. Morgen würde das alles Vergangenheit sein: der zerkratzte Schrank neben der Tür, der kleine Schreibtisch unter dem Fenster, der Stuhl davor, der kleine Sessel, der immer im Weg stand, und das Bett, von dessen Kanten der weiße Lack abgestoßen war. Ich stand einfach da und ohne das Licht einzuschalten. Wie nie zuvor fühlte ich mich abgeschnitten von den anderen, einsam und leer. Mein Inneres war an diesem Abend wie die Farben des Bildes an der Wand, die im spärlichen Licht der Straßenlaterne zu einem konturlosen Grau verblichen waren. Ich stand, ohne mich auszuziehen. Lange verharrte ich in der Dunkelheit des kleinen Raumes und hoffte, dass ich in dieser letzten Nacht in München nicht allein bleiben würde.

Ich war mir nicht sicher, ob es wirklich an der Tür geklopft hatte.

Joachim stand draußen, schüchtern wie ein Schulkind, das zum ersten Mal vor der Tür des Direktors steht.

Wortlos trat er ein.

«Ich habe auf dich gewartet», sagte ich. «Ich habe gehofft, dass du kommst.»

Es ging alles sehr schnell. Wir umarmten uns. Sein Körper bebte vor Aufregung, seine Lippen zitterten, und ich hatte ein bisschen Angst, dass er sich ungeschickt anstellen würde. Aber seine Scheu gab mir Sicherheit und machte mich unbefangen. Da war keine Sorge, dass ich ihm nicht genügen, ihm nicht gefallen könnte. Ich war ganz ruhig, und ich war glücklich, als ich mich von ihm löste und mich langsam auszog.

Am nächsten Tag fuhr ich nach Köln. Zwei Tage später kam die erste Post von Joachim. Von nun an schrieben wir uns regelmäßig, und auch unsere Briefe waren lange Gespräche.

«Ich möchte dich wieder sehen», schrieb Joachim in der zweiten Woche. «Ich kann ohne dich nicht mehr sein.»

«Komm nur», antwortete ich. «Meine Eltern haben nichts dagegen.»

Sein nächster Brief kam nach ein paar Tagen. «Ich habe Prüfungen», stand darin. «Ich muss lernen. In vier Wochen bin ich bei dir.»

Joachim kam auf den Tag genau vier Wochen später.

Ich holte ihn am Bahnhof ab. «Warum ist dein Koffer so schwer?»

«Das sind die Bücher, die ich mitgebracht habe.»

«Du bist unmöglich», sagte ich. «Hoffentlich wirst du sie gar nicht auspacken.»

Dann kletterten wir die knarrende Stiege zu meinem Zimmer hinauf. Joachim stellte seinen Koffer unter die Dachschräge und sah hinaus in das dunkelgrüne Blätterdach der alten Platanen. Ein paar Spatzen tschilpten zwischen den Zweigen, in der Ferne klingelte eine Straßenbahn, und von der Straße drang das Johlen spielender Kinder herauf.

Joachim trat vom Fenster zurück. «Hier lebst du also.» Er stand eine Weile mitten im Zimmer, andächtig wie an einem geweihten Ort. Er betrachtete die Postkarten an den schrägen Wänden – zarte Feen im Herbstwald, kleine Elfen in Blütenkelchen und schlafende Blumenkinder im Schutz großer Blätter, er befühlte die Seidenblumen in der großen Vase. Dann beugte er sich über meine Schallplatten auf dem Boden, Cat Stevens und Moody Blues, Pink Floyd, Genesis und Santana. Er ging durch das Zimmer wie ein Entdecker, nicht wie ein Eroberer. Er war wie ein behutsamer, staunender Forscher, und ich freute mich, dass er das alles sah. Vor dem Bücherregal legte er den Kopf auf die Seite und studierte die Titel auf den Buchrücken, Bücher über Zen-Buddhismus und Ikebana, Bücher von Carlos Castaneda. *Die Kunst des Träumens* nahm er in die Hand, blätterte darin, ehe er es wieder zurückstellte. «Manchmal», sagte ich, «manchmal träume ich, ich sei Gott und alles, was ich will, gelingt mir.»

Dann stand er vor meinem Altar, skeptisch und staunend, schließlich kniete er davor nieder. Lange blieb er so, wie zur Probe, und blickte auf das kleine Tischchen mit den Blumengestecken zwischen Kerzen und Räucherstäben und auf den kleinen goldenen Buddha im Lotussitz. Ich saß am Boden auf meiner Matratze und sah ihm zu.

«Dein Zimmer verrät mehr über dich, als du mir je in deinen Briefen hättest schreiben können», sagte er, als er endlich wieder aufgestanden war.

«Magst du Pink Floyd?», fragte ich, und ehe er antwortete, legte ich die Platte auf, *The Dark Side of the Moon.*

«Ich höre nichts», sagte Joachim, als ich mich wieder gesetzt hatte, aber dann wurde er deutlicher, der Herzschlag aus dem Lautsprecher, er wurde laut, erdrückend in seiner Eintönigkeit, dann Stimmen, Motorengeräusche, Schreie, endlich die Musik.

«*... hanging on in quiet desperation ...*»

«Warum hörst du diese Musik?», fragte Joachim.

«Es ist das Dunkle, das Unbekannte», sagte ich, «es ist die Angst in diesen Stücken und der Wahnsinn.»

«*... and if your head explodes ...*
I'll see you on the dark side of the moon.»

In den nächsten Tagen standen wir erst auf, wenn meine Familie gefrühstückt hatte. Joachim hielt Abstand zu meinen Eltern und meinem Bruder. Als ich ihn einmal nach dem Grund fragte, antwortete er nicht. Manchmal begegneten wir meinem Vater im Flur, wenn wir die Treppe herunterstiegen. Dann grüßte Joachim mit Blick zum Boden, auf die Fußspitzen meines Vaters, als grüße er nur die ausgefransten Pantoffeln. Dabei hatte er seine Schultern nach vorn gezogen, den Kopf tief dazwischen, und ein wenig sah er aus wie ein geschlagener Hund.

«Ist dein Vater immer gleich so zornig?», fragte er einmal, als meine Mutter vergeblich die Tageszeitung für meinen Vater gesucht hatte.

Ich zeigte ihm meine Stadt, die Museen, den Dom und die

alten Kirchen. Vor allem aber redeten wir. Als das Wochenende vorüber war und die Ausflugsgäste die Stadt verlassen hatten, kehrten wir noch einmal zum Dom zurück und stiegen die ausgetretenen Steinstufen zum Turm hinauf. Die Geräusche der Großstadt drangen gedämpft zu uns hinauf, das Wummern eines Presslufthammers, Straßenlärm, von fern ein Martinshorn. In der Tiefe unter uns ein winziger Bagger, spielzeugklein auch die Züge auf der Eisenbahnbrücke über den Rhein, die Menschen auf der Domplatte wie zierliche Aufziehpuppen mit seltsam pendelnden Beinen. Der Rhein floss träge unter uns dahin. Nichts war von dort zu hören. Frachtkähne und Ausflugsbote glitten lautlos über das silberne Band.

Vom Dom gingen wir hinüber zu den Bootsanlegern. Es war September, und die Fahnen wehten in einem frischen Westwind. Joachim kaufte Fahrkarten, und wir setzten uns auf das vordere Deck des kleinsten Schiffes. Wir waren allein. Joachim hatte den Arm um meine Schulter gelegt.

«Manchmal beneide ich die Schiffer auf ihren Frachtkähnen», sagte er. «Es sieht so gemütlich in den kleinen Kajüten aus, Mann und Frau sind immer zusammen, und der Lärm und die Unruhe auf den Straßen ringsum berühren sie nicht.»

«Im vergangenen Jahr hat ein Schiffer seine Frau erwürgt. Er konnte ihren Anblick nicht mehr ertragen», sagte ich, und dann dachte ich an unsere Liebe, dachte an die Liebe zwischen dem Schiffer und seiner Frau, die es einmal gegeben haben muss, und ich dachte, vielleicht ist es gut, die Zukunft nicht zu kennen.

Joachim sagte: «Ich kann mir nur eine Frau als Partnerin vorstellen, mit der ich auch Kinder haben möchte.»

«Wünschst du dir welche?»

Joachim ließ sich Zeit mit der Antwort. Er machte immer diese langen Pausen, wenn er eine Frage sehr ernst nahm.

Ob nicht ein Kind, hier und heute, ein Unglück sei, gab er zu bedenken, für das Kind sowieso. Atomraketen bald auch in Deutschland, die radioaktive Verseuchung nur eine Frage der Zeit …

«Ich glaube dir deine Erklärung nicht», sagte ich ärgerlich. «Auch du entscheidest nach dem Gefühl. Du willst jetzt noch kein Kind. Deswegen suchst du nach Argumenten, die zu der Entscheidung passen, die du längst gefällt hast. Willst du denn nie ein Kind?»

Joachim sah mich an, ein unbeschreiblich sanfter Blick. Er hob seine rechte Hand, als wolle er beginnen zu sprechen, aber er sagte nichts, ließ endlich die Hand wieder sinken.

«Ich will ein Kind», sagte er, als ich schon gar keine Antwort mehr erwartete. «Aber erst, wenn ich mit dem Studium fertig bin und Geld verdiene.»

«Also schon bald?»

Wieder hob er die Hand wie jemand, der zögert, sich zu Wort zu melden. «Ja doch. Warum nicht schon bald?»

Als wir wieder vor dem Dom standen, hatten wir Hunger und gingen hinüber in die Altstadt. Über Kinder sprachen wir nicht mehr, nicht an diesem Tag und nicht an den folgenden, aber Joachims Worte blieben in meinem Gedächtnis.

Wenn wir am Nachmittag nach Hause kamen, war das Haus leer. Joachim hatte die Platte von Leonard Cohen mitgebracht. Wir lagen auf dem Bett und hörten *Suzanne*, wie an unserem ersten gemeinsamen Abend.

«… *You can spend the night beside her*
And you know that she's half crazy

But that's why you want to be there …»

«Du findest mich verrückt?», fragte ich, als er bei den letzten Worten mein Gesicht in seine Hände nahm und mich küsste.

«Ein klein wenig schon», sagte er, «wie du redest und wie du denkst. Du lebst in deiner eigenen Welt, du lebst in deiner Kunst, in deinen Träumen und deiner Meditation. Was kümmert dich das Geld, das du einmal verdienen musst, was kümmert dich, was rings umher geschieht?»

Ich sah ihn lange an, ohne etwas zu erwidern. «Ist Verrücktheit nicht der Anfang aller Kunst und aller großartigen Erfindungen?», meinte ich endlich. «Wer nur im Gewohnten lebt und denkt, wird nie etwas Außergewöhnliches vollbringen.»

«Träumst du davon?»

«Ich glaube, das tut jeder Künstler.»

An unserem letzten gemeinsamen Tag hatte der Sommer der Stadt den Rücken gekehrt. Kalter Nebel klebte zwischen den Häusern, und die Türme des Doms ragten wie abgeschnitten in den grauen Himmel. Früher als an den anderen Tagen waren wir aus der Stadt zurück. Ich hatte Tee für uns gekocht, und Joachim blieb an meiner Seite, als ich die kleine chinesische Teekanne und zwei Porzellanschälchen auf ein Tablett stellte und die Stiege zu meinem Zimmer hinauftrug. Ich goss den Tee ein und ließ mich mit meinem Schälchen neben Joachim auf meiner Matratze nieder.

«Ich bin schwanger.»

Ein kurzer Augenblick der Unsicherheit. Dann lachte er. Joachim glaubte mir nicht.

«So schnell kann keine Frau das wissen.»

«Doch», sagte ich. «Ich weiß, dass ich schwanger bin, ich fühle es.»

«Warst du beim Arzt?»

«Dafür brauche ich keinen Arzt.»

Ich trank meinen Tee und wartete ungeduldig, was Joachim zu unserem Kind sagen würde, aber er sprach von etwas anderem, als hielte er die Schwangerschaft für einen meiner seltsamen Einfälle. Auch ich sagte an diesem Tag nichts mehr – vielleicht war es wirklich noch zu früh – und fragte mich, ob Joachim überhaupt noch an meine Worte dachte.

«Freust du dich denn?», wollte ich am nächsten Morgen wissen.

Joachim hatte begonnen, seine Sachen zusammenzupacken. «Was meinst du?»

«Ob du dich auf das Kind freust?»

«Ach, Maria.» Er legte seine Arme auf meine Schultern und sah mich mit seinem sanften Blick an. «Wenn du wirklich schwanger bist, werde ich mich sicher auf das Kind freuen.»

Wir standen bereits am Zug, als Joachim doch wieder damit anfing.

«Du bist sicher, dass du ein Kind bekommst?»

«Ja», sagte ich. «Ich weiß es.»

Joachim stand jetzt ratlos neben seinem Gepäck, während der Zeiger der großen Bahnhofsuhr weiterrückte.

Noch drei Minuten –

Er stieg als Letzter in den Zug, blieb in der offenen Tür stehen.

«Und nun?», fragte er.

«Nun werden wir alles besorgen, was man für ein Kind braucht.»

«Willst du mich heiraten?»

«Ja», sagte ich ganz selbstverständlich, während sich die Türen schon schlossen. «Ja!», rief ich noch einmal dem abfahrenden Zug hinterher.

Der Geliebte

Noch immer starre ich auf das Bild mit dem grauen Gesicht, als Joachim mit seinem Sohn auf dem Arm nach Hause kommt. Kais Gesicht ist klein vor Müdigkeit, und seine Augen sind verschwollen vom Weinen. Über seiner linken Augenbraue klebt ein großes, sauberes Pflaster. Es geht mich nichts an. Was mit Kai im Krankenhaus geschehen ist, frage ich nicht. Wortlos gehe ich an ihnen vorbei ins Treppenhaus.

«Gehst du schon wieder fort?», fragt Joachim. Und als ich nicht antworte: «Wohin gehst du?»

«Ich treffe mich mit den anderen.»

Joachim sieht mich an mit weiten Augen und aufgerissenem Mund, ungläubig, fassungslos, erschreckt. «Mit den anderen? Jetzt?»

Was er noch sagt, höre ich nicht mehr. Ich bin schon auf der Treppe. Joachims Bestürzung berührt mich nicht. Sie prallt von mir ab wie ein Ball, der nur den Pfosten trifft.

Als ich auf der Straße stehe, habe ich Kai und seine Verletzung schon vergessen. Mein Weg ist derselbe wie am Vortag. Im «Türkenhof» setze ich mich an einen der kleinen hohen Tische bei der Tür. Ich bestelle ein Bier und starre abwechselnd zum Eingang und auf das Bier, dessen Schaum, schmutzig gelbe Ränder am Glas hinterlässt. Ich rauche eine Zigarette nach der anderen. Gegen zehn Uhr fahre ich zu den Hallen. Die «Negerhalle» dehnt sich kahl, schwarz und ist noch fast leer. Auf der Tanzfläche küsst sich ein Pärchen, ein paar Gestalten sitzen an der Bar. Dort ist er! Eine jähe Erregung überfällt mich. Mein Herz stockt, beginnt wieder zu schlagen, schlägt wie ein Hammer.

Er ist nicht allein. Zwei Frauen sind bei ihm, Studentinnen. Trotzdem: Holger wartet auf mich. Unermessliche Freude! Ich stehle mich in dem matten Licht zu einem Tisch – noch immer unbemerkt – und hocke mich auf die Kante eines Stuhls. Holger ist nur ein paar Meter von mir entfernt. Näher darf ich ihm nicht kommen. Ich zünde eine Zigarette an, zitternd vor Glück, drehe ihm den Kopf zu und blicke ihn an. Im flackernden Licht einer Kerze ist mir sein Gesicht so fremd wie das des auferstandenen Erlösers in der Frauenkirche, ein hageres, fast spitzes Gesicht unter den langen, gewellten Haaren, die dunklen Augen tief in den Höhlen, die Nase zu lang für die schmale Stirn, die Haut von einer kränklichen Totenblässe. Für mich ist er ein Gott.

Noch hat er mich nicht gesehen. Ich sauge an der Zigarette, halte mich an diesem lächerlichen Strohhalm fest und inhaliere den warmen Strom, als könne ich mit ihm meine Unruhe überwinden. Dann gehe ich auf die fast leere Tanzfläche, stoße genau bis zur Mitte vor, stelle mich auf den großen Stern und lasse die Musik durch mich hindurchfließen. *Katmandu* von Cat Stevens liegt auf dem Plattenteller. Langsam schwinge ich von einem Fuß auf den anderen, wiege mich in den Hüften, bewege die Hände, die Arme, hebe sie zu beschwörenden Gesten. Ich bin die Tempeltänzerin, die Braut Gottes in strahlendem Weiß, die sich darbietet zur heiligen Hochzeit. Längst hat mich Holger bemerkt, spricht nicht mehr mit den anderen, sieht zu mir hin. Er sitzt einfach da, den Kopf in die Hand gestützt, schaut mich an und raucht eine Zigarette. Er liebt mich! Er liebt mich! Es gibt keinen Zweifel. Seine Augen, sein Gesicht können mich nicht täuschen. Unsere Liebe braucht keine Worte.

Seine Blicke auf meinem Körper erregen mich, beflügeln mich zu immer neuen Bewegungen in einem übersinnlichen Rausch. Dann endet das Stück. Ich bleibe in der Mitte des Sterns stehen, genau unter der Kugel aus spiegelndem Mosaik. Leuchtende Punkte umkreisen mich, Himmelslichter in funkelndem Silber. Ich schließe die Augen vor ihrem Glanz, öffne sie erst wieder, als das nächste Stück längst begonnen hat. Theaternebel quillt über den Boden, Holgers Liebe, die mich umhüllt wie ein weiches Tuch. Ich streife die Schuhe ab und beginne wieder zu tanzen. Die dröhnenden Bässe lassen meinen Körper vibrieren. Es sind Holgers Hände, unter deren Berührungen mein Leib bebt. Ich sehe ihn an, und seine Blicke werden zu den roten und blauen Flecken, die die Scheinwerfer auf meine Haut zeichnen. Er ist in mir, und ich bin in ihm. Ich tanze ohne Pause. Ich werde nicht aufhören, solange Holger hier ist.

Er muss dicht an der Tanzfläche vorüber, als er die Disko zusammen mit den beiden Studentinnen verlässt. Mit einer eckigen Bewegung winkt er mir zu und geht davon, die Schultern hochgezogen, der Rücken gerade wie ein Stock.

Wir dürfen unsere Liebe nicht zeigen. Sie ist unser Geheimnis. Über unsere Liebe zu sprechen würde sie zerstören. Ich darf nicht einmal du zu ihm sagen.

Außer im Unterricht sprechen wir nie miteinander. Nichts weiß ich über seine Familie, seine Kindheit, weiß nicht einmal, wo er geboren wurde. Seine Bilder kenne ich, und ich weiß, wo er die Abende verbringt. Ich kenne seine Ausstellungen. Ich kenne sein Gesicht, seine Gestalt. Ich kenne seine Stimme und die Worte, die er zur Klasse spricht. Das ist alles.

In dieser Nacht kommt Holger zu mir. Ich fühle seine Berührungen auf meinem Körper, seine Hände, seinen Mund, seinen Atem, ich sehe seine bleiche Gestalt. Er presst sich an mich, seine warme, weiche Haut, seinen nackten Körper, und da ist nichts als seine Leidenschaft und mein Begehren, ein wilder Strudel, er reißt mich fort und fort in einer unerträglichen Erregung. Brutal dringt Holger in mich ein. Mit dem Schmerz explodiert mein Körper. Die Lust wandelt sich in eine nicht enden wollende Erschütterung, und eine quälende Ekstase reißt mich in Stücke. Ich sehe meine Zerstörung und fühle sie körperlich. Meine Nerven werden zu glühenden Strängen, und das lodernde Flammenmeer versengt meinen zuckenden Körper und verbrennt mich zu Asche.

Am nächsten Tag treffe ich Holger. Er kommt mir entgegen in dem langen Flur vor dem Klassenatelier, eine dunkle Gestalt mit eckig pendelnden Armen und schlurfenden Füßen auf den weißen und blauen Mosaiksteinchen des Fußbodens. Ich weiß, dass er es ist, lange bevor ich sein Gesicht erkenne.

«Guten Morgen», sagt er, als wir uns begegnen. Seine Stimme ist rau und etwas heiser. Dann sieht er zu Boden. Du schämst dich, denke ich, du hast mich vergewaltigt heute Nacht, und dafür schämst du dich. Dein gesenkter Blick ist das Zeichen, dass du wirklich bei mir warst. – Aber ich verzeihe dir.

Tage und Wochen vergehen, in denen das Fremde und Unbegreifliche immer tiefer in mich eindringt, und es mag sein, dass ich den Zerfall als Erste bemerke. Tag für Tag sehe ich ihn fortschreiten, langsam, aber unerbittlich. Ich kann ihn nicht aufhalten. Meine Haut wird schlaff und grau, ich verliere an Gewicht – von fünfzig Kilogramm magere ich auf dreiundvierzig ab –, und meine Blumen gehen ein. Es ist, als wollten sie mir mit ihrem Untergang Gesellschaft leisten. Joachim gewöhnt sich daran, nach der Arbeit einzukaufen, und statt Hemden, die gebügelt werden müssen, trägt er Pullover. Die Strümpfe wäscht er selbst. Pflichtbewusst und rechtschaffen nimmt er seine neue Rolle an, unbeirrbar wie eine verlässliche Maschine, der man ein neues Werkstück vorlegt. Das war schon immer seine Art. Was er fühlt, was er leidet, erkenne ich nicht, auch nicht die tiefen Risse, die sich zwischen uns auftun wie in einem ausgedörrten Boden. Seine Vorwürfe nehme ich kaum wahr. Die Nachbarin beschuldigt mich, die Treppe nicht geputzt zu haben, der Kindergarten rügt, dass ich Kai mit Sandalen an den nassen Füßen und in schmutzigen Hosen bringe. Sie wollen mich zerstören, denke ich. Sie kritisieren mich, weil sie mich hassen.

Mit dem Vergehen der Blumen, mit dem Chaos, das sich um mich herum und in mir ausbreitet, und mit dem wachsenden Abstand zu den vertrauten Menschen nimmt meine Verzweiflung zu, und mit jeder rätselhaften Wahrnehmung wächst die Angst vor immer neuen, immer erschreckenderen Erlebnissen. Ich spüre, etwas ist anders geworden, ist furchtbar und unbegreiflich. Nichts gilt mehr, alles ist möglich, und innen in mir ist es nicht mehr wie außen. Innen, das ist etwas anderes als das, was die anderen Menschen die Wirklichkeit nennen.

Mir ist jede Gewissheit abhanden gekommen. Nein, es entgeht mir nicht, dass ich mich unaufhaltsam in einer Welt verliere, die ich mit niemandem teilen kann. Siebenundzwanzig Jahre habe ich in der Welt der anderen gelebt, und die Erinnerung daran ist noch nicht verblasst.

Es ist die Hölle, nicht zu wissen, was die Wirklichkeit ist und was nicht!

Dass mir vielleicht ein Arzt helfen könnte, ziehe ich nicht in Erwägung.

Immer wieder gehe ich am Abend fort, suche, warte, suche wieder, bis ich Holger endlich finde. Dann bleibe ich in seiner Nähe, ohne den unsichtbaren Bannkreis zu überschreiten, der ihn umgibt. Immer bemerkt er mich – er hebt dann die Hand zum Gruß –, und immer nickt er mir zu, wenn er geht.

An einem Abend hocke ich im Wohnzimmer auf der Couch, aufrecht und angespannt, und warte, bis Joachim Kai zu Bett gebracht hat. Endlich kommt er, nimmt die Zeitung in die Hand wie an jedem Abend und lässt sich in einen Sessel fallen. Seit Tagen haben wir nur das Allernotwendigste miteinander gesprochen.

«Ich verlasse euch», bringe ich hervor. Und, ehe Joachim etwas sagen kann: «Holger und ich werden heiraten.»

Joachim blickt auf und sieht mich ratlos an, nicht zornig, noch nicht. Er reibt sich mit beiden Händen die Stirn und die Augen, als wenn er müde wäre.

«Holger? Dein Professor?»

Er stemmt sich vom Sessel hoch, geht langsam durchs Zimmer wie ein Schlafwandler und kommt auf mich zu, ohne etwas zu sagen. Ich hebe die Arme zum Schutz, gleich wird er mich schlagen, denke ich, aber Joachim geht an mir vorbei, noch immer schweigend. Er tritt ans Fenster und reißt es auf, als würde er in dem kleinen Zimmer ersticken. Von unten dringt das wütende Gebell von zwei Hunden herauf, das Klappen einer Autotür und immer wieder der Lärm von Autoreifen auf dem nassen Pflaster der Straße.

«Und was wird aus uns?», stößt er plötzlich hervor. Er hat sich umgedreht, und jetzt sehe ich die hilflose Wut in seinem Gesicht. «Was wird aus unseren Plänen? Was wird aus unserer Ehe? Was wird aus Kai?»

Ich krieche in mich hinein. Was werden soll, weiß ich nicht. Ich bin nicht in der Lage, darüber nachzudenken, und unfähig, irgendwelche Konsequenzen aus dem zu ziehen, was ich soeben verkündet habe. Die Belange der gewohnten Welt sind mir längst verloren gegangen. Was mich quält, ist eine dumpfe, unbezähmbare Angst um mein Kind.

Joachim bleibt allein im Wohnzimmer zurück mit seiner Wut und Fassungslosigkeit, mit seiner Bestürzung. Ich gehe zu Bett, verkrieche mich unter der Decke. Kai! Ich versuche über ihn nachzudenken und über seine Zukunft – ohne mich oder mit mir –, aber meine Gedanken fliehen davon wie seit Tagen schon. Sie stieben durcheinander, erreichen ungeahnte Geschwindigkeiten, entschwinden ohne Wiederkehr, und immer neue brechen hervor. Jeder Versuch zu denken endet in einem Chaos. Durch die dünne Wand zum Wohnzimmer höre ich für eine Weile den Fernseher. Dann ist es still, minutenlang, vielleicht eine Viertelstunde. Später klappen Türen in der Wohnung. Joachim geht fort, denke ich. Er wird sich rächen, für das, was ich ihm gesagt habe. Er geht zu einer anderen. Aber er kommt ins Schlafzimmer, legt sich zu mir und will mich an sich ziehen.

Ich mache mich steif wie ein Stock. «Lass mich», sage ich.

Joachim streichelt meine Schulter, meinen Hals. Ich wende ihm meinen Rücken zu als ein angespanntes, versteinertes Bollwerk gegen seine Annäherung.

«Es ist vorbei», sage ich.

Joachim lässt mich nicht los. Er glaubt nicht, was er gehört hat, er weigert sich zu verstehen. Was ich sage, was ich tue, hat keinen Platz in seinem geordneten Leben.

«Maria, was ist denn passiert?»

«Ich werde euch verlassen und Holger heiraten», wiederhole ich.

Jetzt rückt Joachim von mir ab, greift sich an den Kopf, nennt mich idiotisch.

«Wir werden heiraten», sage ich noch einmal.

Joachim springt auf, steht vor dem Bett, nackt, hilflos und verwirrt. Dann lässt er mich allein in meiner Welt.

Am nächsten Tag ziehe ich mich an, ohne mit jemandem zu sprechen, hülle mich in meinen weißen Umhang, nehme meinen Skizzenblock und gehe fort. In der Keferstraße habe ich das Gefühl, Holger laufe dicht hinter mir. Ich drehe mich um, aber da ist niemand. Mein Weg führt in den Englischen Garten. Es ist kalt und leer, und über dem See und den Wiesen hängt noch der Nebel der vergangenen Nacht. Ich wische die Nässe von einer Bank und setze mich. Neben mir picken ein paar Tauben vor einer mächtigen Baumwurzel nach Körnern. Ich sehe dieses Bild – ein paar Vögel vor einem Baum –, und das ist eine überirdische Offenbarung, eine Botschaft von Gott. Es ist ein Kunstwerk, mir allein sichtbar, ich brauche es nur zu zeichnen: schwarze Striche für die Wurzel, die sich aufbläht wie ein runder Fels, darin ein zum Boden zusammengekrümmter Mensch; im mächtigen Baumstamm eine zweite Gestalt, noch hockend, aber aufrecht und emporwachsend wie der Baum. Es fällt so leicht zu malen! Es ist wie ein Wunder, und das Bild fließt aus mir heraus in einem mühelosen, beglückenden Schöpfungsakt.

Die weißen Nebelschleier über der Wiese beginnen zu leuchten, und ich drehe mich um und schaue dorthin, wo hinter den Wolken eine blasse Sonnenscheibe erscheint. Als ich mich wieder umwende, steht eine Gestalt vor mir im Dunst, riesenhaft, und das Haupt umgeben von einem funkelnden Glorienschein in den Farben des Regenbogens. Über der Erscheinung reißt der Nebel auf, und ich sehe den Himmel offen in dem klaren Licht eines jenseitigen Strahlens. Unbeschreibliches Glück! Die Sonne, nein, Gott selbst umhüllt mich mit seiner Liebe. Mich liebt er, mich nimmt er an als stolzer Vater seines auserwählten Kindes, er zeigt mir, was kein anderer Mensch je gesehen hat. Ein alles überflutender, alles mit sich reißender, nie gekannter Sturzbach des Glücks! Was ich sehe, ist eine Himmelfahrt, wahrhaftig und gegenwärtig, eine Auffahrt zu Gott. Also sind sie wahr, die Geschichten aus der Bibel. Gott ist die reine Liebe, und die Liebe ist Gott. Ich habe es mit meinen eigenen Augen gesehen. Gott braucht keine Kirche, keine Gebete, keinen Gottesdienst. Himmelfahrt ist Wirklichkeit wie die Liebe Gottes, die mir, mir ganz persönlich, zuteil geworden ist. Ungeteilte Liebe, Anerkennung und Fürsorge, Gott selbst hat mir gegeben, was ich mein Leben lang ersehnt habe.

Ich greife das Bild mit meinen kältestarren Händen und gehe nach Hause. Als Joachim kommt, zeige ich ihm die Skizze, als stünde nichts zwischen uns.

«Gott ist stolz auf mich!», sage ich.

«Gott?»

«Gott. Ja, Gott selbst!»

Noch gibt es Regelmäßigkeiten in meinem Leben, noch ist der Tageslauf vorgegeben, noch gibt es die Pflichten, die Selbstverständlichkeiten. Noch gibt es diese notdürftig aufrechterhaltenen Fassaden, aber jederzeit können sie umstürzen, und dann werden sie das letzte kleine Stück Vertrautheit mit sich fortreißen. Ich bringe Kai in den Kindergarten, gehe zur Akademie wie immer. Nur an diesem einen Tag, als die Pfeile mich trafen, bin ich geflohen, jetzt halte ich stand, bereit für ihren Angriff, bereit für ihre Abneigung und Feindschaft.

«Ich weiß, dass ihr mich nicht leiden könnt», sage ich zu ihnen.

Sie sehen mich nicht einmal mehr an. Ich bin eine Vernichtete, eine, die nicht mehr vorhanden.

Die immer gleichen Handlungen und Bewegungen geben mir ein wenig Halt in meiner Welt, in der es nichts Verlässliches mehr gibt. Ich grüße niemand, wenn ich ins Klassenatelier komme, gehe zu meinem rostigen, abgestoßenen Spind, öffne das große Vorhängeschloss und ziehe den bekleckstesten Kittel an, diesen lächerlichen Fetzen Stoff, der mich zu einer der ihren macht. Jeden Tag trage ich drei Weckgläser zu meinem Tisch, danach die Pinsel, ich ordne sie nach der Größe, stelle sie in die Gläser, hole dann die Farben, Flasche für Flasche, Tube für Tube, ordne sie Tag für Tag in der gleichen Weise. Es braucht Zeit, bis ich fertig bin. Als Letztes rücke ich die Staffelei an ihren Platz. Immer wieder nehme ich von dem getönten Seidenpapier, lege die Skizze mit dem Baum an den Rand der Staffelei und beginne zu malen. Als ich einmal ein paar Schritte zurücktrete, um mein Bild zu betrachten, stoße ich an eine andere Staffelei.

«Du behinderst mich», sage ich zu dem, der daran malt. «Ihr alle wollt mich zerstören.»

Er wendet sich ab. Nicht einmal einen zornigen Blick bin ich wert.

Für die anderen habe ich aufgehört zu sein. Ich bin ein Fremdkörper, und sie haben mich ausgestoßen, wie der Körper den eingedrungenen Stachel abstößt.

Das war schon immer so. Die Feindschaft und die Ablehnung im Kindergarten, die Prügel auf dem Schulhof, die Prügel auf dem Weg nach Hause, fast jeden Tag. Und das jahrelang. Ich passe nicht zu den anderen, und das war schon immer so. Missgunst war der Grund, davon bin ich überzeugt, Missgunst, weil ich die Besondere war, die heimliche Eingeweihte, die Vertraute der Lehrer, der Lichtblick in der dumpfen Masse der Mitschüler. Und überhaupt: Wer sich nicht eingliedert, nicht dasselbe tut, dasselbe denkt wie die anderen, wird abgelehnt, der wird ausgestoßen und vernichtet. Das ist der Preis für Widerspruch und Eigenart. Ich zahle diesen Preis, jetzt wie damals.

Ich will nicht sein wie die anderen, niemals!

Außerordentlich will ich sein, außerordentlich muss ich

sein, um zu bestehen. Das Mittelmäßige genügt nicht. Ich denke nicht wie sie, und ich male nicht wie sie. Abstrakt ist gefragt, also malen alle abstrakt in einem langweiligen Einerlei. Meine wilden bunten Bilder mit den klaren und kraftvollen Gestalten verspotten sie. Was sich in ihnen offenbart, begreifen sie nicht.

Holger versteht es, und deswegen liebt er mich!

– Aber er darf es nicht zeigen.

Zwei oder drei Stunden habe ich gemalt – da tritt Holger in das Klassenatelier.

Er kommt nur meinetwegen! Niemals sonst kommt er an einem Freitag, nur heute, nur jetzt, nur für mein Bild. Für nichts sonst. Er muss das Außerordentliche gespürt haben, das sich durch mein Bild ereignet hat.

Er geht von Student zu Student, sieht ihnen eine Weile bei der Arbeit zu. Dann fällt er sein Urteil, und seine Gesten sind beschwörend wie der Auftritt des großen Magiers, seine Worte unumstößlich wie der Spruch des Propheten – jedes Wort gilt mir allein.

Zuletzt kommt Holger zu mir. Das ist kein Zufall, das hat einen besonderen Grund! Die Letzte zu sein, das ist eine Auszeichnung vor allen anderen. Ich fühle seine Nähe körperlich, ich fühle sie in mich eindringen wie über eine riesige Wunde auf meiner Haut. Alle Grenzen zwischen uns sind aufgehoben. Ich fiebere den Worten entgegen, die er sagen wird. Sie werden das Urteil Gottes sein.

«Maria», sagt er zu mir, und seine Stimme ist wie eine körperliche Berührung. «Maria, warum bist du so ernst heute?

«Es gibt nichts Göttliches in dieser Welt», antworte ich.

«Nimm doch mich», sagt er. «Nimm doch mich.»

Endlich sieht er auf mein Bild.

«Warum hast du etwas Neues angefangen, obwohl das andere Bild noch nicht fertig ist?»

«Dieses Bild ist von Gott.»

Er verschränkt die Arme vor der Brust, neigt den Kopf zur Seite. Er tritt einen Schritt vor, tritt zwei Schritte zurück, bleibt stehen. Dann dreht er sich um, wortlos, und geht davon.

Es hat ihn überwältigt, denke ich. Mein Bild hat ihn so berührt, dass er nicht in Worte fassen kann, was er empfindet.

Sterben und Menschwerdung schreibe ich unter das Bild. Ich eile ihm nach auf den Flur, aber ich sehe ihn nicht. Ich bin allein in dem kahlen Gang, und die kalkweißen Rundbögen des Gewölbes dehnen sich wie das leere Seitenschiff eines gewaltigen gotischen Doms. Holger ist verschwunden. Vielleicht wartet er hinter einer der vielen Türen, vielleicht im Schatten irgendeiner Nische?

Ich folge dem langen Flur, durchschreite ihn Bogen um Bogen bis ans Ende wie in einem Sog, stoße endlich auf eine kleine Tür. Nie zuvor habe ich sie gesehen. Dahinter, eng und schäbig ein Treppenhaus. Dort steige ich hinab, dringe immer tiefer vor durch die hohen Stockwerke. Ganz unten der Keller, dunkel und bedrohlich, menschenleer. Eine Leiter lehnt an einer Mülltonne, daneben auf dem Boden alte Schnüre und Plastikfolien. Holger ist nicht hier – aber die Schnüre! Die Schnüre sind für mich! Ich sammele sie auf mit einem Gefühl tiefsten Glückes, sie sind Holgers Geschenk. Ich knote eine an die andere, ein feierliches Ritual, ich wickele sie zu einem Knäuel. Endlich kehre ich in die Klasse zurück.

Der Raum ist fremd und rätselhaft leer.

Sehr langsam gehe ich durch das Atelier, besehe ihre Bilder, betaste sie wie eine Blinde.

Dann plötzlich weiß ich, was ich zu tun habe.

Ich schiebe die Staffeleien in einer Ecke zusammen, jetzt in Eile, ich ziehe die Böcke mit den Tischplatten an die Seite, schnell muss es gehen, ich schiebe die Mappen unter die Tische, dazu alles, was im Weg ist, einen leeren Eimer, abgestoßene Klappstühle und Schemel, ein altes Radio, ein paar Stehlampen.

Jetzt tut sich die Weite auf, eine große freie Fläche in der Mitte des Raumes, ein Podium für meine Kunst, ein Theater für das Großartige, das ich erschaffen werde. Ich nehme das Knäuel, knote das Ende der Schnur an den Griff des hohen Fensters, ziehe den Faden quer durch den Raum zu einer Staffelei, von dort zu einem der Tische. Dann ist die Schnur zu Ende. Ich eile zu meinem Spind, ich reiße heraus, was ich brauche. Dann eile ich fort aus der Akademie, fahre in die Stadt.

Damals, in Köln, nach dieser einen Woche mit Joachim im Haus meiner Eltern, war ich wirklich schwanger.

Drei Tage nachdem ich Gewissheit hatte, packte ich zusammen, was ich in den nächsten Monaten brauchen würde, und fuhr mit zwei großen Koffern nach München. Mein Zimmer im Wohnheim war längst belegt. Joachim stellte ein Wasserglas für meine Zahnbürste aufs Waschbecken, räumte zwei Fächer in seinem Schrank leer, hängte drei Hosen zusammen auf einen Kleiderbügel und zwei Jacken übereinander auf einen anderen. Drei Bügel waren für mich. Er lieh sich ein Auto, holte

Latten für die Staffelei, dazu zwei Böcke und eine Tischler-platte für meine Farben und Pinsel. «Damit du dich auf die Akademie vorbereiten kannst», sagte er. Seinen Schreibtisch rückte er in eine Ecke, und als alles aufgebaut war, war das Zimmer voll.

Jeden Morgen brachte er mir jetzt das Frühstück ans Bett. Nach dem Aufstehen konnte ich nichts mehr essen. Jeden Tag, jede Stunde war mir übel. Abends legte er sich zu mir, nahm mich in seine Arme, küsste mich. Ich wandte mich von ihm ab und versuchte zu schlafen, zusammengekauert, ganz auf mei-ner Seite und eng an die Wand gepresst.

«Wie lange wird das noch so weitergehen?», fragte Joachim am Morgen.

«Ich weiß es nicht», sagte ich. «Irgendwann wird es wieder besser.»

Joachim tat mir Leid.

Wenn er morgens aufgeräumt hatte, beugte er sich über sei-ne Formeln. Manchmal sah er auf, wenn ich ihn ansprach, ein anderes Mal schien er mich nicht wahrzunehmen. Er tat, was zu tun war, und nichts hinderte ihn, von einem Augenblick zum anderen in seiner Arbeit zu versinken. Noch zwei Wo-chen bis zu seiner Abschlussprüfung. –

Zuweilen, am Nachmittag, redeten wir lange miteinander, und dann war es so, wie es früher gewesen war. Wenn ich mich besser fühlte, gingen wir in den Englischen Garten, und Joa-chim legte seinen Arm um mich, als wolle er mich beschüt-zen. Einmal begegnete uns ein Paar mit Kinderwagen, die Frau zierlich wie ich, der Mann groß und blond wie Joachim.

«Bald gehen wir auch so», sagte Joachim und nahm mich fester in den Arm.

«Freust du dich jetzt auf das Kind?», frage ich.

Er antwortete auf meine Frage, ohne zu überlegen, viel schneller, als ich es von ihm gewohnt war. «Wenn wir erst einmal eine Wohnung haben, ja, dann freue ich mich auf das Kind.»

Ein paar Wochen nach seiner Prüfung fanden wir eine Wohnung am Stadtrand von München, zwei Zimmer mit schrägen Wänden im Dachgeschoss, eine kleine Küche, ein schmales Bad mit einer hohen Wanne auf geschwungenen Füßen und einem rostigen Spülkasten über der altmodischen Toilette. Jeden Tag fuhr er nun mit der S-Bahn in die Bibliothek, suchte in den Zeitschriften und den Büchern, las und schrieb an seiner Diplomarbeit. Ich studierte die Kleinanzeigen in der Zeitung, fand einen Kinderwagen und ein kleines Bettchen. Joachim holte beides und brachte noch Berge von Babykleidung mit. Abends saß ich neben ihm und legte die frisch gewaschenen Hemdchen und Höschen, die Strampelanzüge und die winzigen Jäckchen zusammen. Ich war zufrieden wie nie zuvor in meinem Leben. Ich war froh und glücklich. Auch die Übelkeit der ersten Monate war vorüber.

An einem Abend zeigte ich Joachim meine Bilder von einem Sommerkurs, Aktzeichnungen in schwarzer Tusche von muskulösen Männern und schönen Frauen mit makellosen Körpern auf makellosem Papier.

«Warum malst du immer perfekte Menschen?», wollte er wissen. «Ist es nicht spannender, Schönheit zu entdecken, wo sie nicht offensichtlich ist?»

«Unsere Aktmodelle waren so. Schöne Menschen lieben es, abgebildet zu werden.»

Ich packte meine Bilder wieder zusammen. «Du musst mir Modell stehen», sagte ich.

Joachim zögerte, war verlegen. «Ich werde es mir durch den Kopf gehen lassen.»

Eine halbe Stunde später sah er mir beim Malen über die Schulter. «Wann willst du mich malen?»

«Jetzt», sagte ich.

Er nickte, und ich sah ihm zu, wie er sich umständlich auszog, linkisch, scheu und mit steifen Bewegungen.

«Wie möchtest du aussehen?»

Joachim überlegte. «Es muss schon stimmen», sagte er. «Ich möchte wissen, wie du mich siehst.»

Ich betrachtete ihn lange, ein Mann mit dem Körper eines hoch aufgeschossenen Jungen, eine große, etwas dürre Gestalt mit langen Armen und Beinen, der Nacken etwas gebeugt, der Brustkorb schmal und mit vorspringenden Rippen.

«Ich male dich von hinten», sagte ich. «Das ist einfacher.»

Joachim holte den Schreibtischstuhl und setzte sich rittlings darauf, die Arme auf der Lehne verschränkt, die Stirn in der linken Ellenbeuge vergraben. Seine Haltung gefiel mir, und ich begann zu malen. Nach einer Weile zeigte ich ihm das Bild.

«Erkennst du dich wieder?»

Joachim schaute lange auf die nackte Figur, die ich mit ein paar Strichen entworfen hatte. «Ich habe mich noch nie so gesehen, ich meine, so von hinten, so mager und so gebeugt. Ja», sagte er dann. «Ja. Nur ein paar Striche, aber du triffst etwas Wesentliches, etwas Unverwechselbares.»

Ich malte ihn nun öfter. Von Tag zu Tag wurden seine Haltung aufrechter und die Posen natürlicher. Ich begann Joachim zu beobachten, nicht nur wenn ich ihn malte. Er veränderte sich in diesen letzten Wochen der Schwangerschaft. Auch er war glücklich und – er war stolz. Er begann sich zu gefallen.

Die Bilder füllten bald eine ganze Mappe und gaben ihm ein Gefühl der Männlichkeit, dazu das neue Leben, das unübersehbar in meinem Bauch heranwuchs.

Jetzt freuten wir uns auf das Kind. Natürlich würde ich studieren, unseren Sohn im Tragetuch – ich wäre nicht die einzige Studentin mit Kind – stillen könnte ich ihn überall.

Ich war sicher, dass wir einen Sohn haben würden. «Kai», sagte ich. «Unser Sohn soll Kai heißen.»

«Und wenn es ein Mädchen wird?»

«Es wird kein Mädchen.»

Mit dickem Bauch kam ich zum Aufnahmegespräch in die Akademie, unter dem einen Arm meine Kunstmappe, an meinem anderen Arm Joachim. An der Tür stand der Name *Prof. Holger Georgi.*

«Holger», sagte ich, als sei es etwas Besonderes. «Ich wusste gar nicht, dass er Holger heißt.»

Es war eine fremdartige Erscheinung, die uns öffnete, ein schwarzhaariger Mensch mit dunklen Augen, eine dünne Gestalt mit eigenartig eckigen Bewegungen. Er sah uns an – ein seltsam forschender Blick –, ehe er fragte: «Ist das Ihr Mann?» Das war alles, was er wissen wollte, keine weiteren Fragen, und alle meine wohl durchdachten Antworten, meine Begründung, warum gerade Kunst, warum nicht irgendein anderes Studium, warum gerade bei ihm, alle die vorher zurechtgelegten Worte, die auswendig gelernten Sätze blieben ungesagt. Er griff nach meiner Kunstmappe, schlug sie auf, eine Viertelstunde lang saß er so, während wir schweigend und mit gespannten Gesichtern warteten.

Plötzlich bekam ich Angst.

Da betrachtete dieser fremde Mann meine Bilder, besah

diese Entblößungen meiner selbst, dieses Stückwerk aus Offenbarungen, sah die Zeugnisse meines Könnens oder meines Unvermögens, und ich konnte in seinem Gesicht nichts lesen, wusste nicht, was er denkt. Mir blieb nur das Warten, das Bangen und meine Aufregung. Ich hatte Angst vor diesem rätselhaften Gesicht. Ich hatte Angst vor der Abhängigkeit, die mich mit diesem Menschen verbinden würde, jahrelang, Angst vor seinem Urteil, seinem Geschmack. Ich hatte Angst vor seiner Ablehnung, Angst vor seinem Wohlwollen, denn ich würde es eines Tages enttäuschen können. Solange ich bei ihm studierte, würde seine Macht über mich fast grenzenlos sein. Er würde für mich sein wie ein Gott – wenn er mich überhaupt nahm.

Dann schlug er die Mappe zu. «Sie wollen mit Kind studieren?»

«Ich bin doch auch noch da», kam mir Joachim mit der Antwort zuvor. Ich bekam den Studienplatz.

Dann wurde unser Sohn geboren, und nichts war so, wie wir es uns vorgestellt hatten.

Kai schrie. Kai schrie, wenn ich ihn stillen wollte, Kai schrie, wenn ich ihn auf den Arm nahm, und er schrie, wenn ich ihn im Tragetuch mit mir herumtrug. Kai schrie, wenn er nachts zwischen uns im Bett lag, Kai schrie, wenn ich mit ihm zum Einkaufen ging; Kai schrie, wenn Joachim ihn im Kinderwagen spazieren fuhr, und man hörte ihn die ganze Straße entlang, bis die beiden endlich um eine Ecke bogen und der Lärm der Autos das Geschrei übertönte. Kai schrie eigentlich immer. Manchmal schlief er, für Minuten, vielleicht für eine Stunde, vielleicht auch einmal für zwei. Er war nur ruhig, wenn Joachims Mutter das Oberteil vom Kinderwagen in ihr Auto schob und mit ihm über das unebene Pflaster der kleinen Straßen fuhr. Kai schrie, wenn sie anhielt, und er schrie, wenn sie ihn wieder in die Wohnung trug. Es war unmöglich, mit ihm zu studieren. Ich war verzweifelt und suchte die Schuld bei mir.

Nach vier oder fünf Monaten wurde er ruhiger. Jetzt konnte er seine Hände gebrauchen, konnte beginnen, die Welt zu begreifen, konnte sie Stück für Stück erobern. Mit sieben Monaten robbte er zu seinem Spielzeug, mit acht Monaten krabbelte Kai wie ein Wirbelwind durch die ganze Wohnung, mit zehn Monaten sagte er «Mama» und «Papa». Wir waren stolz auf ihn. Jetzt endlich ging ich in die Akademie. Kai brachte ich an den Vormittagen zu einer Freundin, am Nachmittag holte ich ihn wieder ab. Ich war glücklich, wenn ich mit ihm zu Hause war, und ich war glücklich in der Akademie, jeden Tag aufs Neue.

Aber jetzt, als ich mit zehn Rollen Bindfaden in meiner Tasche aus der Stadt zurückkehre, ist alles fremd und furchterregend. Vor der Akademie stellen sie sich mir in den Weg, Castor und Pollux auf ihren Pferden, ein drohendes und unerbittliches Zwillingspaar. Ich darf jetzt nicht umkehren! Dann kommt plötzlich ein Wind auf, ein schwarzes, nie gesehenes Brausen erhebt sich, und wirklich, sie zerfallen. Castor und Pollux lösen sich vor meinen Augen auf, und ich hetze vorbei an ihren erloschenen Blicken, die Treppen hoch, den Flur entlang, zurück zum Klassenatelier und zu den verschlungenen Schnüren.

Sie haben schon begonnen, die Schnur wieder zu lösen!

Karl ist mir am nächsten, ich packe ihn am Arm, halte ihn fest. «Das ist Kunst, das ist mein Kunstwerk. Niemand darf es zerstören!» Er hält verwirrt inne, bis jemand zu lachen beginnt, verlegen noch, bald aber lachen alle, laut und verletzend. Ich renne aus dem Atelier, durch den langen Flur wie eine Besessene, dann die Treppen hinunter, hinaus aus der Akademie. Dort steht er noch, kahl und schwarz, dort steht der Baum, auf dem vor Wochen der Vogel geschrien hat. Ich werde langsamer, bleibe stehen. Ich muss den Schmerz erdulden, denn ich bin dazu ausersehen, Großes zu vollbringen. Also kehre ich zurück, ertrage ihre Blicke, ihr Grinsen, ihr Kopfschütteln. Sie lachen, weil sie meine Meisterschaft spüren, meine Überlegenheit und ihr Mittelmaß. Sie lachen, weil sie sich verschworen haben gegen mich. Aber ich werde meinen Auftrag erfüllen. Die Schnur wickele ich wieder auf. Ich klammere mich an das Knäuel und sehe ihnen untätig zu, wie sie alles wieder an seinen Platz rücken.

Ich werde wiederkommen, wenn sie fort sind. Ich werde meine Schnüre verknüpfen und vollenden, was ich begonnen habe.

Es ist schon dunkel, als ich nach Hause komme. Niemand ist in der Wohnung. Die Zeit vergeht, und ich harre aus, ohne etwas zu tun.

Dann ist Joachim plötzlich da mit Einkaufstüten in der Hand und Kai an seiner Seite. «Warum hast du ihn nicht vom Kindergarten abgeholt? Warum kommst du so spät?»

Seinen Ärger bemerke ich kaum. «Ja, es ist spät», sage ich. «Es ist sehr spät.»

«Ich habe wichtige Termine bei der Arbeit. Begreifst du nicht, dass ich nicht einfach nach Hause gehen kann, um Kai abzuholen?»

Stumm sehe ich ihn an. Seine Vorwürfe erreichen mich nicht. Sie zerfallen vor der Wand, die zwischen seiner und meiner Welt emporgewachsen ist. Argumenten bin ich nicht mehr zugänglich, Vorhaltungen und Ermahnungen nehme ich nicht wahr, heute nicht und nicht an den anderen Tagen. Also rügt mich Joachim nicht länger, denn es wäre ohnehin vergeblich. Er stellt sich darauf ein und resigniert. Es gibt keinen Streit mehr wegen meiner Versäumnisse. Manchmal versucht er mit mir zu reden, so wie wir früher miteinander geredet haben, aber wir sprechen nicht mehr dieselbe Sprache. Noch etwas ändert sich in dieser Zeit: Mehr und mehr habe ich das deutliche Gefühl, dass Joachim mich belauert. Einmal, als ich aus dem Zimmer trete, sehe ich ihn vor meiner Tür.

«Warum stehst du da und horchst?», frage ich.

Er antwortet nicht und geht kopfschüttelnd weg.

An einem Abend kommt Joachims Mutter. Niemand hat mir ihr Kommen angekündigt. Seit Stunden stehe ich reglos am Fenster. Die schwarzen Öffnungen in den Häusern sind wie tausend starrende Augen, sie durchbohren mich mit ihren Blicken, werden plötzlich zu aufgerissenen Rachen furchtbarer Monster, und dann, in einem plötzlichen Erkennen inmitten dieser Schreckenswelt, sehe ich meine Schwiegermutter unter der Straßenlaterne aus ihrem kleinen Auto steigen. Joachim trägt ihren schwarzen Koffer die Treppe hinauf, führt sie in unsere Wohnung. Jemand hat die Schlafcouch im Arbeitszimmer bezogen und Handtücher bereitgelegt. Im Flur trete ich ihr entgegen. Sie steht vor mir, aufrecht wie ein Ausrufezeichen, und ihr Körper ist ein einziger, vernichtender Vorwurf.

«Ich bin keine Schlampe», sage ich. «Es ist der Wille Gottes, dass ich Holger heirate.» Ich warte nicht darauf, was sie sagen wird, nehme meinen Umhang und gehe davon.

Draußen sehe ich die Bremslichter der Autos, sehe die rot zuckenden Kreise der Ampel. Rot! Überall sind rote Lichter! Rot ist die Liebe. Rot, das ist Holgers Nähe. Rot, das ist Freude, plötzlich wieder Freude! In der Leopoldstraße überstrahlt ein heller Schein die Dämmerung des trüben Wintertages. Ich halte darauf zu. Das Leuchten schwillt an, wird laut in einer unbegreiflichen Verwandlung – es ist wie das Dröhnen eines heranrasenden Zuges –, wird grell, wird unerträglich, und ich bedecke meine Augen mit den Händen. Männer, Mönche in rostroten Gewändern stehen in der Straßenmitte. Um ihre Schultern haben sie gelbe Tücher geschlungen, und auf den kurz geschorenen Haaren tragen sie hohe gelbe Mützen. Sie tragen goldene Ketten, die winden sich um ihre Leiber, und von den Ketten kommt das überirdische Strahlen und Leuchten. Die anderen Menschen gehen vorbei, achtlos und gleichgültig. Sehen sie denn nichts? Sind sie denn alle blind?

Ich nähere mich den heiligen Männern, hebe die Hände vor meine Brust und lege die Handflächen aneinander zum Gruß. Tief verbeuge ich mich vor ihnen, überwältigt von Andacht und Frömmigkeit. Sie lächeln mir zu mit milden, erleuchteten Gesichtern.

Nur die Erleuchteten können diese göttliche Erscheinung sehen! Und ich bin eine von ihnen, ich bin eine von den Auserwählten!

So bleibe ich stehen in Ehrfurcht und Anbetung. Endlich sind sie erschienen. Endlich sind die Mönche in unsere Welt gekommen, um mich aus meiner Angst und Verwirrung zu erlösen. Hilfe für mich in meiner Einsamkeit! Sie werden mich teilhaben lassen an ihrer Glückseligkeit, und ich werde eine der ihren werden.

Ich lache laut. Freude! Unbeschreibliche Freude!

Aber ihn sehe ich auch, den seltsamen dicken Jungen. Er bleibt vor mir stehen, weist mit dem Finger zu mir. Seine Mutter zieht ihn weiter. Jetzt sehe ich andere, die aufmerken, die stehen bleiben, es sammeln sich immer mehr, sie starren zu mir herüber, nicht zu den Mönchen. Es ist ein undurchschaubares Nebeneinander, die Mönche, die anderen Menschen, zwei Welten, die sich nicht verbinden, übereinander gelegte Bilder, die nichts Gemeinsames haben.

Und plötzlich weiß ich: Das bin ich, Maria Jahn, die Mutter eines Sohnes, die Kunststudentin, auf die sie mit Fingern weisen!

Aber ich beachte sie nicht, mein Blick ruht auf den heiligen Männern. Doch die Mönche zerfallen, sie zerfließen vor meinen Augen, die dunklen Gesichter lösen sich auf, schmelzen wie Schokolade in der Sonne und besudeln die gelben Tücher. Ihre Körper sinken in sich zusammen, werden zu einer formlosen Masse, zerrinnen endlich zu einem braunen Schleim. Ein grauenvolles Entsetzen vertreibt jäh meine Freude. Trauer und Angst, panische Angst! Sieht denn niemand meine Verzweiflung? Gleichgültige, leere Gesichter.

Sie hätten mich retten können, diese gütigen, diese herrlichen, diese göttlichen Gestalten! Die Mönche hätten mich erlösen können, ich aber habe sie vernichtet, und nichts ist von ihnen geblieben als die schmierigen Lachen auf dem Gehweg.

Schuldig! Schuldig! Ich hätte es wissen müssen, dass ich sie nicht ansehen durfte! Meine Blicke waren das Verbrechen. Nur die Göttlichen sollen das Licht sehen. Mein Glück zerfällt in Scherben, und die Verzweiflung wächst ins Unermessliche in einem heftigen, unerträglichen Wechsel meiner Gefühle. Holger habe ich vergessen.

Nach Hause. Ich will nur noch nach Hause.

Joachim und seine Mutter sitzen auf der Couch, als ich das Zimmer betrete. Ich sehe sie an, und sie starren zurück, voller Groll und Verachtung. Ihre Füße haben sie auf einen Hocker gelegt, ganz dicht beieinander, sie berühren sich in trauter Vereinigung. Für mich ist dort kein Platz. Sie haben mich ausgeschlossen aus ihrem geheimen Bund, und die Feindschaft steht im Raum wie eine schwarze Wand. Sie hasst mich, denke ich. Sie muss das, weil ich ihren Sohn verlasse, ihren und meinen. Sie hasst mich, weil es einen anderen Mann gibt, den ich liebe und der mich heiraten wird.

«Setzt du dich noch zu uns?», sagt sie. Und: «Du siehst elend aus.»

Ich behalte Umhang und Schuhe an und hocke mich auf den vordersten Rand eines Sessels, springe aber sofort wieder auf und drehe den schweren Fernsehapparat in eine andere Richtung.

Sie haben dort eine Kamera in den Fernsehapparat eingebaut, das haben sie getan, um mich zu filmen!

«Was tust du da?»

«Ich will nicht gefilmt werden», sage ich.

Sie glauben, mich nicht verstanden zu haben: «Was hast du gesagt?»

Ich antworte nicht, schiebe nur meinen Sessel zur Seite. Dann setze ich mich wieder. Hier ist es sicherer, hier kann mich die Kamera nicht erreichen.

«Redest du nicht mehr mit uns?», fragt Joachim.

Ich schweige und lausche der Stimme des Nachrichtensprechers, aber was er sagt, verstehe ich nicht. Ich sehe ihn den Mund öffnen und schließen, höre auch seine Stimme. Er spricht in meiner Sprache, aber er benutzt einen Code, den ich nicht entschlüsseln kann. Nur zwei Bruchstücke, zwei Satzfetzen ohne Zusammenhang, immer wieder dieselben: Alle Parlamente der Welt sind aufgelöst! Es gibt keine Parlamente mehr! Und: Die Weltherrschaft liegt in fremden Händen!

Die anderen hören reglos und gleichmütig zu. Also wissen sie es! Sie wissen es längst!

Sie haben es vor mir verheimlicht, sie haben sich gegen mich verschworen in dieser Welt voller Falschheit und Verrat. Mich wollen sie in Unwissenheit lassen, deshalb ihr Schweigen und ihre Gleichgültigkeit, deswegen tun sie, als wäre nichts geschehen. Ich stelle keine Fragen. Sie hätten mir die Wahrheit nicht gesagt. Ich presse die Faust an mein Herz und an meinen Kopf, fahre mir mit den Händen durch das Haar, immer wieder. Ich höre nicht mehr auf die Nachrichten. Das Stillsitzen geht über meine Kräfte. Nach ein paar Minuten stehe ich auf, ohne etwas zu sagen. Ruhelos laufe ich im Flur auf und ab.

Joachim ist mir gefolgt und verstellt mir den Weg.

«Maria, wir müssen miteinander reden.»

Auf der Garderobe liegt eine Mütze aus rotem Samt. Ich greife danach.

«Maria, hast du nicht gehört?»

Ich drehe die Mütze um. Innen ist der Stoff schwarz mit weißen Punkten. «Wie das Weltall», sage ich.

«Was sagst du?»

Vorsichtig und andächtig halte ich die Mütze in beiden Händen, als wäre sie eine kostbare Monstranz. Dann gehe ich auf Joachim zu, erhebe die Mütze und setze sie ihm auf den Kopf.

Er reißt sie herunter, wirft sie auf die Garderobe. «Was soll das?»

Ich nehme die Mütze wieder an mich und nähere mich ihm, langsam und feierlich wie beim ersten Mal.

Er weicht zurück, will sich die Mütze nicht aufsetzen lassen.

«Du musst sie tragen, es ist deine Mütze, es ist die Mütze des Gesandten aus dem Weltall.»

Er wehrt mich ab, verwundert und ratlos.

Wieder bedränge ich ihn mit erhobener Mütze. Was ich tue, muss sein, unbedingt, er spürt es, und jetzt lässt er es geschehen. Joachim steht mit dieser seltsamen Mütze im Flur, hilflos und wütend, sie ist ihm zu groß, und der rote Samt rutscht über seine Stirn. Ich lasse nicht zu, dass er sie abnimmt. Er muss die Mütze tragen, es geht nicht anders, es ist eine unverzichtbare Notwendigkeit in meiner Welt. Joachim versteht nicht, was ich tue, er kennt nicht den Sinn, kennt nicht den geheimen Plan, dessen Teil wir sind, aber er lässt mich gewähren. Meine Entschlossenheit macht ihn hilflos.

«Hör auf und leg dich schlafen.» Endlich wirft Joachim die Mütze weg und zieht mich ins Schlafzimmer.

«Zieh dich aus und geh ins Bett.»

Ich tue, was er sagt, aber ich kann nicht schlafen. Schon seit vielen Nächten habe ich nicht mehr richtig geschlafen. Mein Körper ist übermüdet, aber mein Geist lässt ihm keine Ruhe. Mitten in der Nacht stehe ich auf und ziehe mich an. Kai schläft in seinem Bettchen. Er schnarcht leise und mit offenem Mund, sein braunes Äffchen presst er an die gerötete Wange. Sein Haar ist zerzaust, ich streiche darüber, es ist nass vom Schweiß. Dann wecke ich ihn auf, denn er muss mit mir gehen. Er seufzt, als ich ihn aus seinem Bett hebe, reibt sich die Augen und fängt an zu weinen. Ich halte ihn fest in meinem Arm, trete mit ihm ans Fenster. Sein Schluchzen wird heftiger, und vergeblich versuche ich ihn zu trösten. Minuten vergehen, Kai weint noch immer und draußen, da rufen mich die Sterne. Ich lege Kai in sein Bettchen zurück, decke ihn zu. Ich werde ohne ihn gehen.

Die Nacht ist kalt, es geht ein eisiger Wind. Ich stolpere durch die leeren Straßen. Die Häuser sind dunkel, darüber die schmale Sichel eines weißen Mondes. Mondsichelzeichen am Himmel, ich folge ihrer Spur, Mondsichelzeichen führen zum Englischen Garten. Unter der Brücke rauscht schwarz der Bach, ich gehe weiter, langsam und suchend, über raureifknisterndes Gras. Vor mir der See, dort hängt der Mond im Geäst der dunklen Bäume. Eine silberne Spur glitzert im Wasser, darüber der Sternenhimmel. Am Rand des Wassers bleibe ich stehen. Schwarz und unbewegt liegt es unter dem kalten Funkeln. Mondsichelzeichen im Wasser.

Ich warte und weiß nicht, worauf.

Plötzlich zerreißt das leuchtende Zelt, die Sternbilder sinken herab, sie fallen herunter wie eine ausgediente Theaterkulisse, und aus dem sich verfinsternden Zenit breitet sich eine konturlose Schwärze über die mächtige Kuppel des Himmels aus. Noch leuchtet in den Bäumen der schmale Streifen des Mondes, hell und kalt, bis auch er zu Boden fällt und verlischt. Ich sinke auf die Knie und berühre mit der Stirn den gefrorenen Boden. Ja, ich verstehe! Endlich verstehe ich, sehe das Unerklärliche sich zusammenfügen und erkenne den Grund für die fundamentale Veränderung, die die Welt ergriffen hat.

Erschütterndes, wundervolles Begreifen!

Was ich gesehen habe, ist der Beweis für das, was geschehen ist, für das Unfassbare, über das niemand zu sprechen wagt. Es ist die Erklärung für die Verwirrung, die mich ergriffen hat: Gott selbst ist auf die Erde gekommen.

Auch in dieser Nacht finde ich keinen Schlaf. Am nächsten Morgen stehe ich spät auf. Es ist Samstag, und Joachim sitzt mit seiner Mutter am Frühstückstisch. Kai schläft noch. Sie haben eine Kerze angezündet, es herrscht eine fremd gewordene Behaglichkeit, und in der Wohnung riecht es nach frischem Kaffee. Ich nehme meinen Umhang und gehe zur Tür.

Joachim springt auf und verstellt mir den Weg. «Du bleibst jetzt hier!»

«Lass mich! Ich muss zur Akademie.»

«Du gehst nicht schon wieder fort», sagt er. «Wir müssen miteinander reden.»

Ich ertrage nicht, dass er mich am Gehen hindert, es macht mir Angst, große Angst sogar. Ich laufe im Flur hin und her wie ein gefangenes Tier, versuche an ihm vorbeizukommen, aber er weicht nicht zur Seite. «Ich muss zu Holger», rufe ich. «Er wartet auf mich.»

Joachim steht vor mir, starr und unnachgiebig, ein Standbild aus Stein. «Mutter ist gekommen, um Kai mitzunehmen, wenn du dein Verhalten nicht änderst», sagt er ruhig.

«Wenn sie ihn mitnimmt, dann ist es so vorherbestimmt. Alles ist vorherbestimmt.»

Joachims Augen weiten sich eine Spur, aber er schweigt.

«Ihr seid nichts als Marionetten», rufe ich. «Was ihr auch tut, es ist der Wille einer höheren Macht.» Ich sehe sein Befremden, seinen offenen Mund: «Du schläfst, du träumst dein Leben, du weißt gar nicht, was das Leben wirklich ist. Du merkst nicht einmal, dass du schläfst.»

Joachims Mutter ist zu uns in den Flur getreten.

«Was glaubst du denn, wer du bist, dass du deinem Mann noch Vorhaltungen machst?», sagt sie. Und noch: «Bilde dir nicht ein, du seist etwas Besseres als wir, nur weil du dich mit einem Professor triffst!»

Eine Weile ist es still, während sich ihr Zorn im Flur verbreitet wie eine rote Wolke und in jede Ritze kriecht. Ich presse meine Hände fest an die Ohren. Ihre Worte will ich nicht hören, ihre Gesichter nicht sehen. Sie haben mich festgenagelt mit ihren Vorwürfen und mich in die Enge getrieben in der hintersten Ecke des Flures.

«Ich weiß, was ich zu tun habe», schreie ich der Wand entgegen, an der mein Weg endet. «Ich gehöre nicht zu euch Spießbürgern und Nichtstuern. Meine Mission ist eine andere. Euer erbärmliches Behagen verabscheue ich.»

Ich wende mich wieder zu ihnen um, lasse die Hände sinken und richte mich auf. «Ihr dürft mich nicht festhalten», sage ich, und meine Stimme ist noch immer laut. Jetzt weicht Joachim wirklich zurück. Ich gehe auf die Wohnungstür zu, gehe hindurch, gehe immer weiter, ohne mich umzusehen.

«Wenn du erst heute Abend zurückkommst, ist Kai nicht mehr da», ruft er mir nach.

Im Klassenatelier bin ich allein, sonst ist alles wie immer. Ich räume nichts beiseite, denn ich habe keine Zeit zu verlieren. Ich nehme meine Schnüre aus dem Spind, knüpfe das eine Ende an den Fenstergriff, schlinge dann die Schnur um das Bein eines Tisches auf der anderen Seite des Raumes, ziehe weiter zu einer Staffelei und weiter zum Henkel eines Korbes, dann zum Vorhängeschloss eines Spindes, zu einer Leiste an der Rückseite eines Bildes, zu einem anderen Fenster. Ich haste durch den großen Raum, steige auf eine Leiter, befestige die Schnur hoch oben am Regal mit den Kunstmappen und Bildern, ziehe sie weiter zur Lehne eines Stuhls, laufe hierhin, laufe dorthin, verknote die Schnüre, wo sie sich kreuzen, muss bald über Fäden hinübersteigen, mich unter anderen hindurchwinden. Ich knote, schlinge und knüpfe, ich arbeite immer schneller, immer fahriger, bis alle Rollen aufgebraucht sind. Dann halte ich erschöpft inne. Ein Netz ist entstanden, nicht flach wie ein Spinnennetz, es füllt den Raum als ein riesiges dreidimensionales Kunstwerk. Stolz bin ich und zufrieden – für diesen Augenblick. Aber noch gehe ich nicht fort, male nun, was ich sehe, schwarze Striche, ein Labyrinth aus Linien, die sich kreuzen, immer enger, immer mehr, ein dichtes Gekritzel, in dem ich mich verheddere. Das Blatt vor mir auf der Staffelei wird schwarz. Ich nehme es und reiße es in

Fetzen. Am Abend verlasse ich den Klassenraum. Niemand ist gekommen. Ich habe die Klassenexkursion nach Stuttgart in die Staatsgalerie vergessen.

Als ich nach Hause komme, ist das Auto mit dem fremden Kennzeichen verschwunden. Joachim sitzt allein vor dem Fernseher.

«Wo ist Kai?», frage ich.

«Fort», antwortet Joachim, und die Trauer in seiner Stimme entgeht mir nicht.

Er ist wirklich fort und mit ihm seine Kleidung und alles, was ihm lieb und teuer ist: seine Autos, sein kleiner Affe aus Plüsch, der Seehund, das weiße Schäfchen mit dem blauen Band um den Hals, die Kiste mit den großen Legosteinen, das Bilderbuch von der Hasenschule, seine Buntstifte und das Bild mit dem großen bunten Vogel, das ich für ihn gemalt habe. Ich weine nicht. Kai musste fort von hier. Es ist die einzige Möglichkeit, ihn zu retten. Bei mir ist er nicht mehr sicher.

Dann laufe ich ruhelos durch die Wohnung und trage zusammen, was von ihm zurückgeblieben ist. Ich bringe alles auf den kleinen Balkon und lege einen Gegenstand neben den andern auf den nassen, rostigen Boden: den Bagger neben den Kinderteller, Batman neben einen Teufel mit roten Hörnern, ringsum die Ritter auf ihren Pferden, alles in einer geheimnisvollen, endgültigen Ordnung. Die Macht dort draußen in der Dunkelheit, diese allwissende geistige Kraft, dieses höhere Wesen, das unsere Geschicke lenkt, wird lesen, was in Kais Dingen geschrieben steht.

Ich gehe ins Schlafzimmer und lege mich aufs Bett. Noch bin ich mit meinem Sohn verbunden, noch sind wir eins, aber ich muss ihn freigeben, vollständig und für alle Zeit. Noch bin ich an ihn gekettet durch eine silberne Nabelschnur, durch ein schimmerndes breites Band, das ich zerreißen muss. Ich selbst muss es tun, allein durch meinen Willen, durch die Kraft meiner Gedanken und die Stärke meiner Vorstellung. Als ich die Nabelschnur zerreiße, als die körperliche Verbindung abbricht, ist der Schmerz entsetzlich. Dunkles Blut quillt aus der Mitte meines Körpers und besudelt Kleidung und Bett. Ich springe auf und taumele zum Spiegel. Ein schneeweißes Gesicht blickt mich an, das Gesicht eines dünnen, durchscheinenden Gespenstes mit tiefen schwarzen Ringen unter den Augen. Bin ich das? Lebe ich überhaupt noch? Ich schlage die Hände vor mein Gesicht und sehe, wie mein rotes Leben auf dem Boden davonströmt. Ich flüchte wieder auf das Bett, bleibe dort hocken, erschüttert und wie versteinert im tränenlosen Schmerz. All meine Kraft hat mich mit meinem Blut, hat mich mit Kai verlassen.

Joachim kommt spät und findet mich wimmernd und zusammengekrümmt unter der Decke verkrochen. Was er tut, was er spricht, erreicht mich nicht. Als ich mich Stunden später im Zimmer umsehe, ist das Bett neben mir leer. Ich setze mich auf und versuche zu begreifen, was geschehen ist. Ich habe mich von Kai getrennt, für immer, und es muss so sein. Bei seiner Großmutter ist er in Sicherheit. Jetzt bin ich frei. Die Einsamkeit muss ich ertragen.

Von der Stunde an, als Kai nicht mehr bei uns ist, versucht Joachim nicht mehr, mich am Fortgehen zu hindern. Der Graben zwischen uns ist zu einer tiefen Schlucht geworden. Es gibt keine Brücke mehr. Wir leben in verschiedenen Ländern, in denen nicht dieselben Gesetze gelten, nicht dieselbe Sprache gesprochen wird.

Das Zerwürfnis war allmählich gekommen, aber nach unserem Wortwechsel im Flur hatte Joachim mich endgültig aufgegeben. Für das Zerbrechen unserer Ehe legte er sich nun Erklärungen zurecht, mit denen er leben konnte. Hätte er es nicht gleich wissen müssen, schon damals im Wohnheim? Maria, die ihr Philosophiestudium aufgab, um Malerin zu werden, diese kleine zarte Frau, der alles Bodenständige fehlte, eine Künstlerin, ein bunter, flatternder Vogel, ganz anders als er selbst, unbegreiflich, unfassbar im wahrsten Sinne des Wortes, eine Entrückte, eine Verrückte schon immer.

Joachim ist Techniker und gewohnt, die Dinge so zu nehmen, wie sie sind. Es ist nicht seine Art, Aussichtsloses anzupacken. Sinnlosem Tun weicht er von jeher aus, und so tat er alles in seiner Macht Stehende, um zu verleugnen, was mit mir geschah. Dass ich krank und hilfsbedürftig sein könnte, kam ihm nicht in den Sinn. Er hielt mich für verrückt vor Liebe und ahnte nichts von dem Wahnsinn, der mich in diese absurde Beziehung trieb. Er hielt es für unabänderlich, für eine Alltäglichkeit, mit der jeder verheiratete Mann rechnen muss: Eine Frau verlässt Mann und Kind, weil sie einen anderen liebt, nichts Erstaunliches ist daran, und es wäre töricht, sich aufzulehnen gegen das, was nicht mehr aufzuhalten war.

Absolute Einsamkeit

In den folgenden Tagen sinke ich immer tiefer in mich hinein. Ich spreche nur noch wenig. Kai hat mein Leben verlassen, und Joachim ist mir fremd geworden. Er geht mir aus dem Weg. Die Nächte verbringt er im Wohnzimmer, auf der Couch, und wenn ich aufstehe, ist er schon fort. Eines Tages gibt er mir seinen Kassettenrecorder. «Damit du Musik hören kannst, wenn du zu Hause bist», sagt er.

Aber dann, nur ein, zwei Tage später, nimmt er mich mit zu einem Rechtsanwalt. Es ist zu heiß im Zimmer, es riecht nach Papier und nach Staub. Was man mir vorlegt, unterschreibe ich ungerührt. Ich hätte alles unterzeichnet. Papiere, Verträge, Unterschriften: Alles ist bedeutungslos geworden. Erst viel später begreife ich: Verzicht auf Kai und eine kleine Unterhaltszahlung für mich.

Ich bleibe in der gemeinsamen Wohnung, aber Joachim hört auf, sich um mich zu kümmern. In dem Zimmer, das jetzt meines ist, gehe ich ratlos umher, alles hat seinen Sinn verloren, ist leer, unbekannt, ist wie nie gesehen. Ich will Joachim verlassen, brauche eine eigene Wohnung – aber wie soll ich sie finden, wenn er mir nicht hilft? Zu einer Anzeige in der Zeitung reicht meine Kraft, dann weiß ich nicht weiter. Meine Energie ist aufgebraucht, etwas in der Welt der anderen zu unternehmen. Und so harre ich aus in dieser befremdlichen Zerrissenheit, die weder Traum ist noch Wirklichkeit.

Noch gehe ich in die Akademie, um zu malen, noch räume

ich die Stifte, Pinsel und Farben aus dem Spind, lege Tag für Tag ein neues weißes Blatt auf die Staffelei. Ich male immer wieder dasselbe. Mit dem Graphitstift zeichne ich Linien, geschwungene Linien, und sie formen sich zu einem menschlichen Leib, einem ausgestreckten Frauenkörper, zart und verletzlich. Dann nehme ich Farbe und Pinsel und male das Bild aus. Der Hintergrund wird blau, wasserblau, darin eine breite rote Spur. Das ist das Blut der schwimmenden Frau, und es strömt aus der unsichtbaren zerrissenen Nabelschnur. Tag für Tag male ich die ausgeblutete Frau im Wasser. Ich selbst bin die Frau, und es ist mein Blut im Wasser. Es ist die Spur meines Schmerzes. Ich werde nichts anderes mehr malen, bis das Bluten und der Schmerz ein Ende nehmen.

Aber die Qualen hören nicht auf, sie bleiben endgültig und unwiderruflich, denn die Trennung von Kai ist nicht vollständig. Die Wunden werden niemals heilen.

Dann wird es März, Krokusse und Märzenbecher blühen im Englischen Garten, Kehrmaschinen dröhnen über die staubigen Wege, und auf dem Eis der Teiche steht das Wasser. Die Semesterferien beginnen. Holger sehe ich nicht mehr, aber ich schicke ihm Briefe, jeden Tag einen, manchmal auch zwei. Es sind Kunstwerke mit bizarren Malereien auf dem Umschlag: Holger als Westernheld, als Popstar, als Heiliger. Das Schreiben ist das Einzige, was mir bleibt, um meine Gedanken, meine Einsamkeit und meinen Schmerz mit einem anderen Menschen zu teilen. Niemandem sonst offenbare ich mich. Holger wird meine Zeilen verstehen:

«… Solange wir die Spuren des alten Seins in uns nicht aufgelöst haben, werden wir nicht fähig sein, neue Strukturen in der Welt herzustellen. Die Auflösung der bestehenden Person bedeutet ein Zerfallen in ihre Teile. Sie ist fürchterlich und fordert das bewusste Hinnehmen des Chaos und des Irreseins. Zielstrebig müssen wir durch den Tunnel gehen, getragen von dem Licht des Neuen, dessen Motor Sehnsucht und Hoffnung ist, in der Person und außerhalb von ihr. In der Nacht des Tunnels herrschen Einsamkeit und Verzweiflung, dort herrscht Luzifer mit seinen sieben Dienern, und es ist ungewiss, wer das Ziel des Lichts und der Erleuchtung erreicht. Doch dem, der die Wirrnis der Finsternis überwindet, wird der Geist der Wahrheit erscheinen. Eine neue Welt entspringt, der Erleuchtete ist ihrer teilhaftig, und er sieht sie mit erkennenden Augen.»

Holger antwortet mir in geheimnisvollen Botschaften, die niemand außer mir entziffern kann. Ich lese sie aus der Anordnung der parkenden Autos, aus den dunklen Flecken des Mondes, aus dem Blinken der Ampel, aus dem Hall der Schritte im Treppenhaus und aus den Liebesszenen im Fernsehen. In jedem Kuss, in jeder Umarmung auf dem Bildschirm offenbart mir Holger seine Gefühle.

An den Wochenenden bin ich allein. Joachim fährt zu seiner Mutter und zu Kai, und wenn er zurückkommt, gehen wir stumm aneinander vorbei. Endlose Stunden streife ich ruhelos durch die leere Wohnung. Immer wieder höre ich Kai nach mir rufen. Seine Stimme klagt mich an, sie ist überall, kommt von überall her. Sie kommt aus der Waschmaschine, aus dem Telefon und aus der Toilettenspülung. Lauschend taumele ich hin und her in der Wohnung. Ich kann meinen

Sohn nicht finden, und dann bin ich plötzlich unendlich traurig.

Wenn Kais Stimme endlich schweigt, ist Holger in mir.
Dann beherrscht er meine Gedanken, mein Wollen und Tun.
Immer öfter irre ich ziellos durch die Gegend auf der Suche
nach dem geheimen Treffpunkt, an dem er mir begegnen
wird. Ich laufe durch die Straßen von Schwabing, komme immer wieder in den Englischen Garten, dringe jeden Abend
tiefer ein in den dunklen, ausgestorbenen Park.

Es ist eine helle Nacht voller schwarzer Schatten, als ich
das Käuzchen höre. Sein Schrei kommt von irgendwo aus
den alten Bäumen. Ich lausche, suche, laufe immer weiter,
stehe endlich am reißenden Wasser der Isar. Am Himmel
leuchtet kalt und abweisend ein weißer Vollmond in eisiger
Frühjahrsnacht. Ein silberner Hof umgibt ihn, daneben fun-
kelt hell ein einzelner Stern mit einem unwirklich blendenden Licht. Und wie ich noch stehe und schaue, beginnt der
Mond sich zu drehen. Seine Schattenseite tritt hervor. Sie
breitet sich aus, immer weiter und unabwendbar. Dann siegt
die Dunkelheit und verschlingt das Leuchten, sie verschlingt
den Stern, und nichts bleibt als eine schwarze undurchdring-
liche Nacht.

Das ist ein Zeichen von Gott, es ist das letzte, das er mich
sehen lässt! Mit diesem Zeichen hat er die Welt verlassen, für
immer. Kälte und Einsamkeit werden die Welt regieren, und
ich werde von allen verlassen sein. Trauer und Verzweiflung
legen sich wie eine schwere, erstickende Decke über mein
Gemüt. Ich bin allein, für immer.

Ich irre über die verlassenen Wege, ohne zu wissen, wo ich
bin. Niemand ist hier. Es gibt keine Menschen mehr! Ich folge

immer neuen Biegungen, stehe an nie gesehenen Verzweigungen, stolpere in der undurchdringlichen Schwärze unter Bäumen, taumele zwischen Wiesen, über denen die Nebel wie weiße Tücher hängen – Kai mit dem rot-weißen Wasserball, den der Wind davontrug, war das hier? – ich komme immer wieder an den See, eine tote schwarze Fläche – das gelbe Tretboot, Kais Juchzen, als ich ins Wasser fiel, war das dieser See? – ich umrunde ihn einmal, ein zweites Mal. Ich weiß den Weg nicht mehr. Die Welt ist ein Irrgarten geworden.

Die Bank ist feucht vom Tau. Kälte und Nässe dringen durch meine dünne Kleidung, die Füße sind erstarrt. In der Ferne Lichter hinter schwarzem Geäst. Ich schließe die Augen, und das Vergangene steht auf, ferne Geschichten, ferne Erinnerungen, irgendwo ein Stoppelfeld vor den Toren von München, ein frisch gemähter Acker, leuchtend gelb in den Sonnenstrahlen zwischen dunklen Wolkentürmen, schwarze Krähen darauf. Es ist ein Sonntag, Kai hat Geburtstag, er trägt den neuen Drachen über das Feld, er ist rot und blau, und der Schwanz schleift hinter ihm her. Joachim hat ihn gebaut, er geht voran, und es riecht nach warmem Getreide. Dann hält Kai den Drachen, er hält ihn hoch in den Wind. Joachim läuft los, die Stoppeln krachen unter seinen Füßen, der Drachen hebt sich, die Krähen flattern. Er tanzt im Wind, steil hinauf, wieder hinunter und stürzt mit einem harten Schlag zum Boden. Joachim läuft noch einmal, der Drachen steigt höher, er kreist am Himmel, schwarzes Geflatter über dem blendenden Gelb, ein aufgescheuchter Krähenschwarm, heiseres Gekrächze, die Wolken sind schwarz, aber der Wind ist warm, der Drachen steht am Himmel, und Kai juchzt vor Freude. Die Welt ist so schön! Doch in der flüchtigen Pracht des Herbsttages, im letzten Aufbegehren des Sommers liegt schon die Ahnung von Tod und Vergänglichkeit.

Kai! Was mich umgibt, ist seine Einsamkeit, sie ist die Leere dieser Welt, die Kälte, die Finsternis und die Verlassenheit. Ich muss zu ihm zurück. Ich springe auf, haste weiter, und endlich weiß ich, wo ich bin, endlich finde ich die Abzweigung, die mich zu unserer Wohnung führt. Zu Hause verkrieche ich mich im Bett. Kai ist nicht hier.

Ich bin ganz kalt, innen und außen. In mir ist alles erstarrt und eingefroren. Wie tot.

Am nächsten Tag finde ich den Brief vor meiner Tür. Auf der Rückseite steht der Name eines Rechtsanwalts. Plötzlich zeigt sie sich wieder − flüchtig nur, wie eine Schaumkrone auf den Wellen −, die andere Wirklichkeit, die abhanden gekommene, unwichtig gewordene, die verloren geglaubte andere Welt. Dieser Brief ist Gefahr! Ich öffne ihn nicht, schiebe ihn mit dem Fuß zur Seite und gehe vorüber, als läge er nicht dort. Am Abend klopft Joachim an meiner Tür, er hält den Brief auf der ausgestreckten Hand, hält ihn mir hin wie ein Geschenk. Aber ich wende mich ab und verstecke meine Hände. Ich will diesen Brief nicht, der Brief bedroht mich, er ist eine Waffe, die mich vernichten wird.

Joachim reißt den Umschlag auf und hält mir das Blatt vor die Augen.

Es fällt mir schwer, den Sinn der Sätze zu erfassen, doch was ich lese, ist real, eine Insel im Ozean meiner Verwirrung, und ich begreife die Bedrohung, die von den Zeilen ausgeht. «... mündliche Verhandlung ... einverständliche Ehescheidung ... Übertragung der elterlichen Sorge ...» Die Sätze sind wie der Windzug, der ein Tor – gerade war es noch einen Spalt breit offen – endgültig ins Schloss fallen lässt. Ich will diese Welt nicht verloren geben. Oft habe ich mich darin nicht geborgen gefühlt, auch nicht sicher, bisweilen aber zufrieden und von Zeit zu Zeit sogar glücklich. Ich will nicht aufgeben, was mir einmal wichtig war, Joachim, Kai und die kleine Wohnung in einem Hinterhaus in Schwabing mit vier engen Zimmern und einem rostigen Balkon. Die Scheidung wird mich endgültig einer Welt überlassen, in der ich nicht leben kann, die ich nicht verstehe, und in der das Unbegreifliche die Wirklichkeit ist. In dieser jenseitigen Welt, der Welt der Erleuchtung, Holgers Welt, herrschen Sehnsucht und Verwirrung, lockt höchstes Glück, lauern Schmerz und Schrecken, dort wartet die Erkenntnis, und dort – in der körperlichen Vereinigung mit dem Geliebten – liegt die Hoffnung auf ein neues Leben. Aber die Zuversicht ist nicht Gewissheit, und das Grauen und die Dunkelheit des Tunnels können endlos sein.

«Ich kann ohne dich nicht mehr sein», plötzlich ist dieser Satz wieder da, so hat es angefangen, so stand es in seinem Brief, und ich wusste, dass Joachim mich brauchte, wie ich ihn brauchte, sein ganzes Leben und mein ganzes Leben.

«Ich kann ohne dich nicht sein», für diesen Satz habe ich ihn geliebt!

Reglos stehe ich in meinem Zimmer und werde diese Worte nicht los, sie durchdringen meine Wehrlosigkeit, erfüllen das grelle Entsetzen meiner Verlassenheit. Ich irre umher zwischen den alltäglichen Dingen, die nicht mehr alltäglich sind, schalte das Radio ein, horche, ohne zu verstehen, sehe aus dem Fenster, ohne zu erkennen. Ich lebe in einer Welt, die ich nicht mehr bewältigen kann. Ohne ihn kann ich nicht sein, jetzt weniger als zuvor, ich kann nicht sein ohne einen Mann wie Joachim! Ich brauche ihn, ich brauche diesen geradlinigen, diesen äußerst gewissenhaften Menschen. Verlässlichkeit hat es in meiner Kindheit nicht gegeben. Jetzt kommt das Chaos aus mir selbst, es ist schlimmer als alle Unbeständigkeit zuvor, und es wird mich verschlingen. Ich kann ohne dich nicht sein!

Noch einmal nehme ich den Brief vom Rechtsanwalt und versuche die Zeilen zu lesen. Ein unerwarteter Schmerz der Verlassenheit, ein grausamer Widerhall des Scheiterns und die unfassbare Tatsache, ausgestoßen zu sein, rühren an meiner Angst und lassen sie wie einen Sturzbach hervorbrechen. Ich schreie meine Furcht heraus, meine Zerstörung, mein Verderben.

Ein paar Stunden später ist die Gewissheit da. Angst und Verzweiflung bekommen Risse und fallen von mir ab wie eingetrockneter Lehm von lebendiger Haut.

In dieser Nacht werde ich Holger finden!

Jetzt, in der größten Verlassenheit, in der tiefsten Trauer und Aussichtslosigkeit, muss die Rettung kommen. Das Wehr! Am Isarwehr wartet er auf mich! Es gibt keinen Zweifel. Ich brauche keine Kleider, keine Schuhe, das Äußerliche ist so belanglos. In Hausschuhen und Bademantel laufe ich die Treppen hinunter. Das Wehr! Nie zuvor war ich so sicher. Ich hetze durch den Englischen Garten, finde das Seehaus, die Brücke über den Isarring, laufe dann immer geradeaus durch die Finsternis. Irgendwo neben mir muss die Isar sein. Ich verlasse den Weg, renne über nasse Wiesen – jetzt barfuß –, halte keuchend inne, renne weiter, stehe endlich an der Isar. Es ist der Ort des Käuzchens, der Platz des einsamen Sterns, Gottes allerletztes Zeichen.

Plötzlich vernichtet die Angst meine Zuversicht. Wenn alles wieder nur ein schrecklicher Irrtum ist? Wenn Holger nicht wartet, nicht hier, und ich wieder nicht weiß, wo er ist?

Langsam gehe ich weiter, kahle Zweige streifen mein Gesicht, neben mir die Isar. Endlich eine niedrige Mauer, ein Haus über dem Fluss, darunter das Wehr. Alles ist so weit, so leer. Ein paar Lampen beleuchten das dunkle Wasser und den Weg, der hinüberführt. Einen Menschen sehe ich nicht, nicht hier, nicht auf der anderen Seite des Hauses.

Ich rufe, lausche, rufe wieder.

Niemand antwortet.

Ich eile hinüber zum anderen Ufer, rufe noch einmal laut in die Finsternis. Auch hier ist niemand. Ich kann Holger nicht finden!

Hoffnungslosigkeit, unerträgliche Verzweiflung und endgültige Einsamkeit.

Ich beuge mich über die Mauer, tief unten fließt das Wasser. Sie ist so nah, die andere Welt, die Welt der Schatten und des Todes. Der Weg zum Licht führt durch die Finsternis. Nicht im Diesseits werde ich den Geliebten finden. Langsam ziehe ich mich hoch, auf die Brüstung, und hänge dort, bäuchlings, die Füße in der Luft. Es ist alles so einfach, der Schritt ist so klein. Ich ziehe mich höher, nur Zentimeter fehlen noch, nur ein winziges bisschen bis zur anderen Seite, bis in das Dunkel, das Vergessen. Wie lange dauert es, bis man ertrinkt?

Im Tod wird der Schmerz ein Ende haben. – Und wenn Holger doch kommt, hierher kommt?

Noch harre ich aus. Ich habe Angst vor dem Fallen. Ich habe Angst vor dem Ertrinken. Ich habe Angst vor dem Tod.

Wer hat mir die Katze geschickt? Sie streicht miauend um meine Beine, ein lebendiges Wesen, sie bewegt sich, berührt mich mit ihrer Wärme, mit ihrem Leben, durchdringt den Schmerz und die Verzweiflung. Warmes Leben, nein, ich will dieses Leben nicht lassen, ich gleite herunter von der Brüstung, und die Katze bleibt bei mir, sie lockt mich weiter, irgendwohin. Langsam folge ich ihr nach in die Dunkelheit. «Ich lebe», sage ich laut. «Ich lebe», und es ist wie ein Wunder. Dann ist die Katze fort, und ich weiche weiter zurück, Schritt für Schritt von den schwarzen Fluten der Isar. «Ich lebe!», und ich kann es nicht fassen.

Irgendwann in der Nacht bin ich zu Hause. Ich rufe meine Mutter an, reiße sie aus dem Schlaf. Ihre Stimme klingt hohl und brüchig wie die eines alten Mannes.

«Es ist hier so dunkel», sage ich.

«Dunkel? Habt ihr kein Licht in der Wohnung?»

«Es ist dunkel, weil Gott die Welt verlassen hat.»

«Gott? Seit wann interessierst du dich für Gott?», fragt sie. Und in mein Schweigen hinein: «Warum weckst du mich mit diesem Unsinn mitten in der Nacht?»

Ich antworte nicht. Gott hat die Welt verlassen und seine Liebe und Fürsorge mit sich genommen, aber es kümmert sie nicht. Ich lasse die Hand mit dem Hörer aufs Bett sinken.

«Hallo, Maria … hallo … hallo, hörst du mich? …»

Die Stimme kommt von weit her, erreicht mich kaum noch. Ich hebe den Hörer wieder ans Ohr – es erfordert meine ganze Kraft – und lausche der fremden Männerstimme.

«Hallo, Maria. Bist du noch da?»

Ich lege auf, ohne noch etwas zu sagen.

Am nächsten Morgen klingelt das Telefon. Ich schiebe den Kopf unter der Bettdecke hervor, dann eine Hand und greife nach dem Hörer.

«Warst du heute Nacht betrunken?», fragt meine Mutter.

«Gott hat mich verlassen», stoße ich hervor. «Alle haben mich verlassen.» Ich jammere, ich heule, rede sinnlos und ohne Zusammenhang.

Am Abend desselben Tages ist meine Mutter in München. Ich höre ihre Stimme im Flur, sie spricht mit Joachim, sie reden lange, und ihre Stimme wird plötzlich schrill. Dann kommt sie zu mir ins Schlafzimmer. Zusammengekrümmt liege ich im Bett, die Beine an den Körper gezogen, die Knie fast am Kinn, ich sehe sie nicht an. «Ich bin Gottes Opferlamm», jammere ich, als sie sich über mich beugt. «Ich soll geschlachtet werden.»

Sie steht am Bett, ohne mich zu berühren, und durch meine Verzweiflung und Verwirrung hindurch spüre ich ihre Hilflosigkeit.

«Steh auf», sagt sie endlich zu mir in einer plötzlichen Entschlossenheit, «und hör auf zu jammern. Du bist nicht der einzige Mensch mit Eheproblemen.»

Am nächsten Tag, irgendwann am Nachmittag, stehe ich auf. Wir gehen zusammen durch die Straßen. «Du musst dir einen Anwalt nehmen», sagt sie, «du brauchst einen Anwalt, damit dir Kai nicht weggenommen wird.» Sie, die sich immer nur ängstlich vor meinem Vater geduckt hat, verlangt von mir die Stärke, die sie selbst nie gezeigt hat! «Du brauchst einen Anwalt, damit du das Geld bekommst, das dir zusteht.»

Zwei grinsende Luftballons erscheinen neben ihrem Kopf. «Ja», sage ich.

«Du musst um Kai kämpfen und um deinen Unterhalt.»

Die Ballons blähen sich auf, zerplatzen, und mit ihnen zerfällt das Gesicht meiner Mutter.

«Ja», sage ich wieder.

«Du kannst mit Kai bei uns wohnen. In deinem Kinderzimmer ist Platz für euch beide.»

Ich nicke.

«Im Sommer stellen wir für Kai einen Sandkasten in den Garten.»

Vor mir gehen leere Kleider, kopflose Jacken mit nutzlos pendelnden Ärmeln, darunter hohle Hosenbeine.

«Ja», sage ich und blicke auf meine Füße, die unbeirrt unter mir weiterlaufen.

Auf der anderen Straßenseite blinkt eine Ampel. Das Licht gilt mir, es winkt mir zu!

«Wir müssen dort drüben gehen», sage ich und ziehe meine Mutter über die Straße.

«Kopf hoch», sagt sie, «es wird schon wieder werden.» Meine Hilflosigkeit gibt sogar meiner schwachen Mutter das Gefühl von Stärke. «Du musst kämpfen», sagt sie.

«Ja», sage ich noch einmal.

«Vielleicht lässt Joachim mit sich reden, und ihr bleibt doch zusammen.»

«Ja», sage ich und abermals: «Ja.»

Solange meine Mutter bei uns ist, kommt Joachim erst am späten Abend nach Hause. Er müsse arbeiten, sagt er zu ihr. Gesprächen weicht er aus. Nur einmal trifft sie ihn beim Frühstück.

«Ich habe mich bemüht», sagt er. «Jetzt habe ich geregelt, was zu regeln war.» Er hat seinen Kaffee hinuntergestürzt und ist aufgestanden. «Ich bin nicht bereit, noch länger die Allüren deiner Künstlertochter hinzunehmen.» An der Garderobe hat er eilig seinen Mantel angezogen. «Wie sich Maria aufführt, ist doch nicht mehr normal.» Er ist schon an der Tür. «Unsere Ehe ist gescheitert. Ich habe mich damit abgefunden.» Im Treppenhaus dreht er sich noch einmal um: «Was hätte ich denn anderes tun können?»

Meine Mutter bleibt drei Tage, dann muss sie zurück zu meinem Vater und den beiden Katzen. Als sie fort ist, finde ich auf meinem Nachttisch die Adresse eines Rechtsanwalts, aber ich bin nicht fähig, etwas zu unternehmen. Meine Hirngespinste, meine wirren Gedanken saugen mich aus und lassen mir keine Kraft zu tun, was notwendig wäre.

In den folgenden Tagen verlasse ich das Haus nur noch selten. Draußen bin ich nicht mehr sicher. Noch gibt es die Elemente der anderen Welt, aber sie sind gänzlich durcheinander gekommen. Überall begleitet mich dieses Gefühl der Erwartung, die Ahnung von etwas Fürchterlichem und die Angst vor einer grauenvollen Begegnung. Das Netz um mich wird immer enger, und ich finde keine Ruhe mehr, keinen Schlaf. Monster lauern in allen Straßen, Ungeheuer, die nur in meinem verwirrten Gehirn zu leben scheinen, grinsende

Fratzen statt menschlicher Gesichter. Die Dinge um mich herum sind zu einem irrealen Dekor geworden. Es ist schwer, zu leben. Die Tage verbringe ich am Fenster und starre hinaus. Menschen verschwinden drüben in der Hauswand, sie werden grau und erstarren wie der Stein, andere treten daraus hervor.

All das ist meine Schuld! –

Die befremdliche Welt dringt immer tiefer in mich ein. Unerbittlich. Minutenlang stecke ich den Kopf in die Trommel des Wäschetrockners. Das ist mein Raumschiff für die Reise zu einem anderen Planeten. Dort, in einer fremden Welt, wartet die Erlösung, dort werde ich erweckt werden aus der tiefen Nacht, die mich gefangen hält.

Immer wieder höre ich Kai nach mir rufen. Sein klägliches, wimmerndes Stimmchen erklingt aus der Gasflamme auf dem Herd und ertönt aus dem Strahl des Wasserhahns. Stundenlang beobachte ich das Wasser und die Flamme und halte Zwiegespräche mit ihnen. Mit den Menschen, die mich umgeben, spreche ich nicht mehr. Die Welt der anderen ist zu einem fernen, unerreichbaren Land geworden.

Einmal noch, ein letztes Mal, als am Morgen die Angst kleiner ist, gehe ich in die Akademie. Ich nehme Pinsel und Farben aus dem Spind und beginne zu malen: schwarze Monster, Strichmännchen als Kopffüßler, Spinnenmenschen mit langen Fühlern vor einem Hintergrund aus schwarzem und rotem Gekritzel.

Da ist er wieder, unvermittelt und unerträglich, der Schmerz in meiner Brust, in meinem Herzen, da, wo mich die Pfeile trafen! Er breitet sich aus, steigt höher und wird zu einem Druck in meinem Kopf, der die Schädelknochen zu zersprengen droht und das Blut gegen meine Adern presst. Ich sehe meine Zerstörung, sehe, wie das rote Blut aus Augen, Ohren, Mund und Nase strömt. Ich stürze zum Ausgang und hinaus aus der Akademie, von Panik getrieben. Nach Hause, denke ich und renne, bis ich nicht mehr weiterkann. Ich taumele, ein Geist muss ich sein, blutleer, hohl und körperlos. Eine Faust schließt sich um meinen Leib und presst ihn zusammen. Ein plötzlicher Schwindel, ich strauchele, halte mich fest an der Hauswand, presse die Stirn an den rauen Putz.

Der Mann steht plötzlich neben mir, eine jähe, unerwartete Erscheinung.

«Du krank?»

Unter einer grauen, grob gestrickten Mütze blicken mich braune Augen an, wie Holgers. Die Haut ist dunkel, mit tiefen Furchen unter den fleckig grauen Bartstoppeln und wie zerknittert. Auf der Stirn hat der Mann eine verkrustete Wunde.

Ich deute auf mein Herz.

«Komm mit», sagt er.

Eine vage Hoffnung keimt auf inmitten des Grauens. Ich zögere nicht, diesem armseligen Menschen zu folgen. Er ist ein Aussätziger, ein Ausgestoßener aus der Gesellschaft, also ein Bote Gottes, und er ist gesandt, um mir zu helfen.

Wir gehen durch fremde Straßen, kilometerweit. Längst weiß ich nicht mehr, wo wir sind. Es ist ein hohes graues Haus, zu dem er mich führt, verkommen und ohne Gardinen vor den Fenstern.

An der Eingangstür lehnen dunkelhäutige Männer. Das sind die Könige aus dem Morgenland! Also ist Jesus selbst in diesem Haus, und ich, gerade ich darf zu ihm! Das Grauen ist vergessen, und die Freude überwältigt mich in einem jähen Wechsel der Gefühle.

Der Fremde geht vor mir, führt mich durch lange Korridore, über Treppen, durch ein Labyrinth von Gängen. Irgendwo ist ein kleines Zimmer mit einem fleckigen rohen Holztisch unter dem Fenster, davor zwei alte Stühle, ein schmaler Schrank an einer Wand, gegenüber ein Bett, darauf braune Wolldecken, am Kopfende ein zerdrücktes Kissen. Auf dem Tisch liegt eine Plastiktüte, der Mann greift hinein, reicht mir ein Stück Brot. Große, braun glänzende Kakerlaken kriechen daraus hervor. Ich nehme das Brot, esse ein Stück. Er reicht mir Wasser in einem schmutzigen Glas. Ich trinke es aus.

«Maria», sage ich und zeige auf mich. «Wie die Mutter Gottes.»

Meine Worte versteht er nicht, wir können nicht miteinander reden. Was mir bleibt, ist die andere Sprache, die wortlose, und ich weiß, dass er sie versteht. Auf dem Tisch liegt ein abgegriffenes Heft mit Fotos von Frauen. Ich nehme einen Stift aus meiner Tasche und führe ihn über die Haut einer Nackten. Ich zeichne geschwungene Linien, und sie ordnen sich zu Bildern. Einen Hirsch mit mächtigem Geweih zeichne ich, daneben ein Sterntalermädchen – zart und unberührt für die heilige Hochzeit mit dem göttlichen Tier. Lange betrachtet der Fremde das Bild, deutet auf das Kind, dann auf mich. «Ja», sage ich. «Ja.»

Wir sitzen schweigend, manchmal lächelnd, dann wieder ernst und abwartend, bis er meine Hände berührt, meinen

Arm, meine Schultern. Seine Gesten verstehe ich, sein Zeigen auf mich, seine Bewegung zum Bett.

Alles, was geschieht, ist vorherbestimmt, muss vorherbestimmt sein.

Ich bücke mich zu meinen Füßen, löse meine Schuhbänder, ziehe die Schuhe aus, die Strümpfe. Barfuß stehe ich vor ihm. Ich fasse den Rand meines Pullovers, ziehe ihn über den Kopf, öffne meinen Rock, der zu Boden fällt. Ich lege mich aufs Bett und weiß, was jetzt kommen wird. Nur dafür bin ich hier: für die körperliche Vereinigung mit dem Boten Gottes, mit Gott selbst. Ich bin hier für die Erlösung von meinen Qualen. Der Fremde legt sich zu mir, und ich rieche seinen ungewaschenen Körper und den sauren Schweiß seiner Achseln. Ich spüre seine feuchten Hände, die meinen Körper betasten und mich entkleiden, bis ich nackt bin. Wortlos tut er es. Dann dreht er sich um. Er beachtet mich nicht mehr.

Die Nacht ist lang, schlaflos und voller Verwirrung. Ich bleibe, warte und weiß nicht, worauf.

Für den Fremden habe ich aufgehört zu existieren.

Am nächsten Morgen steht er früh auf. Ich sehe seinen Körper im Licht der schirmlosen Lampe. Abgrundtiefes Entsetzen: Der Mann ist kein Bote Gottes! Den Leibhaftigen erkenne ich. Er ist es, der mich getäuscht hat, um mich zu besitzen. Ich sehe die Hörner auf seinem Kopf und den Pferdefuß. Der Teufel selbst ist in mich eingedrungen, Satan hat mich befleckt! Ich suche nach meinen Kleidern und fliehe aus der Hölle. Dann renne ich davon durch eine Welt, die ich nicht kenne, durch unentdeckte Straßen, unter Lichtern, die zwischen den Bäumen hängen, vorbei an Häusern mit starrenden Fensterhöhlen, vorbei an Menschen wie Pappfiguren.

Endlich in der Dämmerung ein leuchtendes «U» auf blauem Grund, endlich dieses vertraute Zeichen.

Die Wohnung ist leer, als ich am Morgen nach Hause komme. Ich reiße meine Kleider vom Leib, alles ist schmutzig, alles ist befleckt, alles ist teuflisch. Ich stelle mich unter die Dusche, drehe den Wasserhahn auf. Stundenlang lasse ich das heiße Wasser über den Körper rinnen. Ich seife mich ein, spüle den Schaum ab, greife zur Seife, wieder und wieder, mein Körper ist rot und wund, aber er bleibt befleckt, meine Anstrengung ist vergeblich. Nie in meinem Leben werde ich mich reinwaschen können!

Ich höre nicht, wie Joachim an diesem Tag in die Wohnung kommt, höre nicht sein Hämmern an der verschlossenen Tür. Wie er ins Badezimmer gelangt ist, weiß ich nicht. Sein Gesicht taucht in den heißen Schwaden auf, ich sehe seine Hand, die das Wasser ausstellt. Ich heule und jammere: «Der Teufel! Es war der Teufel. Mit dem Teufel habe ich geschlafen.»

Joachims Gesicht erstarrt in Fassungslosigkeit. Sein Mund ist offen. Verstummt vor der Unbegreiflichkeit meiner Worte.

Er wischt die Schweißperlen von seiner Oberlippe. «Meinst du deinen Professor?»

Ich weiß kaum, von wem er redet.

«Die Hörner … der Pferdefuß …», meine Worte, Bruchstücke des Geschehenen. «Die Kakerlaken. Mach sie weg! Mach die Kakerlaken weg!»

Joachim fasst sich an die Stirn. «Du musst zum Arzt», sagt er. «Wir gehen zusammen.»

«Mach die Kakerlaken weg!»

«Gleich morgen früh gehen wir zum Arzt.»

«Ich brauche keinen Arzt.»

Joachim trocknet mich ab wie ein Kind, streift mir ein Nachthemd über, führt mich zu meinem Bett. Ich lege mich hin, will schlafen, aber mein Bett schwankt, das Zimmer, das ganze Haus schlingert wie ein Schiff. Ich krümme mich zusammen, knie zusammengekauert unter der Decke und bohre mein Gesicht in das Kissen. Mitten in der Nacht stürze ich ans Fenster. Die Häuser auf der anderen Straßenseite stehen noch an derselben Stelle wie immer, wir fahren nicht, das Schiff hat noch nicht losgemacht, es reißt nur an seinen Leinen. Ich stolpere in die Küche, sehe auch hier nach draußen. Ganz oben im Gebäude auf der anderen Seite des Hinterhofs brennt eine Lampe. Noch nie habe ich dieses Licht gesehen. Das ist das vereinbarte Zeichen von Holger! Das ist der Fingerzeig, dass er in dieser Nacht auf mich wartet, irgendwo in seinem Wohnwagen. Ich brauche ihn nur zu finden, wir werden heiraten, und die Schmerzen in meiner Brust, die Einsamkeit, die Verwirrung und das Grauen werden ein Ende haben. Ich packe trockenes Brot in einen Stoffbeutel, fülle eine Flasche mit Wasser, denn es wird lange dauern, bis wir in der anderen Welt ankommen werden. Auf der Garderobe liegt eine Geldbörse – Joachims. Ich nehme sie und stecke sie in den Beutel. Ich bin kein Dieb. Mein und Dein, was ist das? Für mich hat es jede Bedeutung verloren.

In den Straßen ist nichts, wie es früher einmal war. Die Stadt ist fremd und tot mit überflüssigen, leeren Kulissen, wo sonst Häuser gestanden haben. Im Schein der Straßenlaterne bücke ich mich nieder zum Pflaster des Fußwegs, fahre mit dem Finger die Linien nach. Was ich sehe, ist mein Weg.

«Hallo, Maria!» Etwas berührt mich von hinten an der Schulter. Ich drehe mich um, aber da ist niemand zu sehen. Später ein Schatten, der näher kommt, ein Mann in schwarzer Lederjacke: der Teufel, vielleicht auch der Tod.

Nicht jetzt den Tod! Nicht gerade jetzt!

Ich renne über die Leopoldstraße. Die Autos sehe ich nicht. Auf der anderen Straßenseite bin ich sicher. Der Tod hat keine Macht über mich, wenn sich unsere Blicke nicht treffen.

Immer wieder sehe ich Risse im Asphalt, verschlungene Linien zwischen Pflastersteinen. Mal hebe ich den Blick, folge den Kratzern am Telefonhäuschen, den Graffiti auf den Hauswänden. Alles spricht zu mir, wortlos. Stunden vergehen, ich laufe, angespannt und in wachsender Erregung, halte nur inne, um zu Atem zu kommen. Endlich ein Platz, hohe Mauern, ein breiter Eingang, ein paar Menschen, grau wie Nebelgeister. Hinter dem Eingang eine große Halle, oben in den Bögen der Decke ein Schild *DANGEROUS* in blutroten Lettern, dahinter Schienenstränge, ein silberner Zug, der auf mich wartet.

Er fährt ab, als ich eingestiegen bin, schlingernd und schwankend wie mein Haus. Innen ist ein höhlenähnlicher Gang. Ich hocke mich nieder vor einer Tür, kaue Brotkrumen, verschütte das Wasser. Ein Mann spricht mich an. «Ihre Fahrkarte.»

«Ich brauche keine», sage ich. «Es ist schon alles bezahlt.»

Er versteht nicht, was ich meine.

Ich gebe ihm Geld. Seine Hand! Sie zerfällt vor meinen Augen! Verzweiflung und Schrecken. Ich sehe zu ihm auf, aber er hat kein Gesicht, und die Uniform steht hohl und leer im Gang des Waggons. Es ist meine Schuld! Schuldig, schuldig, dröhnt es in meinem Kopf. Ich springe auf. Schuldig! Ich muss ihm entkommen.

Stundenlang presse ich mich tief in einen Sitz und höre nichts als das Hämmern und Rattern der Räder. Wir fliegen über die Landschaft. Als wir den Horizont erklommen haben, wechsele ich in einen roten Zug, fahre immer weiter von zu Hause fort. Irgendwo steige ich aus. Ich bin seiner Rache entgangen. Hier wird er mich niemals finden.

Der Bahnhof ist ein heruntergekommenes Gebäude mit einem schäbigen Wartezimmer, ein paar Holzbänke an den Wänden, schmutzige Fliesen, kalter Zigarettenrauch in der Luft, kein Mensch außer mir. Draußen steht ein großer Wagen – Holgers Wohnmobil! Ein Fremder sitzt am Steuer, hinter ihm die Sitze sind leer. Ich steige ein, er will Geld von mir.

«Wohin?»

«Zu Holger.»

Neben der Straße flaches Land, überschwemmte Wiesen, Bäume, Bauernhöfe aus roten Backsteinen, wieder Wiesen. Irgendwann gehe ich zur Tür.

«Wir sind noch nicht am Ziel!»

Ich steige aus. Ein paar kleine Häuser an der Straße, dahinter dehnt sich die Weite. Ich muss weiter, folge dem grauen Band der Straße. Endlich ein Feldweg. Er führt mich ins Moor. Ein großer Himmel ist über mir. Ringsum gelbes Pfeifengras, dazwischen dunkles Wasser. Die Sonne hat sich verfinstert, und über der Landschaft liegt ein seltsames Licht. Tiefe Wolken hängen wie Schatten, die Spuren des Schmerzes über meiner Sehnsucht. Nirgends ein Mensch. Tief gehe ich ins Moor hinein, gehe über schwankende Teppiche, grün und schwammig. Meine Füße versinken im dunklen Sumpf. Ein Baumstamm gibt mir Halt. Das ist ein Zeichen von Holger! Vögel über mir, schwarz und riesig flattern sie am Himmel, fallen herunter zur Erde, hocken an Wasserlöchern, schwarze Frauen, gesichtslos unter ihren Schleiern, verhüllt als riesenhafte Raben, Klageweiber. Sie heben die Hände. «Kehr um! Du darfst hier nicht gehen.»

Ich bleibe stehen. Ich weiche vor ihnen zurück.

Holger, ich finde dich nicht!

Die Sehnsucht ist unerträglich, die Trauer, der Schmerz.

Woher sind die beiden Hunde gekommen? Und der Mann mit dem weiten Mantel und dem großen Hut? Ich reiße mich von ihm los, will zurück ins Moor, aber er packt mich wieder, zieht mich fort von dem Sumpf, schleppt mich weiter, kommt endlich zu einem Gehöft.

«Ich muss zurück! Dort sind die Zeichen!»

Sie verstellen mir den Weg, die beiden gebrechlichen Alten, verschließen die Tür. Sie wollen mich nicht gehen lassen!

Ich sehe die Angst in den Augen des alten Mannes. Warum fürchtet er sich?

Minute um Minute verstreicht.

Und wenn Holger nicht wartet?

In der engen Stube renne ich hin und her wie ein gefangenes Tier. Ich weiß doch, da draußen, irgendwo zwischen den dunklen Sümpfen, ist er!

Das Fenster! Ich reiße an dem Griff. Da draußen ist Holger!

Was will das junge Paar? Warum haben sie die Polizei geholt und den Mann, der mich ausfragen will?

Zwei weiße Männer bringen mich zu einem Wagen. Ich wehre mich, schlage um mich, aber die Männer sind stärker.

Sie fahren mich fort vom Moor, fort von Holger, zu einer Stadt, die ich noch nie gesehen habe, schleppen mich in ein fremdes Haus. Warum tun sie das? Ich will nicht! Ich habe Angst!

Ich schreie.

In der Psychiatrie

Eine schmale Zelle, vor dem Fenster die kahlen Äste eines Baumwipfels, darunter Milchglas, nur durch den schmalen, klaren Streifen ganz oben ist das Draußen zu erahnen. Was hinter dem Milchglas liegt, weiß ich nicht, vielleicht ein See, umgeben von Bäumen, vielleicht die Straße einer Großstadt, vielleicht ein Baum vor weiter Landschaft. Ich weiß, es ist nicht das Moor.

Das Fenster hat keinen Griff, die Beschläge sind mit Holzklötzchen abgedeckt, die Fensterbank fällt steil nach unten ab. Niemand kann aus diesem Fenster springen, niemand kann sich daran erhängen. Will ich das? Ich bin müde, todmüde. – Ich bin todesmüde.

Über mir an der hohen Decke hängen zwei Kameras, die jeden Atemzug beobachten, den ich tue, jedes Seufzen, jeden Blick, jede Bewegung. Aber ich kann mich nicht bewegen, ich bin zu schwach, erschöpft und starr. Mir ist kalt, und diese Kälte kommt aus meinem Inneren. Ich will mich aufrichten, habe aber nicht die Kraft, meine Fesseln zu sprengen. Ich versuche die Hände zu heben, strenge mich an, aber es gelingt mir nicht. Auch meine Beine gehorchen mir nicht. Nur den Kopf kann ich heben. Ein Gurt ist von einer Seite des Bettes zur anderen über meine Brust gespannt, Manschetten fesseln Arme und Beine.

Weshalb sagt mir niemand, warum ich hier bin?

Ihre Kameraaugen starren mich an. Warum haben sie mich gefesselt?

Frau Dr. Rister will mich umbringen, Dr. Winkler will mich umbringen. Tötet mich. Die Toten sind nicht mehr tötbar. Keiner versteht mich. Das war schon immer so. Ich bin nicht verstehbar.

Wer den Wahnsinnigen den Wahnsinn nimmt, nimmt ihnen den Geist.
Sie wissen es genau, aber sie wollen es nicht zugeben.

Es fällt mir schwer, mich zu erinnern. Erschöpfung und Benommenheit haben in diesen Tagen meinen Geist verdunkelt und sich über meine Gedanken gelegt wie ein dunkles, undurchdringliches Tuch. Zu dritt haben sie mich festgehalten, die fremden, weiß gekleideten Frauen. Ich habe mich gewehrt, aber ein kahlköpfiger Riese hat mich überwältigt. Ich habe eine Spritze in ihren Händen gesehen, lang und breit wie ein Schwert, und diese Spritze haben sie in meinen Körper gebohrt. Heute weiß ich, dass sie solche Spritzen nicht haben.

Ich muss lange geschlafen haben. Zehn Stunden? Zwanzig Stunden? Ich weiß es nicht. Als ich aufwache, haben sich die Muskeln meiner Wangen verkrampft und mein Gesicht zu einer Grimasse verzogen.

Sie haben mich vergiftet, also wollen sie mich töten! Sie werden nicht ruhen, bis es ihnen gelungen ist!

Es ist heller Tag, als sie mich losbinden. Sie bringen mich aus meiner Zelle, aber sie lassen mich nicht frei. Ich sehe, die Tür am Ende des Flures hat keine Klinke. Es gibt so etwas, ich habe es wissen können, Menschen hinter Gittern und verschlossenen Türen, es kann ein Film sein oder ein Traum. Aber das ist es nicht, es ist meine Gegenwart. Ich selbst, ich bin es, die eingeschlossen ist. Ich sehe die Tür, und ich weiß, nur wer den Schlüssel hat, kann sie öffnen. Hinter dem Drahtglas ist die Freiheit, das Leben. Dort sind die anderen. Ich kann nicht durch die Tür hindurchgehen. Dann plötzlich das Begreifen, der Schock: Sie haben mich ins Irrenhaus gesperrt.

Eine dünne Frau in weißer Schwesterntracht begleitet mich durch einen Irrgarten dunkler Korridore, die sich verzweigen, zu Räumen erweitern, sich wieder verengen. Irgendwo schließt sie eine Tür auf, dahinter liegt ein schlecht gelüftetes Zimmer mit dem Geruch von Bohnerwachs und Desinfektionsmitteln, Krankenhausgeruch. Hier soll mein Zuhause sein: ein Bett, ein Nachttisch und das hohe schmale Fach hinter einer weißen Schranktür. An allen Wänden stehen die abgestoßenen Holzgestelle, darauf weiß bezogenes Bettzeug, eine zusammengefaltete Wolldecke am Fußende. Rosen verdorren auf einem Nachttisch, fast schwarz in ihrem Sterben.

«Wann komme ich wieder raus?»

Die namenlose Schwester antwortet nicht. Verzweiflung und Schrecken überfallen mich. Sie müssen mich wieder fesseln! Sie hätten mich nicht freilassen dürfen. Die Augen der Weißgekleideten haben ihre Höhlen verlassen und rollen als grüne Glasmurmeln über ihre Wangen.

Schuldig. Wieder bin ich schuldig! Ich hätte die Frage nicht stellen dürfen!

Ich lasse mich auf die Bettkante fallen mit zusammengepressten Knien und ineinander gekrampften Händen und hoffe, dass sie endlich fortgehen möge.

Sie sieht mich aus ihren leeren Augenhöhlen an. «Sie können jetzt nicht hier bleiben», sagt sie. «Tagsüber sind die Patientenzimmer abgeschlossen.»

Ich soll mich erheben, soll das Zimmer wieder verlassen. Aber ich bleibe sitzen, will das bisschen Sicherheit nicht aufgeben, das mir mein Bett bieten kann. Draußen vor der Tür sind die anderen, die Fremden, die Irren, die hierher gehören: die ausgemergelte Schwangere mit den langen, strähnigen

Haaren und den Narben im bleichen Maskengesicht, der Mann mit dem Schlapphut, der im Flur hin und her hüpft, ohne auf die Linien zwischen den Bodenplatten zu treten, die singende Alte mit dem Triangel, die Männer und Frauen mit den wunderlichen Bewegungen und die Starren, die grauen Gestalten, regungslos und wie aus Stein gemeißelt. Ich habe sie gesehen, wirklich und wahrhaftig. Sie sind keine Wesen aus der anderen Welt wie die grinsenden Larven draußen auf den Straßen und die Strohpuppen, die davonstieben, wenn ich mich ihnen nähere.

Ich sitze auf dem Bett, und da ist plötzlich wieder diese Müdigkeit, sie senkt sich herab wie das blaue Tuch der Dämmerung, sie umhüllt mich, und ich schließe die Augen.

«Kommen Sie!»

Endlich folge ich der Weißen zurück auf den Flur.

«Um zwölf Uhr gibt es Mittagessen», sagt sie und weist auf eine Erweiterung des Ganges mit kahlen Tischen in langer Reihe, deren zerkratzte Resopalplatten stumpf geworden sind. Die namenlose Schwester hält wieder den großen Schlüsselbund in der Hand, und ich weiß, sie wird einen Schlüssel in das Schloss irgendeiner Tür stecken, sie wird sie öffnen, dann die Tür hinter sich zuschlagen, und die Grenze zwischen ihr und mir wird wieder unüberwindlich sein. Ich bin eine Ausgeschlossene oder eine Eingeschlossene, so wie sie es will. Ich bin ihrem Willen untertan. Ich muss mich ihrer Macht beugen.

Dann steckt sie den Schlüssel ins Schloss, und diese Tür führt in ein Zimmer wie ein großer gläserner Käfig. Da drinnen stehen die Monitore, die Bildschirme ihrer allgegenwärtigen Augen, mit denen sie überwachen, was immer wir tun. In der offenen Tür dreht sich die Schwester um:

«Patienten haben hier keinen Zutritt. Wenn Sie etwas brauchen, müssen Sie klingeln.» Und neben der Tür ist ein Klingelknopf, und über mir, da ist etwas Schreckliches, da ist ein großer Spiegel, und niemand, der hier steht, kann ihm entkommen.

Die Schwester ist längst in ihrem Käfig verschwunden.

Ich stehe noch immer vor der Tür, als mich ein grauhaarigen Mann anspricht.

«Ich bin der Hans. Bist du die Neue aus dem Isolierzimmer?» Und in mein Schweigen: «Es lohnt sich nicht, sich zu wehren. Sie sind immer stärker als wir. Da», sagt er und zeigt auf einen schwarzen Knopf, «da ist der Alarmknopf. Überall sind sie. Wenn sie den drücken, kommt Verstärkung. Von allen Stationen kommen sie dann. Sie machen dich fertig, wenn du nicht tust, was sie wollen.» Er sieht mich an, und in seinem Gesicht ist etwas wie Mitleid. «Dich sowieso.»

«Was machst du hier?», frage ich ihn. Wirklich, ich rede wieder! Ich habe wieder Worte!

«Ich bin der Botschafter von Mauritius», sagt er. «Meine Mission ist geheim.»

Ich will an seiner Seite bleiben, als das Mittagessen gebracht wird, aber mein Platz ist am Ende des Tisches. Weil sie mich meiden! Weil sie mich ausstoßen! Neben mir schlingt der Mann mit dem Schlapphut Bratkartoffeln und den salzigen Hering in sich hinein. Ich esse nichts. Der Lärm ringsum ist grauenvoll. Jedes Geräusch ist ins Unerträgliche gesteigert, der Klang jeder einzelnen Stimme ist wie der Donner einer Kanone, das Klappern der Bestecke auf den Tellern wie das Dröhnen der Motoren im Maschinenraum eines Schiffes und das Klingeln des Telefons im Stationszimmer wie der Chor aller Glocken dieser Erde. Ich halte mir die Ohren zu, doch der Lärm nimmt nicht ab. Ich springe auf, will fort, aber eine Schwester hält mich auf.

«Sie haben Ihre Medikamente noch nicht genommen.» Auf dem kleinen Teewagen, an dem sie lehnt, stehen dicht bei dicht kleine rote Becher wie Opferkerzen auf einem Altar. Einer ist für mich. Gehorsam nehme ich die Tabletten heraus, und sie füllt den Becher mit Wasser aus einer großen Porzellankanne. Ich zögere, schüttele den Kopf. Das ist Gift, das muss Gift sein! Sie haben Angst vor mir und vor dem, was durch mich geschieht. Sie wollen mich töten, wollen meinen geistigen Körper vergiften, nur mein materieller Körper, diese zerbrechliche, unscheinbare Hülle meiner selbst darf überleben. Auf keinen Fall will ich die Tabletten nehmen.

«Wenn Sie Ihre Medikamente nicht freiwillig nehmen, müssen wir sie Ihnen zwangsweise verabreichen.» Und: «Sie werden noch einsehen, dass Sie sie brauchen.»

Nichts ist unfreier als das Leben eines Kranken. Ich stehe mit dem Becher in der einen und den Tabletten in der anderen Hand und fühle mich jeder Selbstbestimmung beraubt. «Es lohnt sich nicht, sich zu wehren», hat Hans zu mir gesagt, und sein Satz durchdringt meine Gedanken. Sie haben mich gefangen genommen, weil ich anders bin als die Menschen da draußen. Vielleicht haben sie das Verfahren gegen mich eingeleitet, als ich geschlafen habe, haben mir vielleicht schon den Prozess gemacht. Dagegen bin ich wehrlos. Also nehme ich endlich meine Tabletten und spüle sie mit dem Wasser hinunter, wie es alle hier tun. Jeden Morgen, jeden Mittag und jeden Abend werde ich wie alle hier an den kleinen Wagen herantreten, der ein Altar für die Anbetung der Normalität ist, ein Opfertisch für die Austreibung des Teufels, dessen Name Wahnsinn ist. Ich werde meinen Becher nehmen und schlucken, was sie für mich vorbereitet haben.

Es kann nichts anderes sein als Gift.

Am Nachmittag wird für mich eines der immer verschlossenen Zimmer geöffnet. *Frau Dr. Rister* steht auf einem Schild neben der Tür.

Eine große Person sitzt gleichmütig hinter dem Schreibtisch, mit einem Lächeln, das niemandem gilt. Was sie mich fragt, ist belanglos. Wer ich sei und woher ich käme, will sie wissen. Sie weiß es längst! Immerzu horchen sie mich aus. Alles wollen sie über mich wissen. Meinen Namen und meinen Wohnort sage ich ihr, das ist alles. Mehr gebe ich nicht von mir preis. Leicht hätte ich ihr mehr von mir erzählen können, von meinem Studium, meiner Familie, aber ich misstraue ihr, wie ich jedem hier misstraue. Die Welt, die mich umgibt, ist ein Ort voller Gefahren und Verrat.

Sie fragt nach dem Datum. Wie hätte ich es wissen können? Niemand hat mir gesagt, wie lange ich geschlafen habe.

Wo ich jetzt sei, fragt sie weiter. «In der Klapse.» Zum ersten Mal kommt diese Tatsache über meine Lippen.

«Und für wen halten Sie mich?», will sie wissen.

Ihre Fragen – als wäre ich schwachsinnig!

«Bin ich vielleicht Bäckerin?»

«Ich weiß, dass Sie Frau Dr. Rister sind. Es steht auf dem Schild an der Tür.»

«Frau Jahn, waren Sie schon einmal psychisch krank?»

«Ich bin nicht krank», antworte ich. Auf ihren Wangen beginnt das Rouge zu triefen, und das Rot des Lippenstiftes explodiert in ihrem Gesicht.

Sie lässt mich rechnen: Hundert minus sieben, wieder minus sieben, wieder und wieder. Bei achtundfünfzig ist sie zufrieden.

«Die Drei», sage ich. «Die Drei und die Vier ist die Sieben und die Sieben ist die Drei und die Vier. Das ist die Siebeneinigkeit.»

«Wie meinen Sie das?»

Ich schweige.

«Was haben Sie im Moor gesucht?»

Ich nestele an meiner Kleidung, als ginge mich das Ganze nichts an. Meine Liebe zu Holger werde ich ihr niemals offenbaren.

«Wollten Sie sich umbringen?»

Ich lächele zum Fenster hinaus.

«Warum lachen Sie?», fragt sie.

«Meine Welt ist nicht Ihre Welt.» Ich stehe auf und beginne im Zimmer auf und ab zu laufen. Was sie sagt, ist plötzlich in unerreichbare Ferne gerückt. Auf ihre Fragen antworte ich nicht mehr. Holger! Das Moor!

– Ich bin schon an der Tür.

Ein Satz holt mich aus der weiten Landschaft in die Enge des Sprechzimmers zurück: «Wenn Sie mir nicht antworten, kann ich nichts für Sie tun.»

«Nein», sage ich. «Sie können nichts für mich tun.»

«Wie meinen Sie das?»

«Ich lebe von einer höheren Kraft», antworte ich, die Hand auf der Türklinke. «Ich bin eine von den Auserwählten.»

«Meinen Sie Gottes Auserwählte?»

Sie lächelt, als sie mich fragt! Mein Zorn überflutet meine Gedanken und schiebt sich zwischen uns als eine unüberwindliche Mauer. Ja, so weit kann ich noch aus meiner Welt heraussehen, dass ich merke, wie wenig meine Wirklichkeit sie tatsächlich interessiert. Mein Empfinden für echt und unecht habe ich nicht verloren, ganz im Gegenteil. Ich bin hellsichtig bis zur Überempfindlichkeit, und noch immer gibt es einen Teil von mir, der nach den Regeln ihrer Welt denkt und fühlt. Frau Dr. Rister nimmt mich nicht ernst. Für sie bin ich eine Verrückte wie die anderen da draußen auf dem Flur. Das Besondere an mir stellt sie nicht fest. Ich balle meine Hände zu Fäusten und presse sie gegen mein Gesicht. – Keine Antwort.

«Hören Sie Stimmen?», fragt sie dann. Die andere Frage ist ihr schon unwichtig geworden.

Noch immer stehe ich an der Tür. «Stimmen?»

«Von Personen, die nicht wirklich zu Ihnen sprechen, oder Stimmen, die es vielleicht gar nicht gibt.»

«Ich bin doch nicht verrückt!» Ich hasse sie für ihre Frage, die in meinen Ohren eine Unterstellung ist. Nein, Stimmen höre ich nicht. Nur einmal habe ich Holger gehört. «Hallo, Maria», hat er gesagt. Ich habe ihn nicht gesehen, aber ich weiß, dass er mir ganz nahe war.

Neben dem Kopf der Ärztin erscheint eine rote Blase, eine schwankende, luftgefüllte Fratze, und in ihren Zügen sehe ich das gleiche Grinsen wie auf dem Gesicht der Ärztin.

«Wollen Sie nicht doch einmal Ihren Mann anrufen?», fragt der taumelnde Ballon.

«Wir werden heiraten», sage ich. «Am Sonntag werden wir heiraten.»

«Wen wollen Sie heiraten?»

Ich antworte nicht.

«Ich hatte gefragt, ob Sie nicht doch einmal Ihren Mann in München anrufen wollen. Er weiß, dass Sie hier sind.»

Ich schäme mich vor ihm. Ich schäme mich, dass ich im Irrenhaus bin. Mir ist, als spräche die Ärztin von einem Toten, den ich vor langer Zeit einmal geliebt habe. Joachim und mit ihm die andere Welt, die alte, vertraute, sind mir verloren gegangen. Eine Rückkehr ist nicht möglich.

«Ich habe keinen Mann in München», sage ich.

«Und Ihr Sohn?»

Kai! Was Kai jetzt tut? Seit Tagen hat er nicht zu mir gesprochen. Die Gasflamme und den Wasserhahn kann ich nicht mehr erreichen.

Ich fahre zusammen. Von irgendwo höre ich ein schreckliches Geräusch. Sie schließen mich ein! Ich springe vom Stuhl, reiße an der Klinke. Die Tür lässt sich öffnen. Niemand hat zugeschlossen.

«Was war da eben?», will die Ärztin wissen.

«Sie wollen mich einsperren, um Kai zu entführen!»

Die Ärztin ist am Schreibtisch sitzen geblieben.

«Sie bleiben hier», sagt sie ruhig und bestimmt, als ich davonstürzen will. Dann steht sie auf und schließt die Tür wieder.

Ich weiß nicht weiter. «Nur Fassaden», sage ich. «Alles hier ist Fassade.» Dann schweige ich wieder. Das Sprechzimmer, die Ärztin, ihr allwissendes Lächeln, all das ist nur ein verlogenes Abbild der Tatsachen. Erst hinter dem Trugbild beginnt für mich die Realität, und das ist die Wirklichkeit einer erhabenen Macht. Diese Macht ist das Maß der Dinge, und nach ihren Regeln muss ich handeln. Die alte, normale Wirklichkeit ist nichts als eine verschlissene Kulisse, die falsch und unnütz geworden ist. Sie ist nicht die Wahrheit. Das müssen sie ahnen! Es kann ihnen nicht verborgen geblieben sein, dass ich die Auserwählte bin. Deswegen wollen sie meinen Geist zerstören, deswegen schließen sie mich weg und sperren mich ein unter Irren. Sie haben Angst davor, dass ich ihnen zeige, was sie wirklich sind: willenlose, austauschbare Puppen in einer armseligen Welt voller Falschheit und Gleichmacherei. Das ist der Grund, warum sie mich bestrafen mit ihrer Missachtung und Respektlosigkeit, mit ihrer Ablehnung und mit dem Gift, das mich betäubt und empfindungslos macht.

Wut, Angst und Verzweiflung breiten sich wieder in mir aus und überschwemmen mich wie die Wassermassen einen gebrochenen Damm. Was die Ärztin noch mit mir spricht, rauscht an mir vorbei.

Irgendwann soll ich gehen, aber ich bleibe. Das Wichtigste ist noch nicht gesagt. Ich will ihr nicht ersparen, die Wahrheit zu offenbaren, auch wenn sie sie fürchtet.

«Ich will wissen, warum Sie mich hier eingesperrt haben.»

«Sie sind krank», sagt die Ärztin.

«Nein», sage ich. «Was Sie sagen, ist gelogen. Ich bin völlig gesund.»

Ich bin nicht krank, nein, nicht so wie damals, als mich die Pfeile trafen und der Schmerz meinen Körper verbrannte. Ausgegrenzt werde ich und verachtet und für krank erklärt, ohne krank zu sein.

Ich bestehe darauf, dass sie mir die Wahrheit sagt.

«Sie haben eine Psychose», gibt sie zur Antwort.

Das Wort hat keine Bedeutung für mich, und was sie noch sagt, verstehe ich nicht. Was mir bevorsteht, erfahre ich nicht. Keine Silbe, ob eine Psychose vorübergeht, kein Wort, ob ich dieses Haus jemals wieder verlassen werde.

«Wir wollen nur Ihr Bestes», sagt sie. Ich glaube ihr nicht. Jedes ihrer Worte, jedes Lächeln muss eine Lüge sein.

Unter den höhnischen Blicken des nickenden Luftballons verlasse ich die Ärztin. Niedergeschlagen, entmutigt und mit meiner Angst allein.

Inzwischen ist der trübe Nachmittag in den Abend verdämmert. Fast unmerklich ist der graue Himmel draußen vor den vergitterten Fenstern unsichtbar geworden. Als ich in den schmalen Korridor trete, starrt mich ein Gesicht an, blassblau im kalten Licht der Deckenlampen. Dann, ein jäher Schrecken, ich sehe die erhobene Hand und weiß: Sie wird mich schlagen.

Die abgemagerte Schwangere mit dem reglosen, bleichen Gesicht einer Toten hat vor der Tür auf mich gewartet und versperrt mir den Weg. Sie kommt auf mich zu mit den unerbittlichen Bewegungen eines Roboters wie eine erbarmungslose Maschine. Ich weiche zurück bis zum Ende des Flures, aber sie folgt mir, drängt weiter, ihr vorgewölbter Bauch berührt mich, und sie bebt vor Wut und Empörung.

«Du hast die Zeichen aktiviert», stößt sie mit ihrer heiseren Stimme hervor. «Es ist deine Schuld. Deinetwegen hat Satan die Wahrheit in der laufenden Zeit verflochten und mit Leviathan geschützt.»

«Das ist ein Irrtum», rufe ich in meiner Angst. «Du musst mich verwechseln.»

Dann schlägt sie zu, wild und ungezielt wie ein verletztes Tier. «Du hast Leviathan gereizt. Du hast Satans zwölf Wächter verspottet.»

Zwei Pfleger kommen hinzu von irgendwoher, sie halten sie fest, ziehen sie fort von mir. Sie lässt es geschehen und fährt sich in größter Verzweiflung immer und immer wieder mit den Händen durch die Haare. «Die gewundene Schlange fordert Menschenopfer, sonst ist die Wahrheit für immer verloren.»

Ein Mann kehrt zurück zu mir, er redet mit mir. Was er sagt, höre ich nicht. Ich fliehe vor ihm.

Die nächsten Tage vergehen mit Nichtstun, aber ich habe keine Langeweile. Meine Phantasien lassen mir keine Zeit. Stillsitzen ist nicht möglich. Ich gehe und gehe. Nichts anderes habe ich zu tun. Ich gehe zur Toilette, irgendwohin muss ich ja gehen. Immer wieder verharre ich vor dem schwarzen Brett. Ich stehe mit untergeschlagenen Armen, versuche zu lesen, aber meine Gedanken gehorchen mir nicht. Dann wieder achtundzwanzig Schritte bis zur Drahtglastür, achtundzwanzig Schritte zurück bis zum schwarzen Brett. Manchmal brauche ich dreißig Schritte, und wenn mich die Unruhe stärker packt, komme ich mit fünfundzwanzig ans Ziel. Zum Klo sind es sechsundfünfzig Schritte. Das Zählen ist die einzige Ordnung, die mein Geist zulässt. Nur manchmal und wie in einem Nebel der Gedanke an Kai.

Es ist ein lächerliches, unwürdiges Leben, ein Dasein in einem Käfig mit dem Einerlei eines Tieres im Zoo. Die einzige Veränderung ist der Wechsel der Speisen beim Mittagessen. Um fünf Uhr gibt es Abendbrot.

An einem Tag kommt meine Mutter. Ich entdecke sie plötzlich im Flur, als ich von der Toilette komme. Sie steht dort mit ihrem langen Mantel und spricht mit einer Schwester. Dann dreht sie sich um und kommt auf mich zu. Ihrer Umarmung weiche ich aus.

«Musste das jetzt sein?», sagt sie zu mir. Von Begrüßung kein Wort.

Ich schweige und weiß nicht, was sie meint.

Sie öffnet den Mantel, sie zieht ihn nicht aus, und ich stehe vor ihr, klein, dumm und jämmerlich. Sie bringt Kleidung, eine ganze Reisetasche voll. Für wen? Statt Größe 38 trage ich noch Größe 34. Ich bin abgemagert und dünn vor Verwirrung und Unruhe. Ich kann das Zeug nicht gebrauchen.

«Pack es wieder ein», sage ich.

«Wollen wir uns nicht setzen», sagt meine Mutter.

Wir setzen uns.

Neben uns springt der Schlapphutmann über die Linien.

«Hast du Zigaretten für mich?», frage ich meine Mutter.

Sie gibt mir ihre angebrochene Packung – drei Zigaretten, das ist alles.

– Meine Mutter noch immer im Mantel.

«Du siehst schrecklich aus.» Sie streckt ihre Hand aus, greift zu meiner Stirn, will mir eine Haarsträhne aus dem Gesicht streichen.

Ich weiche ihr aus. «Lass mich».

Mit der flachen Hand wischt sie stattdessen ein paar Krümel vom Tisch. Sie sieht mich an, lange und prüfend.

«Bekommst du Tabletten?», fragt sie, als wären Medikamente der Inbegriff einer Welt, die abzulehnen ist.

«Ja», sage ich. «Sie wollen mich vergiften.»

Die Triangelfrau schlurft vorüber, dreht singend ihre Runden im Flur. «Wie spät ist es?», fragt sie meine Mutter.

«Halb drei.»

Der Schlapphutmann springt immer noch, rechter Fuß, linker Fuß, rechter Fuß, linker Fuß. Nie trifft er die Linien.

«Ich nehme dich wieder mit», sagt sie. «Hier kannst du nicht bleiben.»

Meine Mutter steht auf und geht zum Stationszimmer, zögernd und unsicher. Endlich drückt sie auf den Klingelknopf.

«Ist ein Arzt zu sprechen?»

Ein Arzt ist nicht zu sprechen. Frau Doktor Rister hat ein Gespräch, und Dr. Winkler kommt erst um fünf Uhr.

«Um fünf fährt mein letzter Zug.»

Ich bleibe nicht sitzen, als sie zum Stationszimmer gegangen ist. Ich nehme ihn wieder auf, meinen rastlosen Marsch durch die Station, tausend Schritte, zwanzigtausend Schritte, zwanzig mal zwanzigtausend Schritte, ich weiß es nicht mehr. Meine Mutter kommt zurück, ich halte kaum inne. «Hör auf», sagt sie zu mir, «hör auf mit dem Laufen.» Ich soll mich setzen, aber ich kann jetzt nicht sitzen, ich versuche es, ich stehe sofort wieder auf, und sie sitzt dort, allein, sie sitzt einfach da, tut nichts, knetet nur ihre Hände vor der Brust mit tief gesenktem Kopf und einem Gesicht der reinsten Verzweiflung. Miteinander reden ist nicht möglich.

Eine halbe Stunde spricht Frau Dr. Rister mit meiner Mutter – ohne mich. Sie rufen, als sie sich über mich geeinigt haben.

«Noch ein paar Tage zum Stabilisieren», sagt die Ärztin zu mir. Kein Wort, dass eine Heilung, wenn sie überhaupt möglich ist, Monate oder sogar Jahre brauchen könnte.

Und zu meiner Mutter: «Holen Sie Ihre Tochter ab?»

«Ich fahre nicht Auto.»

«Es wäre besser, wenn Sie ihre Tochter nach Hause begleiten würden.»

Meine Mutter hustet. Das tut sie, seit ich denken kann. Sie sieht mich an, hilflos und vorwurfsvoll.

«Ich werde wieder mit dem Zug kommen müssen.»

«Entschuldige», sage ich und beiße mir auf die Lippen.

«Meine Tochter verkraftet die bevorstehende Scheidung nicht», sagt meine Mutter, als sich die Ärztin verabschiedet. «Sie braucht keine Medikamente.»

Sie knöpft ihren Mantel zu, den sie nicht ausgezogen hat. «Meine Tochter war schon immer etwas merkwürdig.»

Und zu mir: «Wenn jemand nach dir fragt, sage ich, du seiest verreist.»

Sie nimmt ihre Handtasche.

«Werde bald gesund», sagt sie.

Dann geht sie, geht durch die Tür, die für mich verschlossen ist, und ohne sich noch einmal umzusehen. Sie lässt mich allein in dieser Welt des Irrsinns, einer Welt, in der die Verwirrung die Wirklichkeit ist, in dieser Ansammlung von Verfolgten und göttlichen Wesen, von Suchenden und Erleuchteten, Angstvollen und Größenwahnsinnigen, Versteinerten und Ruhelosen, in einer Welt, in der jeder ein Teil im Wahn des anderen ist. Ich trete zu ihnen, reihe mich ein, gehe hinein in den blauen Dunst des Raucherzimmers und werde eins mit den grauen Gestalten. Wir sind der Motor der Welt, wir sind es, die mit unseren Gedanken die Welt draußen in Gang halten.

Beim Abendessen steht Hans auf, sein abgepacktes Stückchen Butter auf den ausgestreckten Händen haltend. Langsam schreitet er an dem langen Tisch entlang, bis er die Mitte erreicht, ein gebeugter alter Mann in einem geheimnisvollen Ritual. Vorsichtig und voller Ehrfurcht, als halte er einen kostbaren Schatz, legt er das Päckchen ab. Er verbeugt sich und kehrt zu seinem Stuhl zurück. Es gibt keinen Zweifel. Auch er ist einer der Jenseitigen, ein Erleuchteter wie ich, ein Allvater der urzeitlichen Riesen, ein Prophet der verwitterten Gestalten. Ich greife nach meiner Butter und halte sie mit beiden Händen, wie Hans es getan hat. Dann gehe ich langsam zur Tischmitte und lege die Butter ab. Mein Stück neben seinem: Das ist das Symbol unserer Gemeinschaft. Von nun an esse ich meine Butter nicht mehr. Jeden Morgen und jeden Abend nehme ich mein Stück und lege es in das Zentrum des Tisches.

Oft überfällt mich jetzt der Gedanke an Kai, unscharf und wie in Nebel gehüllt. Und in der Erinnerung ist eine Ahnung von Schuld und Versagen. Ich habe einen Sohn, und der ist nicht bei mir.

Immer öfter lauere ich jetzt an der Tür, aber sie geben mir keine Chance, ihnen zu entkommen. Ich habe keinen freien Ausgang. Eine halbe Stunde am Tag gehe ich durch den Garten hinter dem Haus. Ein Plattenweg ringsherum, in der Mitte eine kleine Rasenfläche, die jetzt braun ist, neben dem Weg eine Mauer. Niemand kann von draußen hereinsehen, niemand kann hinübersteigen.

Sie haben uns weggeschlossen und ausgestoßen aus einem Leben mit Liebe, Anerkennung und Mitgefühl.

Warum? Weil wir gefährlich sind?

Für wen gefährlich?

Für die hinter der Mauer? Für uns?

Ich gehe meine Runden auf den grauen Platten. Ich bin nicht allein. Hinter mir und vor mir gehen andere, Eingesperrte wie ich und die, die auf uns aufpassen.

Auch in den Nächten sind die anderen da, die Schlaflosen, die Unsteten, die Stöhnenden und die Schreienden. Ist das die Nacht vor dem Jüngsten Gericht? Ist das die Hölle?

Weg! Ich will weg von hier! Sofort. Hier gibt es keine Spur einer Hoffnung.

Ich klingele an der Tür des Stationszimmers.

– Über mir der Spiegel.

«Ich möchte telefonieren», sage ich.

«Später», sagt jemand. Ich schlage gegen das Sicherheitsglas. Ihre Gleichgültigkeit ist unerträglich.

Ich rufe meine Mutter an. «Hol mich hier raus».

«Ich komme Samstag.»

«Welchen Tag haben wir heute?»

«Donnerstag.»

«Hol mich hier raus», sage ich und lege auf.

Sehr geehrter Herr Kollege,
wir berichten Ihnen über o. g. Patientin, die sich vom
2. 3. 1988 bis 19. 3. 1988 in unserer stationären Behandlung befand.
Diagnose: Paranoid-halluzinatorische Schizophrenie
Epikrise: Frau Jahn kam in Begleitung von zwei Sanitätern und zwei Polizisten zur Aufnahme auf die geschlossene Station der hiesigen Klinik. Sie sei orientierungslos, durchnässt und unterkühlt im Neustädter Moor (Landkreis Diepholz) von einem Schäfer aufgegriffen worden und habe

mehrfach versucht, zurück ins Moor zu laufen. Adäquate Angaben habe sie weder zu ihrer Person noch zu ihrer Herkunft gemacht.

Frau Jahn wirkte bei der Aufnahme deutlich antriebsgesteigert und war in einem Zustand heftigster Erregung. Sie musste zunächst fixiert und zwangsmediziert werden. Nach der intramuskulären Gabe von Haldol und Diazepam beruhigte sich die Patientin, sodass am nächsten Morgen eine Defixierung möglich wurde. Die auf Haldol zurückzuführenden Dyskinesien der Gesichts- und Mundmuskulatur behandelten wir mit Akineton.

Bereits an diesem Tag hatte sich die agitierte Symptomatik wesentlich zurückgebildet. Frau Jahn wirkte zunächst ratlos und deutlich sediert. Im Verlauf der kommenden Tage reduzierten wir die Medikamente. Agitiertes Verhalten trat auch unter der niedrigen Dosierung nicht mehr auf.

Psychopathologischer Befund am 4. 3. 1988: Bewusstseinsklar, zeitliche Orientierung lückenhaft. Denkablauf sehr sprunghaft, Gedankeninhalte mit Größenideen durchsetzt (Frau Jahn hält sich für die Auserwählte höherer Wesen). Weitere Wahnideen werden nicht geäußert. Affekt schnell schwankend, sprunghaft zwischen Lachen und Ablehnung. Im Kontaktverhalten sehr misstrauisch, häufig das Zimmer mit den Augen an der Decke absuchend bzw. hinter sich blickend. Das Hören von Stimmen wird verneint. Die Patientin ist schnell irritierbar und geräuschempfindlich. Konzentrationsfähigkeit und Aufmerksamkeit wirken herabgesetzt. Die Frage nach dem Grund für den Ausflug ins Moor quittiert sie mit Kichern. Kein Hinweis für akute Suizidalität.

Verlauf: Frau Jahn drängte in den folgenden Tagen auf eine

baldige Entlassung. Dieser Wunsch wurde auch von der Mutter der Patientin geäußert. Von ihr war weiterhin zu erfahren, dass eine Tante und eine Nichte der Patientin ebenfalls psychisch erkrankt seien. In beiden Fällen sei eine Schizophrenie diagnostiziert worden.

Bei der zur Einweisung führenden psychotischen Symptomatik der Patientin handelt es sich um eine Erstmanifestation. Als mögliche Auslösesituation könnte die bevorstehende Scheidung maßgeblich sein. Die Erkrankung wurde gegenüber der Patientin als akute psychotische Episode gewertet. Die erforderliche ambulante Weiterbetreuung durch einen Psychiater und die Fortsetzung der Medikamenteneinnahme wurden von der Patientin eingesehen, sodass wir der Entlassung zustimmten.

Die Aufhebung des Unterbringungsbeschlusses wurde von uns am Entlassungstag beantragt.

Medikation bei Entlassung:
Haldol: 5-0-5 mg
Neurocil: 0-0-50 mg
Akineton retard: 1-0-0 Tbl.

Mit freundlichem Gruß

Am Samstagabend bin ich wieder zu Hause.

Zu Hause?

Ich betrete unsere Wohnung wie die von Fremden. Seit Jahren habe ich nicht mehr hier gelebt. Mein Zimmer im Dachgeschoss ist unverändert, der Schreibtisch, an dem ich für die

Schule gelernt habe, das Regal, wo noch immer meine Schulbücher verstauben, das Bett, in dem ich mit Joachim geschlafen habe, alles ist unverändert, aber jeder Vertrautheit beraubt. Ein paar dünne Kerzen stehen vor dem Fenster, von der Sonnenwärme verbogen zu krummen, gequälten Gestalten, in einer Vase steht ein getrockneter Rosenstrauß von dem Mann, der keinen Platz mehr in meinem Leben hat. Alles hier hat seinen Sinn verloren. Ich fasse mich an den Kopf. Was will ich hier?

Ich weiß es nicht mehr.

«Ich gehe ins Bett», sage ich zu meiner Mutter.

«Willst du nicht warten, bis dein Vater nach Hause kommt?»

Ich will meinen Vater nicht sehen. Niemanden will ich sehen.

Am nächsten Tag stehe ich nicht auf. Meine Mutter klettert mühsam die knarrende Stiege zum Dachzimmer hinauf und bringt mir belegte Brötchen.

«Es geht mir wieder so schlecht», sagt sie, und sie hustet. «Mich versorgt niemand, wenn ich krank bin.»

Ich antworte nicht. Ihre Klage ist schon Anklage für mich.

«Was verstehst du eigentlich unter Nächstenliebe?», fragt sie unter Tränen, als sie mir zum dritten Mal das Essen bringt. Ich kann ihre Fürsorge nicht erwidern.

Ja, doch. Ich bin ihr dankbar für das, was sie für mich tut.

Mein Vater ist in dieser Zeit nicht da. Nicht wirklich, aber für mich ist er nicht da. Manchmal am Abend höre ich seine Stimme. Sie ist immer laut, wie die Stimme meiner Mutter immer leise ist. Leiser geworden? Ja. Leiser geworden und fast verstummt, ein klägliches, ein klagendes Stimmchen, das versäumt hat aufzubegehren. Früher habe ich mich aufgelehnt gegen die laute Stimme meines Vaters, jetzt fliehe ich vor ihr.

Liegt es an dieser Krankheit, dass uns die am fremdesten sind, die uns am nächsten sein sollten?

Wenn wir uns einmal im Haus begegnen, bemerke ich ein Lächeln auf seinem Gesicht, aber es verbindet uns nicht, es ist ein gnädiges, ein wie aus großer Ferne kommendes Lächeln. Ich sehe den zu hoch erhobenen Kopf, ein wenig zu weit in den Nacken gelegt, ein wenig zu aufrecht, und wenn ich das sehe, bekomme ich Angst. Er spricht mich nicht an, er fragt mich nichts, nicht einmal nach meinem Befinden erkundigt er sich. Ist es Desinteresse? Ist es Hilflosigkeit?

Tage – oder sind es Wochen? – verharre ich in einem seltsamen Zustand der Empfindungslosigkeit, dumpf, schläfrig und benommen mit grauem Gesicht, totgebrannt wie ein erkalteter Ofen. Wo sind meine Gefühle, meine Angst um Kai, mein Drang zu malen? Es ist schlimm, nicht mehr malen zu können. Ich brauche es wie die Luft zum Atmen.

«Diese schrecklichen Tabletten helfen dir nicht», sagt meine Mutter. «Sie sind es, die dich krank machen.»

«Nimm sie mit und schmeiß sie weg», antworte ich. «Ich will das Zeug nicht mehr nehmen.»

Allmählich fühle ich mich wieder stärker – ohne Medikamente. Endlich ist die Lust zu malen wieder da, aber auch die Unruhe, die Schlaflosigkeit und die Angst. Aber meine Phantasie wie nie zuvor! Meine Bilder wild und kraftvoll! Meine Briefe an Holger innige Verehrung des geliebten Mannes!

Eines Tages bringt mir meine Mutter einen bunt bemalten Umschlag. Eine jähe Freude durchflutet mich, ein Brief von Holger, denke ich, denn da steht sein Name, und ich kann mein Glück nicht fassen, bis ich meine eigene Handschrift erkenne, dann den Vermerk auf der Rückseite «Annahme verweigert». Ich stehe, ohne zu begreifen, vor meiner Mutter, draußen scheint die Sonne durch die kahlen Zweige der Platanen, aber in mir ist Chaos und Verzweiflung.

Stunden später öffne ich zum ersten Mal wieder meinen alten Tuschkasten aus der Schulzeit. Die Farben sind rissig und zu steinharten Blöcken vertrocknet. Ich hole Wasser, nehme einen dicken Pinsel und weiche die schwarze Farbe auf. Ohne Plan probiere ich ein paar Striche kreuz und quer über den Zeichenblock, kurze und längere. Dann sehe ich sie. Sie füllen das Blatt mit ihren dünnen Fühlern, ihren klapperdürren Gliedern, mit jedem Strich werden es mehr. Es sind die Strichmännchen, die spinnenbeinigen Wesen, von dem Tag, als der Teufel zu mir kam. Sie sind wieder da!

Ich werfe den Pinsel fort, aber es ist zu spät. Die schwarzen Monster quellen hervor, krabbelnde Heerscharen in schrankenloser Vermehrung, grausige Menschwesen ohne Gesicht.

Die Spinnenmenschen sind überall!

Sie fallen über mich her und umklammern mich mit ihren klebrigen Gliedern. Ihre langen Fühler bohren sich in meine Augen und Ohren, sie saugen mich aus. Ich springe auf, reiße das Bild heraus. Mit dem zerknüllten Blatt renne ich in den Garten, scharre mit den Händen ein Loch unter dem knorrigen Apfelbaum, versenke das Bild im sandigen Boden. Ich trampele darauf herum, auf dem Grab der Spinnenmenschen. Ein Wesen kann entfliehen, bekommt neue Fühler, neue Glieder, teilt sich. Es gibt kein Entrinnen. Der Keim der Zerstörung ist wieder in mich eingedrungen und gewinnt immer mehr Macht über mich.

Ich spreche mit niemandem mehr, verschließe mich in meiner Welt und meinem Schweigen. Ich verriegele die Türen, mauere mich ein, unzugänglich im Kerker meiner Verwirrung, und von Tag zu Tag wächst wieder die Angst, die alles an den Rand drückt, was einmal wichtig war. Ich gehe nicht mehr hinaus. Draußen ist das Licht, und es ist zu hell, es verbrennt meinen Geist. – Dann finde ich einen alten Hut von meinem Vater, steif, aus grauem Filz mit einem schwarzen Band. Ich nehme den Hut und trenne mich nicht mehr von ihm. Er ist mein Schutz, meine Deckung. Mit diesem lächerlichen Männerhut verlasse ich zum ersten Mal das Haus, gehe endlich wieder nach draußen. Er beschützt mich, aber meine Angst und Verzweiflung lassen nicht nach.

«So einen Hut tragen nur Verrückte», sagt meine Mutter.

Unsere Straße habe ich verlassen. Mit dem Männerhut auf dem Kopf treibe ich immer weiter, ziellos noch, wie ein Blatt im Wind. Dann sind sie wieder da, überall sind die Zeichen, die blinkenden Ampeln, die Spuren im Pflaster und die geheimen Gesten der anderen, die mir den Weg zu Holger weisen. Ich laufe kilometerweit, strebe auf die Kirchtürme zu, einsam zwischen den eiligen Menschen, allein mit meinen Gedanken. Ich werde nicht müde und vergesse meine Angst. Das Verlangen nach Holger macht mich stark in meiner Schwäche.

An diesem Tag kehre ich nicht nach Hause zurück. Ich verlasse meine Mutter und meinen Vater ohne Plan, ohne Abschied, ohne Zukunft. Laufe weiter, als ich die Türme der Stadt längst hinter mir gelassen habe. Alles ist von einer rätselhaften Fremdheit befallen. Irgendwann eine breite Straße, keine Häuser mehr, eine Kreuzung mit wartenden Autos. Ich gehe von einem zum anderen, klopfe an die Scheiben, winke. «Nach München? Nach München?»

Ein Lastwagenfahrer lässt mich einsteigen.

Nach Stunden eine Stadt mit Wolkenkratzern.

«Manhattan?»

«Frankfurt.»

Ich will nicht aussteigen, klammere mich an den Sitz; als er mich herausziehen will, gebe ich ihm endlich nach. Da draußen sind sie wieder: die Spinnenwesen! Sie gieren mit ihren Fühlern und ihren klebrigen Armen, sie hängen an den Hauswänden, hocken in den Fenstern, sie stieben durch die aufgerissenen Mäuler der Straßenschluchten. Nichts Menschliches ist ringsum. Angst! In mir ist wieder die unerträgliche Angst!

Wie habe ich den Bahnhof gefunden? Wie bin ich in den Zug gekommen, der nach München fährt? Warum wartet schon die Polizei in München?

Sie bringen mich in ein Haus mit vergitterten Fenstern. Was ich begreife: Sie sperren mich ein, also bin ich schuldig. Ich wehre mich nicht.

Am nächsten Tag kommt Joachim, wirklich Joachim! Er steht vor mir mit einer Reisetasche, die einmal mir gehört hat, neben ihm ein Mann im weißen Kittel.

«Maria», sagt er leise. «Grüß dich.»

«Wo ist Holger?», erwidere ich.

Joachim wie versteinert.

«Ihre Frau ist sehr krank», sagt der Arzt.

Joachim sieht mich an, dann den Arzt, zweifelnd, dann wieder mich.

«Wir glauben, dass ihre Frau an Schizophrenie erkrankt ist. Sie wird wahrscheinlich mehrere Monate hier bleiben müssen.»

Erste Schritte nach draußen

Wahnsinn, geliebtes Land, strahlender Gott am Himmel, Wahnsinn, geh nicht fort, erzähle mir deine Geschichte von der Liebe, der Zärtlichkeit, den Niederlagen, den Opfern, der Hoffnung, der Schönheit, der Anmut, der Vergeblichkeit des Todes und der Auferstehung;

Wahnsinn, verdrängte Welt, Atem Gottes, unendliche Liebe, geboren aus unendlichem Leid, überwundene Trauer als unsterbliche Schönheit auferstanden;

Wahnsinn, du Liebe Gottes, goldenes Rot, wer sollte dich vergessen, der dich einmal sah im Glanz der Unsterblichkeit?

Wahnsinn, Land der unerträglichen Liebe, Land des Schmerzes, Land der Bilder, Land der Farben, Wahnsinn, bei dir bleiben dürfen und nicht mehr zurückmüssen in die sterbliche Welt, in die Vergänglichkeit, in die Unvollkommenheit, die sinnlosen Kämpfe, die Bedeutungslosigkeit, die Hässlichkeit, die Leere, die Trostlosigkeit, die Gewalt und die Verständnislosigkeit.

Aufsteigen wie ein Papierdrachen, die Welt von oben sehen, als Gefährte der Wolken im Wind schaukeln, die Sonne umarmen.

Aber dann reißt die dünne Schnur. Umhergeschleudert als Spielball der Elemente, die Sonne brennt Löcher ins Papier, die Wolken sind scharfkantig geworden, der Wind treibt ein undurchschaubares Spiel, die Welt unten unerreichbar verlorene Sicherheit …

Ich habe die Tabletten genommen, freiwillig. Wo ich wehrlos bin, lehne ich mich nicht auf. Dann habe ich geschlafen. Wie lange? Stunden fehlen mir, Tage, vielleicht Wochen. Meine Gefühle haben dem Vergessen getrotzt, ein jähes Wechselbad aus Angst und Zuversicht, Verzweiflung und Hoffnung. Was mir sonst geblieben ist, sind Fetzen, Trümmer, Stückwerk des Gewesenen. Das Vergangene ist löcherig geworden, hat Risse bekommen, dazwischen ein paar verstreute Inseln, ein zerklüfteter Archipel der Erinnerung. Es ist gut so. Wenn die Erinnerung quält, ist es besser, zu vergessen. Einzelne Bilder sind gegenwärtig, ein großes Haus mit hohen schmalen Fenstern, ein Arzt, ein paar von ihm Verwahrte wie ich selbst, Schwestern und Pfleger. Darin eine kleine Welt, mein Zuhause, das ist ein Bett, der Nachtschrank, ein Regal davor und die kleine Ecke des Raumes, den es abteilt. Das ist alles. Fast ist es ein Zimmer.

Das Bett gegenüber kann ich sehen, mittendrin ein wirrer Haarschopf, der Körper unter der Wolldecke wie verknotet. Die dort liegt, ist jung wie alle hier. Ihr Name ist Ellen. Sie ist hübsch, wenn sie lächelt. Gestern noch hat sie gelächelt, jetzt ist da wieder das Grauen in ihrem Gesicht. Sie spricht nicht mehr, sie steht nicht mehr auf, die Angst und das Entsetzen schwemmen sie fort, sie schreit, sie wimmert, ein jäher Gefühlsausbruch, als brächen auf einen Schlag alle Schutzmauern in ihr zusammen.

Die beiden Betten am Fenster sind leer, die Tür zum Flur ist offen. Ich stehe auf und gehe aus dem Zimmer. An einer Verzweigung der Korridore ist ein Raum wie ein gläserner Käfig. Ich erschrecke, als ich ihn zum ersten Mal sehe, denn ich kenne die verschlossenen Türen, kenne das Geräusch der sich im Schloss drehenden Schlüssel, kenne die Fenster, die ich nicht öffnen kann. Ich habe Angst, aber einen Schock hat es nicht wieder gegeben. Das Befremdliche ist vertraut geworden. Ich gehe auf den Glaskasten zu. Die Tür ist nicht verschlossen. Sie ist jedem offen, der eintreten will, und da drinnen sind Menschen, die sprechen, die zuhören. Ich gehe hinein, jetzt voller Hoffnung. Eine Frau im weißen Kleid sieht auf, fragt mich nach meinen Wünschen. Aber plötzlich ist da keine Frau, da ist nur ein Kleid. Es ist eine furchtbare Verwandlung, ich lese das kleine Namensschild, aber ich sehe keine Schwester Ulrike, nur das Kleid. «Unschuldig», rufe ich aus. «Ich bin unschuldig», und fliehe vor ihr.

Am Ende eines Flures ist das Zimmer von Dr. Hamann. Er redet mit mir, nicht jeden Tag, aber oft. Manchmal holt er mich in sein Zimmer. Es ist eng und unordentlich mit Krankenakten auf Schreibtisch und Stühlen. Dr. Hamann ist groß, ein sanfter Barbarossa im weißen Kittel mit krausen roten Haaren und einem Seehundsbart. Wenn das Telefon klingelt, stützt er das Kinn auf die Hand und wartet. Er nimmt den Hörer nicht ab, wenn ich bei ihm bin, denn dann ist er ganz für mich da. Seine Stimme ist leise, warm und voller Verständnis. Ich möchte ihm glauben, ich sehne mich nach einem Menschen, dem ich vertrauen kann, aber noch ist die Angst vor Täuschung, Lüge und Verrat zu groß.

«Nur wenn Sie versprechen, hier zu bleiben, können wir Sie auf der offenen Station behalten», sagt er zu mir.

«Herr Dr. Hamann», antworte ich und weiß, dass ich ganz vernünftig rede. «Ich bin gesund, aber Sie sagen, ich sei krank. Sie sperren mich ein und verbieten mir davonzugehen.»

Er sieht mich an, ernst und aufmerksam, ein freundlich nachsichtiger, auf alles gefasster Blick, den nichts erschüttern kann. «Ich möchte Sie nicht einsperren. Ich möchte mich auf

Sie verlassen können. Die Tür nach draußen ist offen, Sie wissen das», sagt er zu mir. «Aber wenn Sie nicht freiwillig hier bleiben wollen, müssen wir Sie auf die geschlossene Station verlegen.»

Auf die geschlossene Station, sagt er, und dieses Wort ist schon genug. Das Wort allein ist Schrecken, eingeschlossen, weggeschlossen, gefangen genommen, es muss eine Drohung sein, die jemand anderem gilt, eine schreckliche Verwechslung, bestenfalls ein Täuschungsmanöver, dessen Sinn ich nicht begreife.

«Herr Dr. Hamann», sage ich und versuche ganz ruhig zu sein. «Sie wollen mir einreden, dass ich verrückt bin. Ich sitze hier in Ihrem Arztzimmer, ich weiß, wer ich bin und wer Sie sind. Ich weiß, welchen Tag und welches Jahr wir haben. Ich habe Ihre Testfragen gelöst, ich habe die Zahlen nachgesprochen, die Sie mir gesagt haben, ich habe Ihre Bilder sortiert, ich habe Ihre Figuren zusammengelegt, und Sie wissen, dass ich so wenig wahnsinnig bin, wie Sie es sind.»

«Versprechen Sie, die Station nicht ohne Erlaubnis und nicht ohne Begleitung zu verlassen?», fragt er.

Ich schweige. Jetzt erkenne ich sie wieder, diese Stationen für die schon Gestorbenen, ich kenne diese Orte, wo die Wirklichkeit am Leben erhalten wird durch abgründige Gestalten, durch graue Riesen und verkrümmte Hexen. Aber ich gehöre nicht zu diesen gewöhnlichen Jenseitigen. Ich bin auserwählt hindurchzugehen durch das Dunkel dieses endlosen Korridors, den sie «die Station» nennen. Ich werde die andere Seite erreichen, und dort ist das Licht. Die Gewissheit macht mir Mut.

«Versprechen Sie es?»

Er sieht mich an, und an seinem Blick sehe ich, er weiß es. Alle wissen es, aber niemals wird es über ihre Lippen kommen. Sie wissen, dass ich die Braut Gottes bin.

Ein langes, langes Schweigen. Draußen hat sich der Tag wieder verfinstert, ehe es richtig hell geworden ist. Wir sitzen im Dämmerlicht, und der Himmel hinter den schmalen Fenstern ist grau wie das Fell eines Esels.

«Bleiben Sie hier, sprechen Sie mit mir, arbeiten Sie mit mir zusammen. Gemeinsam können wir versuchen, mit den Symptomen fertig zu werden.»

Für einen Augenblick ist er mir ganz nah und vertraut, aber er macht mir Angst. Ich kenne seine absonderlichen Gesetze nicht und muss vorsichtig sein. «Es interessiert Sie nicht wirklich, was ich zu erzählen habe», sage ich. «Sie tun doch nur Ihren Job, wie alle hier.»

Er sieht mich lange an. «Sind Sie sich damit so sicher?»

Ich antworte nicht.

«Sind Sie sich damit so sicher?», dies ist ein heimlicher Wink, den nur ich erkenne, eine versteckte Andeutung, mehr darf er nicht sagen. Es ist eine Kleinigkeit nur, aber es ist ein geheimes Versprechen, wie das Codewort einer Verschwörung. Es ist die Spur einer Hoffnung. Er weiß, wer ich bin. Er spricht es nicht aus, niemals wird es über seine Lippen kommen, aber er weiß es. Er weiß, dass ich eine Auserwählte bin, die Braut Gottes.

Ich verspreche zu bleiben.

Morgens ist Gymnastik, dann Visite. Dazwischen gibt es Frühstück. Später gehe ich zur Ergotherapie. Sie lassen mir keine Zeit, den ganzen Vormittag nicht. Keine Zeit für meine Gedanken, meine Träume, meine Sehnsucht nach Liebe und Glück, keine Zeit für Verzweiflung – oder beinahe keine.

Ein Klumpen Ton liegt vor mir auf dem Tisch. Ich fasse ihn an. Er ist kalt, schwer und rau, ein toter, nasser Kloß. Ich wiege ihn in der Hand, ich lege ihn von meiner rechten in die linke. Was soll ich damit? Ich lasse ihn achtlos fallen, er hat keine Bedeutung für mich, er passt nicht in meine Welt. Meine Welt, das sind Farben, sind Bilder, sind großartige Bilder, doch diese Welt gibt es nicht mehr.

Frau Wagner setzt sich zu mir, will wissen, wie es mir geht.

«Schlecht», antworte ich, das ist alles.

«Warum?»

Ich antworte nicht mehr. Was soll ich mit ihr reden? Was soll ich tun? Das alles hier interessiert mich nicht. Ich bin gleichgültig und zerstreut.

Frau Wagner steht auf, kommt bald darauf zurück, eine Vase aus gebranntem Ton in der Hand. «Möchten Sie auch eine solche Vase machen?»

Ich sehe kaum auf. «Meine Finger sind steif. Alles ist steif», sage ich.

Sie bricht ein kleines Stückchen Ton ab und formt eine Kugel. «Wie Ihnen geht es vielen hier. Das sind die Nebenwirkungen von den Medikamenten, die Sie brauchen», sagt sie. Sie rollt die Kugel mit einer Hand über den Tisch, rollt und rollt, bis sie lang und dünn ist. Ich sehe ihr dabei zu, und endlich beginne ich, es ihr gleichzutun. Unter meinen Händen wird der Ton weich und geschmeidig. Es ist gut, ihn zu fühlen. Eine Rolle entsteht, krumm und unschön, aber ein Gebilde, ein Machwerk. Es ist mein erstes, seit ich hier bin!

Frau Wagner bleibt bei mir, ihre breiten, ruhigen Hände

formen Ringe, erst einen kleinen, dann ringsherum immer größere. Sie hilft mir, dasselbe zu tun, hilft, den Ton zu verstreichen, und die Ringe verbinden sich, der Boden einer Vase entsteht.

Meine Vase! Seltsames, fremd gewordenes Gefühl. Frau Wagner hat meine Aufmerksamkeit geweckt, ich fahre fort, Rollen zu formen, lege sie übereinander, ein schiefes Gefäß wächst empor. Ich drücke es zurecht, es bekommt Beulen und Dellen, aber mit jedem neuen Zentimeter wächst meine Zuversicht. Endlich entsteht etwas unter meiner Hand, und meine Gedanken versammeln sich, sie fließen zusammen. Für Augenblicke sind sie ganz im Hier und Jetzt.

Doch dann sind die sinnlosen Träume wieder da, die wirre Sehnsucht nach Schönheit und nach Liebe und nach der Flucht aus der Vergänglichkeit.

– Sehnsucht nach Holger!

Ich lasse die Hände sinken, blicke nicht mehr auf. Ich kann mich nicht konzentrieren. Was ich geschaffen habe, dieses hässliche Behältnis meiner Unvollkommenheit, interessiert mich nicht mehr. Ich sinke in mich hinein, in meine Phantasien. Was soll ich hier?

Ich bin so müde.

Am Abend steht Ellen vor meinem Bett. Sie steht einfach da, sieht mich an mit einem Blick wilder Verwirrung, und ich weiß nicht, was sie denkt und was sie will. Sie macht mir Angst.

«Was glotzt du mich so an?», frage ich, und sie steht und schweigt, und es ist, als habe ich gar nichts gesagt, als habe sie gar nichts gehört. Sie bleibt stehen, auch als jemand das Licht löscht. Endlich zieht sie sich zurück, Schritt für Schritt, und verkriecht sich unter ihrer Decke. Ich bin müde und will schlafen, aber die Unruhe im Zimmer lässt es nicht zu. Hannah ist von ihrem Lager aufgestanden, ich sehe ihr weißes Nachthemd. Sie huscht im Zimmer umher, ein irrlichterndes Gespenst in der Dunkelheit, sie geht von einem Bett zum anderen, macht ihre Zeichen, sie segnet, sie verdammt, und niemand weiß, wen ihr Fluch als Nächsten treffen wird. «Schuldig», ruft sie, als sie vor mir steht, «schuldig.» Ich ziehe die Bettdecke über den Kopf und presse meine Hände an die Ohren. Also bin ich doch schuldig, und sie weiß es.

Sie weiß, was ich Schwester Ulrike angetan habe.

Am folgenden Tag sitzt Ellen in der Ergotherapie neben mir mit einem weißen Seidentuch in der Hand. Sie streicht darüber hinweg, liebkost den Stoff wie einen Geliebten, hält ihn an ihr Gesicht, ehe sie ihn in den Holzrahmen spannt. Sie spricht mit Frau Wagner, sie freut sich, und das Lächeln auf ihrem Gesicht ist nicht entrückt und jenseitig, es ist ein Lächeln aus der Welt der Lebenden, die mir fremd geworden ist. Vor mir steht der Torso meiner Vase, ich habe sie aus den feuchten Tüchern gewickelt, rühre sie aber nicht an. Sie ist kalt und tot und scheußlich. Sie ist mir gleichgültig. Neben mir taucht Ellen einen Pinsel in die blaue Farbe, malt damit Muster auf die weiße Seide, helles Blau, dunkles Blau, aber ich sehe, das sind keine Muster, das ist ein Vogel, hochgereckt und mit offenem Schnabel, nein, kein Vogel, ein Gesicht, ein menschliches Gesicht mit aufgerissenem Mund.

«Das Gesicht!», rufe ich, «siehst du nicht das schreckliche Gesicht?» Sie sieht es nicht, ist ratlos. Sie hört auf zu malen, und ihre Miene hat alle Zuversicht verloren.

Frau Wagner setzt sich zu mir, möchte mir helfen, meine

Vase zu vollenden, aber ich will nicht. Ich sitze davor, ohne sie zu berühren.

«Ich habe auch einmal gemalt», sage ich.

«Möchten Sie lieber malen, als mit Ton zu arbeiten?»

«Niemals werde ich wieder malen», sage ich und weiß, nie mehr zu malen ist schlimmer, als nie mehr zu essen.

Ich sehe Frau Wagner nicht an, ihre Frage holt die Angst vor den Spinnenmenschen zurück. Sie lauern noch, sie könnten hervorquellen, vielleicht aus dem Blatt Papier, das ich nehmen würde, sie könnten sich ergießen über mich mit ihren krabbelnden Leibern, könnten sich hermachen über Frau Wagner, über dieses Zimmer, über die Station, über das ganze große Haus, die ganze Nussbaumstraße, die ganze Stadt.

Angst! Immer mehr Angst!

Frau Wagner bleibt bei mir sitzen, ruhig, sie drängt mich nicht, ich aber springe auf, fliehe vor ihr, und die Panik in mir wird unerträglich.

– Die Tür am Ende des Flures ist verschlossen.

Frau Wagner ist mir gefolgt, sie spricht mit mir, und ich höre ihre Worte, aber sie erreichen mich nicht. Was ich begreife: Sie bringen mich zurück auf meine Station.

«Warum malst du nicht mehr?», fragt Ellen später, als uns niemand hört. Ich liege mit offenen Augen auf meinem Bett, und vielleicht wäre es schön zu reden, aber es darf nicht sein, die Angst steigt hoch und bläht sich auf wie ein riesiger Flaschengeist, die Spinnenwesen harren in jedem Winkel, ein Wort genügt, eine Silbe sogar, und sie brechen hervor und ergreifen jeden, der von ihnen weiß. Sie fragt nicht weiter, und ich weiß, sie kennt das, sie kennt diese geheimen Verbote, und sie weiß, dass es gefährlicher ist, ihnen zuwiderzuhandeln, als

eines der geschriebenen Gesetze der anderen Welt zu übertre-
ten. Wir sprechen nicht mehr, sehen aneinander vorbei in den
regenschweren Himmel hinter den Fensterschlitzen, und das
Schweigen über unsere Angst ist der schmale Steg, über den
wir uns näher kommen.

«Sie können nicht so viel über dich herausfinden, wenn du
sie nicht ansiehst», sagt Ellen am Abend zu mir.

«Wie lange bist du schon hier?», frage ich sie später.

«Seit Weihnachten.»

Jetzt ist Mai.

Manchmal, am Morgen, da ist es anders. Manchmal, wenn ich
geschlafen habe, sieht die Welt aus wie früher. Stück für Stück
erkenne ich wieder, was vorher einmal war, und es ist, als er-
wache ich aus einem Traum. Die Angst ist weniger, die Hexen
und Riesen sind zu Menschen geworden, der Stuhl ist ein
Stuhl, und durch die Ritzen über dem Fenster dringt kein gif-
tiges Gas, das uns töten soll. Das also ist die Realität, ich sehe
und staune, unsere Erde ist schön, draußen der Garten, die
Vögel, die Bäume im ersten Grün, das Gelb und Rot der Tulpen, und es ist, als wäre ich in eine andere Welt getreten. Aber
am Abend ist da die Kugel, sie schwebt vor dem Fenster, ein
glitzerndes Mosaik, ich erkenne sie wieder, die Kugel aus der
«Negerhalle», und weiß, Holger ist hier.

Die Nächte sind lang, und oft wache ich auf, knipse die
kleine Nachttischlampe an und schreibe ihm:

«… uns ist es eingegeben, göttlich zu sein, durch ETWAS ist es in
uns hineingekommen, dieses Überirdische, das Erleuchtete – und
dieses ETWAS ist das Unbekannte, Unbegreifliche, ist das eigent-

liche Mysterium. Das Unerklärbare wird rätselhaft und im Nebel
bleiben, nicht aber das Wirkliche, das Wesentliche: Ich bin Göttin,
und du bist Gott. Was dir geschehen ist dort draußen, ist mir
geschehen in dieser anderen Welt, das Wunder der Gottwerdung.
Dadurch sind wir vereint. Wir, die Höher-Geborenen, werden das
Licht am Ende des Tunnels schauen. Die uns umgeben, sind
Absterbende, Vergiftete.

Der Mensch ist etwas, was überwunden werden muss.»

Eine Woche später das Wiedersehen mit Joachim. Ich erkenne
ihn schon durch das Drahtglas der Stationstür, ehe er sie öffnet.

Joachim mit Blumen.

«Er lebt ja!», denke ich und kann es nicht fassen: Da kommt
ein Mensch aus der versunkenen Welt, also muss es diese andere Welt da draußen noch geben, irgendwo, wenn auch unerreichbar. Wir Abgesonderten in diesem Haus und in diesem
Garten sind nicht die einzigen lebendigen Wesen, wir treiben
nicht in einer Arche auf einem menschenleeren Ozean, und
ich weiß, was ich sehe, ist kein Traum, auch kein Produkt
meines verwirrten Geistes. Joachims große Gestalt, sein blondes Haar, sein hageres Gesicht, die fliehende Stirn, das alles ist
real. Ich gehe auf ihn zu, langsam und zögernd, und es ist, als
hätte ich ihn seit Ewigkeiten nicht gesehen.

Joachim mit Blumen, sie stören ihn, als er die Arme hebt,
mir entgegen. Dann sehe ich sein Erschrecken, er kann sein
Entsetzen nicht verbergen. Ich weiß, was er sieht. Es ist eine
andere, die da auf ihn zukommt mit schlurfendem Gang, nicht
seine Maria, es ist eine andere Frau als vor einer Woche noch,
eine Frau mit einem Maskengesicht, aufgedunsen, bleich und

starr, eine Frau mit dem Gesicht einer Gestorbenen. Jetzt bleibe ich stehen, ein unsichtbarer Graben trennt uns, und seine Arme sinken nieder ohne Umarmung.

«Grüß dich», sagt er, es sind dieselben Worte wie immer nach Tagen der Trennung, aber alles ist anders, und seine Worte haben jede Vertrautheit verloren. Joachim, hilflos mit seinen Blumen, er sieht sich um, sucht eine Vase. Das wäre etwas, was er regeln kann, dieses eine zumindest, wo es so vieles zu regeln gäbe. Er muss fragen, endlich hält er in der Hand, was er sucht, noch ohne Wasser. Ich selbst führe ihn zum Waschbecken, er stellt die Tulpen in die viel zu große Vase, er hat die erste Hürde genommen, ein kleiner Schritt ist getan, eine kleine Erleichterung, das lässt ihn seine Ratlosigkeit einen Augenblick vergessen. Dann steht er da mit hängenden Armen, steht einfach so in dem Zimmer, das jetzt mein Zuhause ist, er hätte etwas fragen können, hätte mich fragen können, wie es mir geht, aber er tut es nicht. Jede Frage wäre überflüssig gewesen.

«Du bist krank», sagt er endlich, und ich weiß, wer es ihm eingeredet hat. Später sagt er: «Die Medikamente sind wichtig für dich.»

Joachim ist überhaupt sehr sachlich. Er spricht leise und langsam, er spricht zu einer Kranken.

«Ich habe großes Vertrauen in Dr. Hamann», sagt er.

Er steht wie ein Stock.

«Ich bin nicht krank», antworte ich.

Joachim möchte mit mir spazieren gehen, unten im Garten, es drängt ihn fort von dieser Station, aber ich will nicht, ich gehöre hierher, irgendwie, und ich will diesen Schutzraum nicht verlassen.

Wir stehen und warten, harren auf das nächste Wort, das jetzt zu sagen wäre, aber zwischen ihm und mir liegt ein großer leerer Platz, und es ist schwer geworden, miteinander zu reden. Ich weiche seinem Blick aus. Es gibt nicht viel, was uns noch verbindet.

«Seid ihr zu viert hier im Zimmer?», fragt Joachim. Irgendetwas muss ja gesagt werden, wir können nicht ewig wortlos stehen.

«Ja», sage ich.

«Unsere Straße ist aufgerissen», sagt Joachim. Ich weiß nicht, von welcher Straße er spricht, alle Straßen zwischen uns sind aufgerissen, alle Brücken sind fort, die Pfade verschüttet, und alle Wege führen nirgendwohin.

«Sie verlegen neue Kabel», sagt er. «Immerzu reißen sie die Straße auf, um neue Kabel zu verlegen», und er spricht von dem Geld, das es kostet, und dem Lärm, mit dem er leben muss.

«Kai geht es gut», sagt er später und erzählt von dem kleinen roten Fahrrad. Er hat es Kai geschenkt. Es war das schönste, das er finden konnte, mit einem richtigen Gepäckträger und einer großen Klingel. Er erzählt von den ersten vergeblichen Fahrversuchen, den kleinen Fortschritten und von Kais Stolz, als er endlich, endlich alleine fahren konnte.

Was Joachim sagt, glaube ich nicht. Da ist etwas in seinem Blick, ein Schatten auf seinem Gesicht, kaum wahrnehmbar, doch für mich ist er da. Ich bin empfindlich bis zur Dünnhäutigkeit, immer noch, selbst unter dem Schleier der Beruhigungsmittel, der sich über alles Empfinden und Denken gelegt hat. Hellsichtig bin ich, wie ein Prophet.

«Kai! Was habt ihr mit Kai gemacht?» Ich schreie. «Wo ist Kai?»

«Kai ist bei Mutter, und du weißt es.»

Dr. Hamann muss mein Schreien gehört haben, denn er tritt durch die offene Tür. «Ihre Frau braucht noch sehr viel Ruhe», sagt er. «Es ist besser, wenn Sie nicht zu lange bleiben.» Der Arzt bleibt neben mir stehen wie zum Schutz, und das ist der Freibrief für Joachim, er darf, ja, er soll sogar wieder gehen, er hat seine Schuldigkeit getan.

«Du brauchst jetzt viel Geduld», sagt er.

– Was ist das, Geduld?

Er geht noch einmal zum Auto, bringt mir Kleidung, bringt mir eines von meinen Bildern, aber er trägt noch etwas, ein Gerät, es ist sein Kassettenrecorder. Er trennt sich von ihm, um ihn mir zu geben.

«Hast du Zigaretten für mich?», frage ich ihn.

«Nächstes Mal.»

Dann fällt die Drahtglastür ins Schloss. Ich bleibe allein zurück und weiß nicht, ob es ein nächstes Mal geben wird.

«Schwester Ulrike!», ich laufe der großen weißen Gestalt nach, die im Flur vorbeigegangen ist, «Schwester Ulrike!», sie ist schon fort, ich muss suchen, bis ich sie sehe. Sie hört mich, dreht sich um. «Ich muss telefonieren!»

Qualvolle Hilflosigkeit, unfähig, ohne sie die Nummer zu finden und zu wählen!

Endlich schaffe ich es, die Verbindung herzustellen, aber die Stimme am anderen Ende schweigt. Ich höre den Atem, der Mund muss ganz dicht an der Muschel sein, er weiß nichts zu sagen, endlich ein einziges, ein winziges Wort: «Mama?»

Jetzt höre ich wieder die andere Stimme, die erwachsene, sie spricht mit Kai, und ich weiß nicht, ob er mich noch hört: «Ja, ich bin's! Ja, hier ist deine Mama!»

Dann ist der Atem wieder ganz nah, ein aufgeregtes Keuchen, ein Schnaufen und wieder die helle Stimme: «Mama? Mama, bist du nicht tot?» Es knackt im Hörer, immer wieder, ich weiß nicht, was er mit dem Hörer tut, vielleicht hört er mich gar nicht. «Ich bin nicht tot», sage ich, «ich bin nicht tot», ich sage es eins um das andere Mal, «ich lebe, natürlich lebe ich», aber jetzt ist da wieder die andere Stimme. Ich lege auf.

Wie kann Kai glauben, ich sei tot! Hat ihm niemand gesagt, dass ich lebe? Ich renne über den Flur.

«Herr Doktor!», der Arzt steht schon an der Tür seines Zimmers, als ich hereinstürze, «Herr Doktor, komme ich hier wieder heraus?»

«Ja», sagt er. «Niemand bleibt ewig hier.»

Er verschließt die Tür, mehr sagt er nicht, und ich sehe ihm nach, wie er langsam davongeht in das Dunkel irgendeines Korridores.

«Niemand bleibt ewig hier», hat er gesagt.

Wann beginnt ewig? In drei Monaten? In drei Jahren? In dreißig Jahren?

Ich kehre zurück zum Telefon. Es ist besetzt, und ich schleiche um den Apparat herum, ziehe meine Kreise immer enger, laufe vor ihm auf und ab, entferne mich nicht mehr, trete von einem Fuß auf den anderen. Die Frau, die dort spricht, ist Deborah. Irgendwann legt sie den Hörer auf. «Wir brauchen die Natur», sagt sie zu mir, «aber die Natur braucht uns nicht.» Sie winkt mir noch einmal zu, und dann geht sie davon mit verklärtem Blick.

Ich stecke meine Münzen in den Schlitz. Die Telefonschnur ist verwickelt, sie kringelt sich an meiner Hand, ich kann den

Hörer kaum halten. Aus der Muschel spricht wieder die erwachsene Stimme, und die Schnur ist wirklich zu kurz, ich bücke mich zum Telefon, muss mich beugen vor dieser Stimme, ich will an ihr vorbei, denn dahinter, irgendwo im Dunkel hinter diesem Furcht erregenden Drachen, versteckt in seiner finsteren Höhle, in dieser unzugänglichen Ferne, dort in dem Haus seiner Großeltern ist Kai.

Endlich höre ich seine Stimme.

«Kai!», rufe ich in den Hörer. «Ich bin es, deine Mutter!»

«Mama, wo bist du denn?»

Ich weiß nicht, wie ich ihm erklären kann, wo ich bin, also antworte ich mit dem Wort, das mir der Arzt gesagt hat. «Im Krankenhaus», sage ich, «aber bald, ganz bald bin ich wieder bei dir.»

Kai schweigt wieder. «Freust du dich denn?» Lange muss ich auf seine Antwort warten, ich weiß nicht, warum er nichts sagt, dann nach einer Ewigkeit sein «Ja». Dann endlich redet er, und ich höre es aus seinem Mund, ein richtiges Fahrrad hat er bekommen, eines mit Stützrädern, er kann schon fahren, und es ist gar nicht schwer. «Das ist baby», sagt er. «Fahrradfahren ist babyleicht.»

«Bald kannst du mir zeigen, wie du Fahrrad fährst.»

Nun sprudelt es aus ihm hervor, alles soll ich wissen, er erzählt von dem Hund und den winzigen Hundekindern, von den Störchen auf dem Schulhaus, von den Enten auf dem Fluss und von seinem Opa und seiner Oma. «Die Oma kauft mir immer ein Eis, wenn wir einkaufen gehen», sagt er, und ich spüre ein Ziehen in der Brust.

Kai redet noch immer; was er sagt, höre ich nicht mehr. Ich treibe davon in dem Strom meiner Gedanken und meiner

Angst, sie treiben mich wieder zu einem mächtigen Drachen, und mein Sohn ist in seinen Händen, verschleppt in die abgeriegelte Behausung, mir entzogen und für immer unerreichbar.

Warum hat ihm niemand gesagt, dass ich nicht tot bin?

«Bald besuche ich dich», sage ich und lege auf.

Ich reihe mich wieder ein bei denen, die zu mir gehören. Ich werde Teil von denen, die dort sitzen, stehen, gehen. Simone kommt näher, dicht an die Wand gedrängt auf ihrem niemals endenden Marsch, geht um mich herum in großem Bogen, um jede und um jeden, nur niemandem zu nahe kommen.

Mittendrin sitzt Ellen. Sie sieht so hübsch aus, hübsch und gesund. Ich höre ihre helle Stimme, sie lacht, sie hat gewonnen. «Mau-Mau», ruft sie und wirft mit großen, übermütigen Bewegungen ihren Buben auf den Tisch, sie strahlt, sie macht Witze. «Dr. Seehund», sagt sie, «gleich muss ich zu Dr. Seehund.»

«Spielst du mit?», ruft sie mir zu, aber ich ziehe mich zurück. Hannah steht neben ihr. Ellen will mir das Spiel zeigen, aber das braucht sie nicht. Ich kenne es. Die Regeln sind einfach, ein Spiel für Kinder, es ist aus einer vergangenen Zeit. Hannah tut nichts, starrt mich einfach an mit ihrem seltsamen Blick, und ich sehe vor mir wieder Schwester Ulrikes leeres Kleid. Sie weiß, dass ich schuldig bin!

«Hör auf, mich zu beobachten», sage ich zu ihr.

Hannah wendet sich ab und geht davon. Jetzt trete ich näher, von den anderen droht keine Gefahr. Ellen wird zu Dr. Hamann gerufen, sie gibt mir ihre Karten, und dann halte ich sie in meiner Hand und spiele tatsächlich: Karo auf Karo, die

Acht auf die Acht, die Dame zur Dame und immer so fort. Dann ist das Spiel schon vorbei. Ich bin an der Reihe mit Mischen – das geht noch! –, ich gebe die Karten, und alles ist wieder vertraut. Doch beim vierten Spiel ist die Unruhe da, ich werfe die Karten fort und kann nicht mehr bei ihnen sitzen. «Bist du nicht tot?», hat Kai gefragt. Ja, ich bin tot, für ihn. Für die da draußen bin ich tot.

Ich kann hier nicht bleiben!

«Dr. Hamann!» Er ist nicht in seinem Zimmer. Ich rufe, ich suche, ich brauche ihn. Unbedingt!

«Herr Doktor», rufe ich, als er endlich Zeit hat, «Sie halten mich fest, aber noch immer haben Sie mich nicht untersucht. Sie springen hin und her auf dieser Station – wenn diese Hexenwerkstatt denn überhaupt eine Krankenstation ist –, Sie reden ein paar Worte mit mir, und dann sagen Sie, ich müsse hier bleiben, weil ich krank bin. Herr Doktor, Sie werden verstehen, dass ich Ihnen nicht glauben kann. Sie wollen die Wahrheit nicht zugeben, aber so verrückt bin ich nicht, dass ich nicht merke, welches Spiel Sie mit mir treiben.»

«Liebe Frau Jahn, beruhigen Sie sich doch», antwortet er. «Sie können mir vertrauen. Ich treibe kein Spiel mit Ihnen. Wenn Sie Ihre Medikamente regelmäßig nehmen, werden Sie bald erkennen, dass ich Sie sehr ernst nehme.»

Ich sehe dieses sanfte, runde Gesicht, das immer ein bisschen gerötet ist, und würde ihm gern vertrauen. Aber alles ist falsch, alles ist Lüge, und sein Mund spricht die Worte nicht aus, die ich in seinen Augen lese und in diesem Blick, der zu lang ist, um nichts zu bedeuten.

«Setzen Sie sich doch», sagt er.

«Herr Dr. Hamann», sage ich noch immer stehend und

wütend, «ich kann Ihnen nicht vertrauen. In meiner Akte habe ich gelesen, dass Sie mir Blut abgenommen haben. Sie lag hier in diesem Zimmer aufgeschlagen auf dem Tisch, als ich bei Ihnen war. Ich habe mit meinen eigenen Augen gesehen, was dort steht. Niemals habe ich eingewilligt, dass Sie mir Blut abnehmen, und ich kann mich nicht daran erinnern. Sie haben es getan, als ich bewusstlos war von Ihren Medikamenten, und ich möchte wissen, was Sie mir noch angetan haben, als ich mich nicht wehren konnte.»

«Sie werden die Blutentnahme vergessen haben», antwortet er und sieht mich freundlich an mit seiner gleichmütigen, unerschöpflichen Geduld. «Sie werden vieles vergessen haben, was in den ersten Tagen geschehen ist. Sie waren sehr verwirrt. Durch die Tabletten geht es Ihnen schon viel besser.»

«Mir geht es nicht gut. Ich kann nicht still sitzen, es treibt mich umher, doch meine Füße kann ich kaum heben. Meine Unruhe zerreißt mich, aber ich schleiche durch die Gänge wie ein Geist, und dann bin ich müde, plötzlich bin ich unendlich müde. Was Sie Medikamente nennen, ist Gift.»

«Sie misstrauen mir immer noch. Ja, die Medikamente machen Sie müde, aber ich will Sie nicht vergiften, sondern will, dass Sie wieder gesund werden. Ich sehe, dass Ihre Unruhe weniger ist als vor drei Wochen und dass Ihnen nicht mehr alles Angst einflößt, was Ihnen begegnet. Sie selbst haben mir gesagt, dass Sie endlich wieder besser schlafen können.»

Das Telefon klingelt, er fährt sich mit der Hand durch den Seehundsbart, und das Telefon schrillt weiter. Ich weiß, dass er die Wahrheit nicht aussprechen wird. Er spielt das Spiel, das sie alle spielen, er macht es zu seinem eigenen, und das Spiel heißt vertuschen, verhüllen, verbergen.

Ich bin schon an der Tür. «Gehen sie ruhig ans Telefon», sage ich, «ich störe Sie nicht länger.»

Dann gehe ich fort, kreise wieder um das Telefon, fremdem Urteil ausgeliefert, niedergedrückt und ohne Hoffnung. Ich denke an Kai, aber die kleine Zelle betrete ich nicht. Ich will bei ihm sein.

«Frau Jahn», sagt Dr. Hamann am nächsten Tag bei der Visite. «Dieses Bild über Ihrem Bett, diese Wurzel oder was auch immer es sein mag, diese Gestalt im Stamm, von wem ist das?» Und als ich schweige: «Haben Sie das gemalt?»

Jetzt nicke ich.

«Es gefällt mir sehr gut.» Er beugt sich vor, das Bild interessiert ihn, *Sterben und Menschwerdung*, liest er vor. «Wollen Sie es nicht wieder versuchen?»

«Ich werde nie wieder malen», sage ich.

An der Tür dreht sich Dr. Hamann noch einmal um, er sieht auf das Bild und an mir vorbei. Meine Verzweiflung bemerkt er nicht. Endlich geht er, ohne noch etwas zu sagen.

Malen? Spinnenwesen, grausige Monster, nicht Mensch, nicht Tier, sie sind nicht tot! Was weiß er denn davon! Ein Unwissender kann mir nicht helfen.

Hilfe kann nur von Holger kommen. Holger! Warum schreibt er nicht?

Vielleicht hat er schon geschrieben. Vielleicht? Nein, nicht vielleicht. Er hat geschrieben. Ganz sicher hat er längst geschrieben!

Das Stationszimmer ist leer. Ich warte. Die Visite dauert endlos. Ich schleiche ihnen nach, laufe vor ihnen her, warte, wenn die Prozession in einem Zimmer verschwindet. Endlich das Ende, der Einzug ins Stationszimmer. Ich klopfe an die Tür und trete ein, ohne auf das «Herein» zu warten. Da sitzen sie alle, und mein Herz schlägt viel zu schnell, das Blut rauscht in meinen Ohren. «Ist Post für mich gekommen?», frage ich.

Sie drehen ihre Köpfe, ich störe, denn sie haben ihre Besprechung. «Keine Post für Sie», sagt jemand. Mein Herz beginnt zu stolpern, setzt aus, beginnt dann wieder zu schlagen. Ich halte mich an der Klinke fest, ich gehe noch nicht, denn noch ist Hoffnung. «Könnten Sie bitte noch einmal nachsehen, ob Post für mich da ist.»

«Sie haben keine Post», sagt jetzt Schwester Ulrike. «Ich habe sie schon lange verteilt, und für Sie war wieder keine dabei.»

«Vielleicht dann morgen», sage ich. «Vielleicht morgen», sagt Schwester Ulrike. «Sicher morgen», sage ich, und dann warte ich auf morgen, jeden Tag warte ich auf morgen, nur am Samstag warte ich auf übermorgen. Ich warte vergeblich. Von Holger kommt kein Brief.

In einer Nacht höre ich Ellen sprechen, sie fleht, sie bettelt, sie schreit, ein unvermittelter Ausbruch eines Vulkans, und die Verzweiflung stürzt aus ihr hervor wie glühende Lava aus dem Inneren eines Kraters. Ich knipse das Licht an und starre in ihr fremdes, verrücktes Gesicht und verstehe nicht, was sie sagt. Dann ist die Nachtschwester bei ihr, und irgendwann ist es vorbei, Ellen schweigt wieder, nur Hannah irrlichtert noch immer durchs Zimmer. «Vergeben», ruft sie an Ellens Bett, «deine Sünden sind dir vergeben.»

Am nächsten Tag redet Ellen. Es ist Sonntag, wir liegen auf unseren Betten, das Zimmer ist leer, und der Regen klatscht gegen die Scheiben.

«Du malst nicht mehr, und ich spiele nicht mehr Klavier», sagt sie wie zu sich selbst.

«Du hast einmal Klavier gespielt?»

«Ich habe immer Klavier gespielt, seit meinem sechsten Geburtstag. Jeden Monat, jedes Jahr wurde es mehr. Ich habe traurige Stücke gespielt, wenn ich traurig war, und wenn ich mich freute, habe ich ein Glückslied gespielt. Ich habe gespielt, wenn ich einsam war, ich habe gespielt, wenn ich Angst hatte. Ich habe immer gespielt, und wenn sich die anderen trafen, saß ich am Klavier.»

Sie spricht leise, ich höre sie kaum. «Klavierspielen, das war mein Leben. Ich wollte Pianistin werden.»

«Und warum tust du es jetzt nicht mehr?»

Sie kippt plötzlich weg, sinkt in sich hinein. Meine Frage hat den Steg zwischen uns zerbrochen. Ellen steht auf, geht in den Flur, schlägt die Tür hinter sich zu. Aber kurz darauf kommt sie zurück und legt sich aufs Bett. In ihrem Gesicht ist so etwas wie Triumph.

«Warum malst du nicht mehr?»

Ich will etwas sagen, schweige aber. Jetzt schweigt auch sie, es ist still, nur der Wind rüttelt an den Fenstern. Die Scheiben sind blind vom Regen.

Sie wartet geduldig.

«Ich habe Angst», sage ich, «ich habe Angst vor meinen Bildern.»

«Ja», sagt sie. «Ich verstehe.»

Im Flur wird es laut, eine Frauenstimme keift, ein Mann

schreit zurück, «Hure», ruft er «du alte Hure», dann wird es still.

«Darfst du malen?», fragt Ellen leise. Sie sieht mich an, und ihr Blick ist wie eine Verschwörung.

«Wer sollte es verbieten?»

«Die Stimmen», sagt sie kaum hörbar.

Ein paar Tage später sitze ich wieder auf dem kleinen Stuhl in Dr. Hamanns winzigem Zimmer. Es ist sehr warm. Die Sonne scheint durchs Fenster, sie scheint auf seinen Rücken, und er zieht seinen Stuhl hinter dem Schreibtisch hervor in den Schatten. Der Raum ist wirklich sehr klein, es ist kein Platz mehr zwischen uns, und er ist mir ganz nah.

«Frau Jahn», sagt er. «Was geht in Ihnen vor? Was macht Ihnen Angst?»

«Sie reden nicht ehrlich», sage ich. «Was Sie über mich denken, sprechen Sie nicht aus. Sie spielen ein Spiel mit mir, und das will ich nicht.»

«Ich spiele nicht mit Ihnen. Ich möchte mit Ihnen reden und Ihnen helfen, dass Sie verstehen, was mit Ihnen geschieht.»

Ich schweige.

«Möchten Sie mir nichts erzählen?», fragt er.

Ich schweige noch immer.

«Gehen Sie wieder zu Frau Wagner, lassen Sie sich Papier und Farben geben und beginnen Sie zu malen. Nur wenn Sie wieder malen, können Sie die Angst vor Ihren Bildern verlieren.»

«Woher wollen Sie wissen, dass ich Angst vor meinen Bildern habe?»

«Sie sind nicht die erste Künstlerin, die ich behandle, und Sie sind nicht die erste Malerin, die Angst vor ihren Bildern hat.»

Wieder ein langes Schweigen.

«Es sind die Spinnenmenschen», sage ich, und es ist noch immer gefährlich, diese Worte auszusprechen. «Sie kommen aus meinen Bildern. Jetzt sind sie überall.»

«Die Spinnenmenschen? Die Spinnenmenschen machen Ihnen Angst, nur Ihnen. Ich sehe sie nicht. Sie sind nicht hier, sie sind nicht wirklich.»

Ich höre, was er sagt, enttäuschendes Nichtverstehen, enttäuschte Hoffnung auf Vertrauen.

«Sie irren sich, Herr Dr. Hamann. Sie sind so wirklich, wie ich hier sitze. Vielleicht sind Ihre Augen nicht gut, vielleicht brauchen Sie einen Augenarzt. Ich sehe die Spinnenmenschen, und ich weiß, dass sie überall sind.»

«Frau Jahn, ich glaube Ihnen, dass Sie die Spinnenmenschen sehen, und ich glaube Ihnen, dass sie Ihnen Angst machen. Aber was Sie sehen und was Sie dafür halten, ist nicht die Wirklichkeit. Es ist nicht das, was wir anderen Menschen sehen.»

«Herr Dr. Hamann, das ärgert mich jetzt. Sie tragen einen weißen Kittel, Sie sind Arzt, aber Sie reden wie ein Verrückter. Woher wollen Sie wissen, dass Ihre Wirklichkeit die wirkliche ist?»

«Weil es die Wirklichkeit der meisten Menschen ist, die normale Wirklichkeit.»

«Und was ist normal?»

«Normal ist, was eine möglichst große Ansammlung von Menschen sieht, hört, fühlt und für richtig hält.»

«Und wenn diese möglichst große Ansammlung von Menschen, von der Sie da sprechen, in einem schrecklichen Irrtum gefangen wäre, verblendet, töricht und mit Unwissenheit geschlagen? Was wäre dann ‹normal›, wenn die wahrhaft Sehenden, die wahrhaft Fühlenden und Hörenden die Ausnahme wären?»

Es kann ihm nicht entgehen, wie er sich verrennt. Was er sagt, ist zum Lachen, und er merkt selbst, dass er mich nicht überzeugen kann, und weicht aus.

«Malen Sie etwas anderes», sagt er. «Malen Sie ganz andere Bilder. Lassen Sie sich helfen, und Sie werden sehen, dass Sie es wieder ohne Angst tun können. Sie brauchen sich nicht vor Ihrer Phantasie zu fürchten. Es wäre schade um die Bilder, die es nicht geben würde.»

Er sieht mich an, ein unergründliches Lächeln, und wieder ist sein Blick zu lang, um nichts zu bedeuten. «Es wäre schade», hat er gesagt. Also hat er es erkannt. Er hat das Besondere an meinen Bildern erkannt.

Ich gehe fast jeden Tag zur Ergotherapie, so steht es auf meinem Stundenplan. An einem Tag nehme ich endlich das Papier, das mir Frau Wagner gibt, den Pinsel, die Farben. Das Blatt liegt vor mir. Es ist weiß und leer wie meine Phantasie. Ich sitze davor und warte, aber nichts ist in mir, nichts drängt heraus. Die Tabletten haben alles vernichtet. In mir ist Dumpfheit und Öde, und meine Ideen sind mager, verhungert, sind tot. «Es wäre schade um die Bilder», hat Dr. Hamann gesagt, und ich greife zu dem Pinsel, ich tauche ihn in die schwarze Farbe. Alles wird schwarz, die Mitte des Bildes, die Ränder, das ganze Blatt: eine schwarze Leere, ein Nichts.

Leer! Leer! Leer!

Aber es bedroht mich nicht, nichts ist dort, was mir Angst macht. Die Spinnenmenschen brechen nicht hervor, sie sind in meiner Dumpfheit und Ermattung entkommen. Ich nehme ein neues Blatt, ich habe keine Angst.

Aber trostlos ist alles und ohne Hoffnung.

Neben mir malt Ellen auf Seide. «Was für ein schönes Bild», sagt Frau Wagner zu ihr, und ihr Lob ist schon Tadel für mich. Ich zerreiße meine Bilder, die nichts sind als schwarz.

Hannah sitzt in einer Ecke des Raumes und hat uns den Rücken zugekehrt. Weidenruten liegen vor ihr am Boden. Sie flicht Körbe. Ich stehe auf und sehe ihr zu.

«Wollen Sie auch Körbe flechten?», fragt Frau Wagner.

«Morgen», antworte ich. «Ab morgen werde ich Körbe flechten.»

In dieser Nacht wache ich auf, weil die Verzweiflung mich aushöhlt. Warum ich? Warum bin ich es, die von dieser grauenvollen Ohnmacht befallen ist?

Am Nachmittag holt mich Dr. Hamann in sein Zimmer.

Ich warte nicht ab, was er mir zu sagen hat. «Ich kann nicht mehr malen. Es ist furchtbar. – Aber das verstehen Sie nicht.»

«Ich verstehe Sie besser, als Sie glauben.»

«Sie wissen, dass ich Ihre Medikamente nicht mehr nehmen will», sage ich, «aber Sie verlangen es trotzdem von mir. Immer steht jemand hinter mir und passt auf, ob ich Ihre Tabletten nehme.»

«Frau Jahn, glauben Sie mir doch. Sie sind noch nicht gesund. Sie müssen die Tabletten nehmen, und Sie brauchen Geduld.»

Sie müssen die Tabletten nehmen, das ist alles, was er sagt, immer wieder dieselben Worte, meine Worte, seine Worte, immer wieder dasselbe, gestern, heute, jeden Tag in einem endlosen Ritual.

«Ich habe mich entschieden. Morgen werde ich nach Hause gehen, ohne Tabletten, und dann werde ich meinen Sohn wieder zu mir nehmen.»

«So wie Sie sich das vorstellen, geht das nicht.»

«Und wie geht es denn?», schreie ich plötzlich, und meine Zuneigung zu dem Arzt verkehrt sich in Zorn.

«Zuerst müssen wir mit Ihrem Mann sprechen.»

«Ich werde», sage ich und spreche jetzt ganz ruhig, «ich werde Kai allein erziehen. Ich werde mir eine Wohnung suchen, nur eine kleine Wohnung mit zwei Zimmern für Kai und für mich.»

«Ohne Ihren Mann?»

«Ich will meinen Mann nicht mehr sehen.»

«Aber Frau Jahn, haben Sie sich das gut überlegt?»

«Ja», sage ich, und jetzt denke ich wieder an Holger, an unsere Liebe. Ich habe keine Angst. Wir werden glücklich sein, nichts wird uns mehr trennen. Wozu brauche ich Joachim?

«Sie müssen sich nicht heute entscheiden. Zeit wird vergehen, bis Sie wieder nach Hause gehen und für sich allein sorgen können, wieder in der Lage sind, einen Haushalt zu führen, ein Kind zu erziehen.»

«Und wann wird das sein?», frage ich, und ich schreie schon wieder. «Wann endlich wird das sein?»

«In Wochen? In Monaten? Ich weiß es nicht.»

Ich weiß es nicht, sagt er. Mein Arzt weiß es nicht. Ein schrecklicher, hoffnungsloser Augenblick. So darf es nicht sein, ich will, dass er weiß. «Sie lügen», schreie ich, «Sie wissen es. Wann komme ich hier heraus?»

«Sie fragen mich zu viel. Sie fragen mich zu früh. Ich weiß, wie empfindlich Sie gegen Lügen sind, deshalb versuche ich, Ihnen keine zu erzählen. Sie müssen lernen, Ihr Leben zu bewältigen, die Alltäglichkeiten, Sie müssen alles wieder lernen. Wir wollen Sie nicht ewig hier behalten»

«Und wie soll das gehen?», rufe ich. «Ich flechte Körbe, forme Vasen aus Ton, male schwarze Bilder. Wie soll ich lernen, mein Leben zu bewältigen?»

«Wer macht Ihr Bett, wer räumt Ihre Kleider auf, wer wäscht Sie, wer pflegt Sie? Machen Sie nicht all das wieder selbst? Hat man Ihnen das hier nicht gezeigt? Haben Sie nicht sehr viel gelernt, seit Sie zu uns gekommen sind? Waren Sie nicht jeden Tag unten im Garten, nicht auch wieder auf der Straße, gestern sogar allein? All das braucht Zeit. Sie brauchen Geduld, Sie brauchen Ruhe. Und Sie brauchen Gelassenheit.»

Dr. Hamann sitzt an seinem Schreibtisch, das Telefon klingelt, und er zupft an seinem Seehundsbart. Ich muss lachen, ganz plötzlich aus meinem Zorn heraus. «Dr. Seehund», denke ich, «Dr. Seehund», hat Ellen gesagt, und ich lache, er ahnt nicht, warum, aber ich lache und weiß, er hält mich noch immer für verrückt.

«Gehen Sie mit in die Stadt, nehmen Sie am Stationsausflug teil, heute schon. Sie müssen wieder nach draußen. Verlassen Sie diesen Schutzraum. Der Schritt nach draußen wird umso schwerer, je länger Sie warten.»

An diesem Nachmittag fahre ich mit den anderen in die Stadt. Menschen, Menschen, immer neue Menschen wälzen sich uns in der Kaufinger Straße entgegen, Menschen mit Gesichtern, Menschen mit Körpern, auf seltsame Weise fremd, wie nie gesehene Wesen aus einer anderen Welt, durchaus reizvoll, nicht schrecklich. Hinter ihnen, irgendwie bekannt, irgendwann einmal gesehen, die Kaufhäuser, Ludwig Beck, der Kaufhof, die Bücher von Hugendubel, ja, es gibt sie noch, hier hat sich nichts verändert, die Plätze und Straßen wie vorher, gar nichts ist verändert, nur ich war fort, eine Reise für lange Zeit, in eine andere Welt. Ich weiche nicht von Ellens Seite. Ich bin nicht allein und weiß, diesen Ausflug werde ich überstehen.

Wir gehen ins Kino, es ist stickig und warm, ich sitze ganz am Rand hinten in der letzten Reihe, und die Leinwand ist weit weg. Von den Mördern droht mir keine Gefahr. Den Film kenne ich, *Die Unbestechlichen*, Tote auf beiden Seiten, Brutalität und Gewalt, Sean Connery stirbt in seinem Blut, aber das Gute siegt. Al Capone hat ausgespielt.

«Und was machen wir jetzt?», frage ich, als wir wieder auf der Straße stehen. Ellen sieht mich an und lächelt. «Schön, dass es dir so gut geht.»

Geht es mir gut? Was ist gut?

Auch an diesem Abend nehme ich meine Tabletten.

Am nächsten Tag sind sie plötzlich da. Sie haben geklingelt. Obwohl die Tür nicht verschlossen ist, haben sie den schwarzen Klingelknopf gedrückt und gewartet. Ich sehe die beiden Schatten hinter dem Milchglas stehen, einen Mann, groß und breit wie ein Gladiator, dahinter, halb verdeckt, eine andere Gestalt, klein und schmächtig, eine Frau oder ein Kind. Niemand scheint das Klingeln zu hören, niemand öffnet. Ich gehe selbst zur Tür, und mit einem Mal ahne ich, wer dort steht. Mein Herz schlägt heftiger, und ich weiß nicht, ob es Freude ist oder Furcht.

Ich öffne die Tür ganz weit, denn mein Vater soll wissen, dass ich das kann. Er sieht mich an, als hätte er mich nie zuvor gesehen, Fremdheit im Blick, in seiner Stimme Unbehagen und Abwehr, als er mich begrüßt. Den Kopf hoch erhoben, ist er weit über mir, sein Blick geht über mich hinweg. Meine Mutter umarmt mich, und ich rieche wieder ihr kölnisch Wasser, diesen altmodischen Duft aus einer längst vergangenen Zeit, der sie umgibt, solange ich mich erinnern kann. Sie lässt mich los, und dann steht sie wieder hinter dem breiten Rücken meines Vaters. Meine Mutter steht immer hinter meinem Vater.

Ich zeige ihnen mein Zimmer, ohne zu fragen, ob sie es sehen wollen, und jetzt starren sie auf die doppelten Fenster, die nur einen Spaltbreit zu öffnen sind, starren auf Ellens verkrümmte Gestalt auf dem Bett, starren auf Hannah, die eben durch die Tür tritt, ihren Ruf der Verdammnis auf den Lippen. «Schuldig, schuldig», schleudert sie ihnen entgegen, und sie sehen nicht mein sorgfältig zugedecktes Bett, sehen nicht die Ordnung in meinem Regal und nicht den Strauß Gänseblümchen auf meinem Nachtschrank.

Eine Viertelstunde später kommt Dr. Hamann. Er nimmt uns mit in sein Zimmer, er holt zwei Stühle, sein Zimmer ist heute erst recht zu klein, und wir sitzen so dicht beieinander, dass sich unsere Knie berühren. Mein Vater steht gleich wieder auf, «ich kann stehen», sagt er und stellt seinen Stuhl zurück vor die Tür. Dann harrt er aus, die Arme vor der Brust verschränkt und mit dem Rücken ans Bücherregal gelehnt.

Dr. Hamann redet. Er redet über mich und versucht begreiflich zu machen, was niemand begreifen will, er wirbt für Verständnis, wo niemand verstehen kann.

«Sie wollen also behaupten, dass unsere Tochter geisteskrank ist», unterbricht ihn mein Vater.

Es entsteht eine Pause. Geisteskrank. Dieses Wort hängt zwischen uns in seiner ganzen Ungeheuerlichkeit, und wir warten, wir hoffen, wir wissen, dass Dr. Hamann es wegtut, ein anderes Wort findet, das weniger vernichtend, weniger endgültig ist.

«Ja», sagt der Arzt ruhig. «Ja, so kann man es ausdrücken. So wie bei dem einen das Herz oder bei einem anderen die Lunge erkrankt, so ist es bei ihrer Tochter der Geist, der erkrankt ist. Genau so.»

«Ich bin kein Arzt», sagt mein Vater, und ich höre den Zorn in seiner Stimme, «aber ich weiß, dass meine Tochter schon immer ein seltsames Kind war.» Er richtet sich auf, er nimmt den Kopf noch höher über dem Bollwerk seiner verschränkten Arme. «Seltsam, ja, aber nicht geisteskrank.»

Der Arzt beginnt von neuem, wieder Erklärungen, wieder Diagnosen, nichts als Worte, die niemand hören will. Wir anderen schweigen und vermeiden es, uns in die Augen zu sehen. Aus Scham angesichts meines jämmerlichen Zustands.

Jetzt ergreift meine Mutter das Wort, sie spricht ganz leise und zu meinem Vater. Was sie sagt, ist kaum zu verstehen. «Die Tabletten», sagt sie. «Denkst du an die Tabletten?»

«Bekommt sie wieder diese Tabletten?», fragt mein Vater. Und dann hebt er seine Stimme, als brauche er nur laut genug zu sprechen, um all das beiseite zu wischen, was dieser

Arzt gesagt hat, der da ruhig vor ihm sitzt. «Wir haben schon am Telefon gesagt, dass diese Pillen meiner Tochter nur schaden.»

«Ihre Tochter braucht die Medikamente», sagt Dr. Hamann, «und Sie brauchen Geduld.» Mein Vater fährt auf, Geduld habe er nun lange genug gehabt, aber der Arzt spricht weiter. «Vor allem aber brauchen Sie Verständnis für die Krankheit und für Ihre Tochter.»

«Ich bin kein Arzt», sagt mein Vater noch einmal. «Ich brauche das nicht zu sein, um zu sehen, was die Tabletten aus meiner Tochter gemacht haben. Vorher, da hat sie Philosophie studiert. Und jetzt?» Er streift mich bloß mit seinem Blick. «Schauen Sie sich doch an, was da vor Ihnen sitzt.»

Ihre Blicke wenden sich mir zu, drei Augenpaare nehmen Maß, bewerten, fällen ihren Richtspruch, wenden sich wieder ab, und niemand reicht mir die Hand und hilft mir über den Abgrund, der sich vor mir auftut. Geisteskrank hat mein Vater gesagt, geisteskrank hat Dr. Hamann bestätigt. Sie irren sich. Krank ist nicht mein Geist, krank ist meine Seele.

Ich höre Dr. Hamann reden, lasse aber nicht an mich heran, was er sagt. Dann halte ich sie nicht mehr aus, die Empörung und Erbitterung, die Ablehnung und Zurückweisung. «Ich gehe jetzt», sage ich und spreche lauter, als ich es will.

Meine Mutter zuckt zusammen, sinkt in sich hinein. «Es wäre schön, wenn Sie blieben», sagt Dr. Hamann, aber nun ist auch mein Vater schon an der Tür. «Ich bin nicht den weiten Weg von Köln hierher gefahren, damit alles bleibt, wie es ist. Ich bin kein Arzt», sagt er wieder, «aber mir sagt mein gesunder Menschenverstand, dass meine Tochter hier rausmuss.»

«Ja», sagt Dr. Hamann, und er ist noch immer ganz ruhig, «ganz richtig, was Sie da sagen. Sie muss hier raus – wenn der richtige Zeitpunkt gekommen ist.»

Nun steht auch meine Mutter, sie spricht tatsächlich selbst zu dem Arzt: «Wir haben so viel für unsere Tochter getan», sagt sie leise mit ihrer klagenden Stimme. «Warum nun dies? Warum gerade unsere Tochter?», und sie sieht mich an, als sei ich Teil eines geheimen Planes, sie zu ruinieren.

Der Abschied von Dr. Hamann ist kurz. Wir gehen zurück in den Aufenthaltsraum. Es ist Zeit für das Mittagessen. Jetzt kommen sie alle zusammen und holen ihre Tabletts von dem Wagen: Ramona mit den vernarbten Schnitten am Unterarm, Kaspar mit den finsteren Augen unter der schwarzen Mönchskapuze und Simone, die wieder kehrtmacht, weil sie nicht wagt, zwischen uns hindurchzugehen. Dann kommt die lange Deborah, und ihr Pullover ist schmutzig wie an jedem Tag. «Wir brauchen die Natur, aber die Natur braucht uns nicht», sagt sie zu meiner Mutter und verstellt ihr den Weg. «Haben Sie Ihre Haare gefärbt?», fragt sie und meine Mutter, blass und stumm, duckt sich und zieht ihren Kopf ein, als sei sie ertappt bei einem furchtbaren Verbrechen.

«Wir können unten in der Cafeteria essen», schlage ich vor.

«Wir sollten zum Essen in die Stadt gehen», sagt meine Mutter und sieht sich um, als wäre sie von Mördern und Wegelagerern umgeben. Hannah geht auf meinen Vater zu. Ganz dicht bleibt sie vor ihm stehen und sieht ihn unverwandt an. «Sie haben Krebs», sagt sie zu ihm. «Sie haben Krebs, und ich sehe, wie Sie zerfallen.» Dann wendet sie sich ab mit einer Geste grenzenlosen Entsetzens.

Meine Eltern fliehen von diesem Ort. Es ist tatsächlich eine

Flucht, ohne Gruß, ohne Blick für die Menschen, die meine Vertrauten geworden sind.

«Kommst du nicht mit?», fragt mein Vater an der Tür. Ich rühre mich nicht, bin hin und her gerissen zwischen ihm und diesen hier. Ich weiß nicht mehr, wohin ich gehöre.

«Kommst du nun, oder bleibst du lieber bei diesen Verrückten?»

Gesichter wenden sich ihm zu, feindlich starrend, es ist plötzlich ganz still, eine Ewigkeit, und ich denke, es müsste etwas Entsetzliches geschehen, ein Abgrund uns alle verschlingen, eine Explosion uns zerreißen, Wasserfluten durch die Wände brechen, irgendetwas geschehen, was die ganze Lüge sichtbar werden lässt.

Später sitzen wir in einem von diesen unzähligen kleinen Biergärten, meine Mutter zusammengesunken und erstarrt neben mir. Es ist warm, und von den Kastanien rieseln die letzten braunen Blütenblätter. Wir warten auf die Speisekarte, und mein Vater redet. Er redet ohne Pause, und ich weiß nicht, was, er redet über die Kranken, natürlich nichts Gutes, er redet wohl auch über Ärzte. Ich höre nicht zu. Mein Vater redet bei Tisch, das war schon immer so, eine endlose, belehrende Litanei. Was er sagt, interessiert mich nicht, und über das, was mich interessiert, redet er nicht. Ein Ohr für andere hat er noch nie gehabt.

«Ich nehme das Menü», sage ich zu meiner Mutter, als die Speisekarte gebracht wird.

«Du isst zu viel», sagt sie. «Du wirst dick. Du platzt schon aus deinen Leggins.»

Ich sehe sie an und weiß, dass sie sich schämt, schon immer

geschämt hat, für eine Tochter, die in Jungenkleidung herumlief, wenn sie sich schön machen sollte, die sich nicht darum kümmerte, was die anderen sagten, was sie dachten, die anders war und die nicht passte zu dem, was ihre Mutter, hoffte, forderte und erwartete.

Ich habe mir immer gewünscht, dass meine Eltern stolz auf mich sind. – Aber immer war alles falsch, was ich tat.

«Ich nehme das Menü nicht», sage ich, «gar nichts nehme ich», stehe auf und gehe fort, ohne mich noch einmal umzusehen. Ich gehe dorthin zurück, wohin ich gehöre. Nur dort, in diesen Mauern, lebe ich von ihren Urteilen und Vorurteilen befreit, nicht mehr bereit, mich vor ihren Ansprüchen zu beugen.

«Wie sehe ich aus?», frage ich Ellen am Nachmittag.

«Du wirst dick», sagt sie. «Das kommt von den Tabletten.»

Dann kommt wieder ein Wochenende, der Samstag ist schlimm, aber schlimmer ist der Sonntag. Zentnerschwer lastet die Leere über der stillstehenden Zeit. Ich laufe zum Telefon, immer wieder stecke ich meine Münzen hinein, immer wieder höre ich auf das Tuten. Ich kann Kai nicht erreichen! Ich laufe zurück in den Aufenthaltsraum, will etwas tun, aber ich kann nicht. Ich kann nicht lesen, nicht malen, nicht bei den anderen sein. Nichts ist möglich, heute nicht, seit Wochen nicht. Am Sonntag gibt es nichts, was die Zeit schneller vergehen lässt. Sie umgibt mich mit ihrem trägen Fluss, wie zäher Brei.

Sehnsucht nach Holger!

Am Nachmittag klopft es an die Tür. «Ihr Mann ist gekommen», sagt Schwester Ulrike.

Joachim wieder mit Blumen.

Sein Anblick berührt mich, er lächelt, grüßt von weitem mit erhobener Hand. Ich wende mich ab, will diese vertraute Geste nicht sehen, will seine Stimme nicht hören. Sehnsucht nach Holger!

«Ich werde nicht mit meinen Mann sprechen», sage ich zu Schwester Ulrike. Für einen Augenblick sehe ich noch einmal Joachims Gesicht – enttäuscht und wie festgefroren. Die Schwester steht hilflos in der Tür.

«Dr. Hamann weiß Bescheid», sage ich. Für mich ist damit alles gesagt.

Als sie fort sind, lege ich mich auf mein Bett. Mit einem Mal ist mir kalt, und ich ziehe die Bettdecke über meine Beine. Es ist still im Zimmer, eine ungewohnte, unnatürliche Stille. Auch vom Flur dringt kein Geräusch herüber. Es ist eine Stille der Einsamkeit und Verlassenheit. Ich friere noch immer und ziehe die Bettdecke bis zum Hals. Es wird nicht besser.

Am nächsten Morgen holt mich Dr. Hamann in sein Zimmer. Er sitzt hinter dem Schreibtisch, und der Weg bis zu meinem Stuhl ist auf einmal sehr lang.

«Sie haben gestern Ihren Mann fortgeschickt», sagt er. Es klingt wie ein Vorwurf.

«Ich liebe einen anderen», antworte ich. «Es ist mir ernst.»

«Dieser Mann, von dem Sie sprechen, dieser Mann, den sie lieben, ich kenne ihn nicht. Kommt er hierher? Besucht er Sie?»

Ich antworte nicht.

«Sorgt er für Sie, wenn Sie krank sind?» Und als ich immer noch schweige: «Es könnte sehr einsam um Sie werden.»

Ich richte mich auf, sehe durchs Fenster. Der Himmel hinter den schmalen Scheiben ist blau und weit, und ich habe Sehnsucht nach draußen.

«Ich werde Kai zu mir nehmen.»

«Wohin? Haben Sie denn eine eigene Wohnung?»

«Ich werde mir eine Wohnung suchen.»

«Und wie soll das geschehen?»

«Ich werde mir eine Zeitung besorgen, den Anzeigenteil, ich werde anrufen und mir die Wohnungen ansehen», sage ich und weiß, dass mein Scheitern vorhersehbar ist. Gedränge in viel zu kleinen Wohnungen, fremde Menschen, zehn, zwanzig, vielleicht fünfzig, dann, im besten Fall, Verhandlungen, Entscheidungen, der Einzug in eine leere Wohnung.

«Ich kann auch mit meinem Sohn in ein Mutter-Kind-Heim gehen.»

«Kennen Sie solche Heime? Mutter und Kind in einem kleinen Zimmer: Ist das ein Weg für Sie? Und», er zögert, «als psychisch kranke Mutter werden Sie wahrscheinlich gar nicht aufgenommen.»

«Herr Doktor, Sie sprechen noch immer von Krankheit. Ich fühle mich wohl, war mit den anderen im Kino und habe keine Angst mehr, allein nach draußen zu gehen. Ich kann mein Leben selbst in die Hand nehmen. Ich bin nicht krank.»

«Und die Unruhe? Das Getriebensein?»

«Alles ist bestens», sage ich

«Können Sie sich wieder besser konzentrieren? Können Sie wieder lesen?»

«Prima», sage ich, «ganz prima.»

Ich mache mir nichts vor, ich weiß, dass ich lüge. Ich will fort von hier, ich will zu Kai.

«Es freut mich, dass es Ihnen gut geht, aber noch haben Sie mich nicht überzeugt, und ich weiß nicht, ob ich Sie so bald entlassen kann, selbst wenn Sie eine Wohnung hätten. Haben Sie Freunde, gibt es Menschen, mit denen Sie sprechen? Was ist mit den anderen Studenten? Ich habe sie nie hier gesehen.»

«Ich mag sie nicht besonders. Herr Doktor, ich werde nicht noch länger hier bleiben, und ich werde die Tabletten nicht mehr nehmen. Vor ein paar Tagen musste ich in der Ergotherapie einen abgedruckten Papagei bunt anmalen. Herr Dr. Hamann, ich bin kein Kind. Ich brauche keine Übungen, um zu lernen, wie man einen Stift führt. Ich bin Künstlerin.»

Ich verstumme, die Künstlerin gibt es nicht mehr, das ist vorbei. Es ist einmal gewesen. «Ich war Künstlerin», sage ich dann, «ich war Malerin, aber seit ich diese Tabletten nehmen muss, sehe ich die Welt nicht mehr, wie ich sie früher gesehen habe. Öde und langweilig ist sie geworden. Früher hatte ich Phantasie, ich hatte Visionen, jetzt sind meine Bilder schwarz, und ich bemale Papageien mit Buntstiften wie ein Kind.»

«Was Sie Visionen nennen, nenne ich Wahn.»

«Nennen Sie es Wahn, wenn Sie es wollen. Sie haben mir meinen Wahn genommen. Ich habe Sie nicht darum gebeten.»

«Und Ihre Angst, Ihre Einsamkeit? Sind nicht auch die vergangen? Oder wollten Sie immer in Angst leben, mit keinem Menschen mehr sprechen, eine wahnsinnige Künstlerin, allein mit Ihren wahnsinnig schönen Bildern?»

«Herr Doktor, es ärgert mich, wie Sie reden. Ein Prophet wird für seine Visionen verehrt, auch wenn er leidet, aber mich nennen Sie eine Wahnsinnige. Erst die Psychiatrie macht aus einer Künstlerin eine Wahnsinnige.»

«Aber Frau Jahn, haben Sie vergessen, wie Sie sich fühlten, als Sie zu uns kamen? Der Wahn, war er nicht die Hölle für Sie?»

«Vielleicht war er die Hölle, ja, an vielen Tagen war er das. Aber er war nicht nur das. Er war auch höchstes Glück, Erleuchtung, Hoffnung und Schönheit und manchmal Liebe und Zärtlichkeit. Ihre Tabletten haben mich in die Bedeutungslosigkeit zurückgestoßen, in die Unvollkommenheit und Vergänglichkeit der Welt, die Sie die wirkliche nennen. Die höhere Ordnung, die sich mir einmal erschlossen hat, begreife ich nicht mehr, und in meinen Bildern herrschen Leere und Trostlosigkeit.»

«Und Ihre Vereinigung mit dem Mann, der Ihnen als Gottes Bote erschien, dieser Teufel mit dem Pferdefuß, von dem mir Ihr Mann erzählt hat, war das der Wille einer höheren Ordnung?»

«Niemals wieder darf so etwas geschehen», sage ich. «Niemals.»

«Also nehmen Sie die Tabletten?»

Ich antworte nicht.

Dann spricht er von Botenstoffen zwischen den Nervenzellen, die in meinem Gehirn in Unordnung geraten sind, von ihrem gestörten Gleichgewicht und von der Wirkung der Tabletten. Heute höre ich ihm zu, und was er sagt, fügt sich zusammen mit den längst gesagten und immer beiseite geschobenen Worten. Ganz allmählich beginne ich etwas zu begreifen.

«Ich soll also», sage ich langsam, «diese Tabletten jahrelang nehmen, vielleicht mein ganzes Leben?»

«Ob es Ihr ganzes Leben nötig sein wird, weiß ich nicht»,

antwortet er. «Aber viele Monate werden Sie die Tabletten nehmen müssen, wenn die Krankheit nicht wiederkommen soll.»

«Sie sprechen schon wieder von Krankheit. Nennen Sie es meine Eigenart, mein Abrücken von dem, was für Sie normal ist, nennen Sie es, wenn Sie wollen, meine Verrücktheit.»

«Nennen Sie es Ihre Eigenart, nennen Sie es Ihre Verrücktheit. Sie wissen, wie wir Ärzte das nennen, was Sie so verändert.» Und dann spricht er dieses Wort wieder aus, diese Ächtung, diese Verdammung, diesen Schuldspruch, mein Todesurteil, diese Diagnose, die für andere erdacht wurde, für Blödsinnige und Entwurzelte, nicht für mich, für Gefährliche und Gefährdete, nicht für mich, diese Diagnose für Abgesonderte und Eingesperrte.

«Sie wissen, wir nennen es Schizophrenie», sagt er. «Jeder Mensch kann diese Krankheit bekommen», fügt er noch hinzu, denn er scheint meine Gedanken zu erraten, «sie macht vor niemandem Halt, nicht vor dem Arbeiter, nicht vor dem Professor, nicht vor dem Künstler, nicht vor dem Richter, nicht vor Ärzten und nicht vor den Schwestern. Auch ich kann diese Krankheit bekommen.»

«Und wenn ich meine Tabletten nehme, verschwindet die Krankheit wieder?», frage ich.

«Ich hoffe es», sagt er, «aber ich kann Ihnen nicht versprechen, dass alles wird, wie es einmal war, nicht, dass Sie Ihr Studium wieder aufnehmen können, auch nicht, dass Sie Ihren Sohn wieder allein erziehen können. Ich hoffe es.»

Da ist es wieder, dieses Wort: Hoffen! Hier, jetzt und aus dem Mund des Arztes ist es ein Wort der Angst, der Beklemmung und der Unsicherheit. Hoffnung ist nicht Zuversicht.

Ist sie nicht schlimmer als die grausamste Gewissheit? Kein Gedanke ist so schrecklich, als dass man sich nicht an ihn gewöhnt.

«Sie werden also die Medikamente auch in Zukunft nehmen?»

«Ich weiß es nicht.»

Alles in mir wehrt sich dagegen. «War es das, was Sie mir sagen wollten?», frage ich und verlasse ihn, ohne auf seine Antwort zu warten.

In meinem Zimmer lege ich mich aufs Bett. Niemand ist hier. Ich sehe hinüber zu den schmalen Fenstern. Dahinter der Himmel ist noch immer blau, und kleine Wölkchen ziehen federleicht darüber hin. Frei sein möchte ich, wie die Wolken, und so leicht wie sie. Aber was für ein Leben steht mir bevor? Ein Leben als Schizophrene, die vielleicht nie wieder ganz gesund wird? Oder ein Leben mit Tabletten, die mich müde und dick machen und meine Phantasie abtöten? Was für ein Alltag erwartet mich, ganz allein unter Menschen, die mich meiden? Und dann denke ich, wie es wäre ohne Joachim, mir graut vor dem Anblick einer leeren Wohnung, kein Mensch ist da, mit dem ich reden kann, kein Mann, der mir Geborgenheit und Heimat bedeutet, niemand, der mir hilft, wenn ich Hilfe brauche, und ich weiß, ich schaffe es nicht allein.

Zum Mittagessen stehe ich nicht auf. Eine Weile sitzt Ellen auf der Kante meines Bettes. «Bist du krank?», fragt sie. Ich wende mich ab und drehe mein Gesicht zur Wand. Dann spüre ich ihre Hand. Sie ruht auf meiner Schulter, und ich spüre ihre Wärme durch meine Kleidung hindurch, bis sie beginnt, mich zu streicheln, langsam und geduldig. «Bist du krank?», fragt sie noch einmal. Ihre Gegenwart tut mir gut, aber ich antworte nicht. «Bist du krank?» Ich schweige noch immer, und plötzlich ist die Hand fort, Ellen steht auf, und wo gerade noch ihre Hand war, ist es leer, und da ist es wie ein Loch.

Später steht Schwester Ulrike an meinem Bett. «Kann ich etwas für Sie tun?», fragt sie. Sie wartet eine Weile, fragt noch ein zweites Mal, und dann geht auch sie. Leise schließt sie die Tür und lässt mich allein.

Eine große Einsamkeit ist plötzlich im Zimmer, ein Panzer um meine Brust, ein Kettenhemd aus Angst und Verlassenheit, eine tiefe, ungewohnte Traurigkeit. Ich will nicht leben ohne Kai, ich will nicht leben ohne Joachim.

Erst Stunden später stehe ich auf. Von der Telefonzelle im Flur rufe ich Joachim bei der Arbeit an.

«Es geht mir nicht gut», sage ich. Er schweigt, im Hintergrund höre ich Stimmen, jemand lacht. «Ich brauche dich», sage ich, «und ich brauche Kai.» Joachim schweigt noch immer. «Es tut mir Leid», sage ich dann. «Es tut mir Leid, dass ich dich fortgeschickt habe.»

«Es tut dir Leid?», fragt er. Seine Stimme ist erstaunt, aber ich weiß nicht, was er denkt, und irgendwo in seinem Zimmer lacht eine Männerstimme.

«Es tut mir Leid, was geschehen ist», sage ich. «Ich habe nicht mehr gewusst, was ich tue.»

«Ja, du warst krank.»

«Besuchst du mich noch einmal?», frage ich.

«Ja», sagt Joachim. «Ja, vielleicht. Vielleicht besuche ich dich wieder.» Er spricht plötzlich hastig. «Ich habe eine Besprechung», sagt er, «ich muss jetzt Schluss machen», und dann legt er den Hörer auf.

Am Abend warte ich auf meinen Mann, aber er kommt nicht an diesem Tag und auch am folgenden nicht. Am dritten Tag ruft mich Ellen zum Telefon. Sie gibt mir den Hörer.

«Hörst du?», fragt sie, «hörst du das?» Ich presse den Hörer ans Ohr, ich lausche und warte auf Joachims Stimme. «Hörst du nicht das Röcheln?», fragt Ellen. Ich höre nichts, wirklich gar nichts, doch dann höre ich eine Frauenstimme. «Ellen, bist du noch da», sagt sie, «hör doch selbst, dem Hund geht es gut.»

Ich höre keinen Hund und gebe den Hörer zurück. Ellen presst ihn ans Ohr, sie hat Tränen in den Augen. «Er erstickt», sagt sie zu mir. «Er erstickt an dem Knochen in seinem Hals, und niemand ist da, der ihm hilft.» Sie schluchzt und wimmert. «Hast du das Röcheln denn nicht gehört?»

«Nein», sage ich. «Da war nur eine Frauenstimme. War das deine Mutter?»

Ellen hört mich nicht mehr. Sie steht neben mir, sie fährt sich mit den Händen durchs Gesicht in einer Gebärde der tiefsten Verzweiflung. «Senta stirbt», sagt sie tonlos, «sie stirbt, weil ich hier bin. Es ist meine Schuld, dass Senta stirbt.»

An diesem Abend ruft Joachim an. Irgendetwas ist nicht in Ordnung mit dem Apparat.

«Was ist mit deinem Professor?», fragt er, das höre ich aus dem Rauschen und Knacken noch heraus.

«Ich kann dich nicht verstehen», sage ich, er beginnt den Satz noch einmal, «was ist mit deinem ...», und dann bricht seine Stimme wieder ab.

«Hallo», rufe ich. «Hallo, hörst du mich? Ich verstehe dich nicht.» Es knackt in der Leitung, ich höre, wie er einhängt, ein grausames endgültiges Geräusch, ich stehe hilflos vor dem Apparat, die Schnur kringelt sich um meine Hand, und der Hörer fühlt sich klebrig an. «Hallo», rufe ich, doch da ist niemand mehr.

Nach ein paar Minuten klingelt das Telefon wieder, ich bin noch in der Nähe, ich fühle mein Herz klopfen und warte, bis jemand den Hörer abnimmt und mich zum Telefon ruft.

«Ich brauche dich», sage ich zu Joachim, «dich und sonst niemand.»

«Heute», antwortet er. «Ja, heute brauchst du mich. Und was wird morgen sein?»

In dieser Nacht stehe ich auf. Das Fenster kann ich nicht öffnen. Ich drücke mein Gesicht an die Scheiben, es ist fast nichts zu sehen, und plötzlich legt sich wieder die Angst wie eine Schlinge um meine Brust. Ich denke an die Tante, über die niemand spricht, an ihre Tochter, daran, wie ich die beiden besucht habe, Mutter und Tochter, beide gleichermaßen verrückt. Meine Tante starr, die gespreizten Fingerspitzen aneinander gepresst, stumm, bewegungslos, unfähig, ohne Hilfe zu essen, und ihre Tochter, die kleine Adelheid, die einmal hübsch gewesen war, jetzt grau, verwahrlost, nicht willens, sich zu waschen, sich sauber zu kleiden, ein übel riechendes, rastloses Lumpenbündel mit irrem Blick, das kein Wasser an seinen Körper lässt.

Ist das mein Schicksal?

Sind ihre Leiden mein Leiden?

Wie kann mich Joachim lieben, wie kann er bei mir bleiben, wenn ich werde wie sie?

Ich schlage meine Hände vor mein Gesicht. Ich schäme mich. Ich schäme mich, dass ich dick und hässlich werde, schäme mich für meinen verwirrten Geist, für meine Unfähigkeit, mein Leben in die Hand zu nehmen, für diese Krankheit. Ich schäme mich für die Tabletten, die ich nehmen muss, und weiß, nie wieder wird es sein, wie es einmal war.

Auch an diesem Abend nehme ich die Medikamente, aus Angst vor dem, was ohne sie geschehen könnte.

Am nächsten Tag kommt Joachim. Er steht vor mir mit leeren Händen und mit verschlossenem Gesicht. Es ist Samstag, und ich bin froh, nicht allein zu sein. Wir gehen in den Garten, das erste Grün der Bäume hat sich zu einem dichten Blätterdach geschlossen, die alte Magnolie ist längst verblüht, und von den Tulpen auf den Rabatten taumeln die welken Blütenblätter auf den warmen Boden. In einer Ecke des Gartens, wo ein kleiner Bach aus einem großen Stein entspringt, steht zwischen hohen Büschen eine weiße Bank. Joachim wischt mit einem Taschentuch den Schmutz von der blätternden Farbe, und wir setzen uns. Selbst hier im Schatten ist es warm. Jetzt nimmt Joachim meine Hand, ein wenig linkisch, ein wenig scheu, und es ist beinahe, wie es früher einmal war, wie ganz am Anfang. Noch hat sich das Vertraute nicht wieder eingestellt. Joachim ist mir so fremd wie am Beginn unserer Bekanntschaft. Seine Worte, seine Gesten sind nicht vorhersehbar, alles ist Neuland und wie zum ersten Mal erlebt.

«Ich bin durch die leere Wohnung gegangen», sagt Joachim. «Ich habe daran gedacht, wie es war, als du noch bei mir warst. Ich habe mich in dein Bett gelegt und mir vorgestellt, du würdest neben mir liegen.»

Er spricht langsam und leise, er nimmt mich mit in die Erinnerung wie in eine längst verlassene Welt. «Tja», sagt er, und ich sehe, wie sich seine Miene verändert, ich sehe seine zusammengepressten Kiefer, sein verbittertes Gesicht. Seine Stimme ist mit einem Mal anders, sie ist brüchig wie gestern am Telefon. «Und dann», sagt Joachim, «dann habe ich gewusst, die Maria, an die ich denke, gibt es nicht mehr. Die Maria, die ich treffen werde, lebt in einer anderen Welt. Sie liebt einen anderen Mann, und ihre Gedanken sind nicht mehr bei mir.»

«Das ist vorbei», rufe ich aus, «das war einmal. Alles wird sein wie vorher.»

Joachim lässt meine Hand los, so plötzlich, als habe ihn meine laute Stimme erschreckt. «Aber es ist nicht mehr vorher», sagt er, «es ist jetzt, und vorher wird nie wieder sein.»

Ein Mann mit grauem Gesicht schlurft über den Plattenweg, setzt sich auf einen Stuhl in unserer Nähe. Er brabbelt vor sich hin in einem eintönigen, nicht endenden Singsang.

Plötzlich meine Angst, ich könnte werden wie dieser Mann.

«Ich brauche dich doch», sage ich noch einmal. «Ich brauche meine Familie, meine Wohnung, mein Daheim. Ich will mich nicht von euch trennen.» Aber wieder ist da der jähe Gedanke an Holger, und meine sinnlose Sehnsucht erschreckt mich.

«Ja?», sagt Joachim in meine Gedanken hinein. «Meinst du das?»

Er sieht in das blaue Viereck des Himmels über uns, hinüber zu den hohen Häusern, die den Garten wie die Mauern eines Klosters umgeben, hinüber zu den Gitterfenstern im Erdgeschoss. Verschlossene Türen, Mauern, Gitter: Das ist noch immer meine Welt.

«Alles wird sein wie früher», sage ich und weiß selbst, früher wird nie wieder sein.

«Wir werden gemeinsam mit Dr. Hamann sprechen», sagt

Joachim, und er sagt es, als gäbe es eine Instanz, die urteilen kann und die schon heute sieht, was die Zukunft bringen wird.

«Dr. Hamann sieht nicht in mich hinein. Glaub mir, ich bin wieder zurück, ich lebe nicht mehr in dieser anderen Welt. Alles wird wieder sein wie damals, als wir miteinander glücklich waren. Die Trugbilder sind fort aus meinem Kopf, die Traumwelt hat sich aufgelöst.»

Draußen auf der Straße schreit ein Kind. Es ist ein wildes, zorniges Gebrüll. Für einen Augenblick ist es still, dann beginnt das Geschrei von neuem. Ich denke an Kai, aber ich weiß, dieses Kind draußen betrifft mich nicht.

«Die Traumwelt?», fragt Joachim. «Was meinst du damit? War das, was du erlebt hast, wie ein Traum?»

«Träumen ist Sehen», sage ich. «Träumen ist Dinge sehen, die sonst dem Auge verborgen sind. Ja, doch, manchmal war es wie ein Traum, ein nicht schlafender Traum. Aber ich habe gewusst, das ist kein Traum. Alles, was ich tue, geschieht wirklich, und es wird kein Erwachen geben, das den Traum enden lässt.»

Der Mann neben uns hat sich wieder erhoben. Er steht zitternd und ungelenk auf seinen Beinen, es kostet ihn Kraft. Jede Bewegung ist mühsam und hölzern. Mit winzigen Schritten schlurft er davon und zieht seinen Singsang hinter sich her. Joachim zieht mich an sich. Lange sitzen wir eng umschlungen auf der Bank, jeder eingetaucht in die Nähe des anderen. Die Menschen, die Häuser versinken, und es ist still bis auf das leise Plätschern des Wassers.

«Kai geht wieder in den Kindergarten», sagt Joachim plötzlich in das Schweigen hinein und schreckt mich auf aus meinen Gedanken. «Er muss eine große Straße überqueren.» Und: «Es gibt eine Ampel, und vielleicht kann er nach den Sommerferien schon allein gehen.»

«Nach den Sommerferien!» Ich will nicht laut werden, aber es schreit in mir, und mein jähes Entsetzen zerstört unsere Vertrautheit. «Nach den Sommerferien ist Kai lange bei uns», stoße ich hervor. «Sag, dass er dann wieder bei uns ist!»

Joachim sieht mich verwundert und sehr ernsthaft an, dann wieder in den blauen Himmel. Weiße Wolkentürme quellen empor, er hebt die Hand an den Kopf, fährt sich durch das blonde Haar, das über der Stirn ein wenig schütter wird. «Ich weiß es nicht», sagt er leise.

Dann wechselt er das Thema, erzählt von einem schwierigen Tag, von der Arbeit, von «wenig Zeit» und «immer mehr zu tun», von «immer größerer Verantwortung». Er redet von dem großen Druck, und ich höre seine Worte, aber begreife nicht, was er meint.

«Im Ernst», sagt er. «Es wird immer schlimmer.» Er ist plötzlich sehr unruhig und hält es nicht länger aus, still auf einer Bank zu sitzen. Wir gehen wieder auf die Station, ich habe meine Zigaretten vergessen. Joachim zögert, als wir am Flur zum Ausgang vorbeigehen, er will fort, ich spüre es, aber er ist unsicher und weiß nicht, ob er schon gehen darf. Oben läuft er im Zimmer umher, als ich nach dem Päckchen suche. Er bleibt am Fenster stehen, die Sonnenstrahlen glänzen auf seinem Haar, und er starrt durch den schmalen Spalt, den sich das Fenster öffnen lässt, als gäbe es hier einen Weg nach draußen.

Ich suche noch immer.

Joachim räuspert sich, er stemmt die Hände auf die Hüften, dreht sich um, geht wieder durchs Zimmer.

Ich weiß nicht, wo die Zigaretten sind.

«Soll ich dir beim Suchen helfen?», fragt er nun, und er steht schon hinter mir, aber ich will es nicht. Endlich finde ich die Zigaretten.

«Ich muss jetzt gehen», sagt Joachim. Er redet vom leeren Kühlschrank zu Hause, vom schmutzigen Geschirr und von ungeöffneten Briefen. Ich klammere mich an ihn. Ich will ihn nicht fortlassen.

Nicht schon wieder allein!

Er macht sich los. «Du, ich muss jetzt wirklich gehen.»

«Werde ich zu dir zurückkommen können?», frage ich. «Werden wir zusammenbleiben?»

Er geht besonders rasch zur Tür. «Ich weiß es nicht.»

«Aber Kai», rufe ich hinter ihm her. «Kai braucht seine Eltern.»

Joachim dreht sich noch einmal kurz um, ohne etwas zu sagen, und ich bleibe zurück und blicke ihm nach, wie er davoneilt. Ich hätte mit ihm gehen können, die Treppe hinunter, den langen Gang entlang, durch die Flügeltüren hindurch, zur Pforte hinaus, denn ich habe die Erlaubnis. Aber ich bleibe zurück. Die Welt hat wieder Löcher bekommen, die Menschen im Flur sind zu gesichtslosen Gestalten geworden, und Schwester Ulrike tanzt vorbei mit zuckenden Bewegungen. Die Wirklichkeit ist brüchig wie eine geborstene Eierschale.

Als Joachim fort ist, gehe ich ins Raucherzimmer und zünde mir eine Zigarette an. Heute ist niemand hier. Ich rauche in tiefen Zügen und sehe dem blauen Rauch nach. Ich weiß, morgen, da ist es wieder besser.

Wie lange bin ich schon hier? Das Frühjahr ist vergangen, und mit jedem Tag, an dem die Sonne am Himmel höher steigt und die Tage wärmer werden, vergeht die Zeit. Hier in diesem abgeschnittenen Haus fließt die Zeit dahin, ohne einen Abdruck in der Welt draußen zu hinterlassen. Hilflos schaue ich dem Gang der Dinge zu. Woche für Woche, Monat für Monat sehe ich mein Leben verstreichen.

Grauenvoller Stillstand!

Auch die nächste Woche gleitet an mir vorüber ohne Hoffnung. Wieder Tage ohne Bilder, ohne die Menschen, die ich brauche, ohne Joachim, ohne Kai.

Wieder eine Woche ohne Holger!

Immer wieder tauchen die Gedanken an ihn auf wie Sterntaler. Glitzernd und verführerisch locken seine geheimen Versprechen, und in den sternenklaren Frühlingsnächten rieseln sie vom Himmel wie ein funkelnder Schatz. Ich will meine Schürze nicht aufhalten, ich will diese Sterntaler nicht! Das süße Gift der Leidenschaft soll nicht wieder in mich eindringen. Holger darf es in meinem Leben nicht mehr geben.

Dann ist schon wieder Sonntag, wieder ein leerer, nutzloser Sonntag. Gibt es noch andere Tage als den Sonntag? Dr. Hamann hat Urlaub.

Nach dem Wochenende male ich. Ich lasse mir von Frau Wagner einen Block geben und Stifte, einfache Buntstifte, wie für ein Kind. Ich male eine Pflanze, mickrig und verkümmert, ein absterbendes Etwas mit schmalen grünen Blättchen an dünnen Stängeln, darüber unscheinbare Blüten, winzig klein, in einem blassen Grün, ringsherum Felsen, scharfkantig und kahl, eine karge, trostlose Einöde, tödlich und leer.

«Diese einsame Blume zwischen den Felsen, das bin ich», sage ich zu Frau Wagner.

«Das Bild gefällt mir», sagt sie, «ich freue mich, dass Sie wieder gemalt haben.»

Ich zerknülle es. «Das ist keine Kunst. Das ist ein Kinderbild.»

Ich nehme noch ein Blatt und male eine grüne, fruchtbare Wiese, darin bunte Blumen in allen Farben und mitten hinein ein großes Büschel leuchtend gelben Löwenzahn. «Und wer soll dieser üppige Löwenzahn auf Ihrem Bild sein?», fragt Frau Wagner.

«Das ist mein Mann», sage ich.

An diesem Tag male ich nicht mehr. Draußen im Flur hängen die Bilder von den anderen, eine Mauer in Flammen, ein Gesicht in bizarrer Auflösung, eine phantastische Stadt, nie gesehene Fabelwesen. Lange stehe ich davor, und dann träume ich mich fort mit offenen Augen. Weiße Wände sehe ich, Säle, ein ganzes Museum, Menschen darin. Da hängen meine Bilder: *Sterben und Menschwerdung*, die blutende Frau im Wasser, die von meinen Stiften zerrissenen Bilder.

«Ja», sage ich zu denen, die sich davor drängen, «diese Bilder habe ich gemalt, als ich krank war.»

Dann sehe ich meinen Vater in der hintersten Ecke. Er ist ein paar Jahre älter geworden, und während ich ihm näher komme, zitternd vor seinem Urteil, hebt er die Hände, schlägt sie zusammen und applaudiert. «Ich bin stolz auf dich», sagt er. «Meine einzige Tochter, ich bin stolz auf dich.»

Im nächsten Saal sind meine neuen Arbeiten. Ich sehe die Rahmen, aber die Bilder sind nicht zu erkennen.

Die Abende sind lang, und oft weicht Ellen nicht von meiner Seite. Manchmal finden wir uns in dem kleinen Raum neben der Stationstür, wenn die anderen fernsehen. Wir hocken auf den weichen braunen Kissen am Boden, die Beine im Schneidersitz verknotet, und hören auf die Geräusche im Flur. An einem dieser Abende beginnt Ellen zu reden. Sie spricht leise – eine flüsternde, gehetzte Stimme –, und immer wieder sieht sie sich um, als könne uns jemand belauschen.

«Jeden Tag sind sie da», sagt sie. «Die Stimmen sind überall. Sie wollen mein Leben zerstören.» Sie hält ihre Hand vor den Mund, niemand kann sehen, wie sich ihr Mund bewegt, niemand außer mir kann ihre Worte hören.

Ellen zögert, sie hat Angst, aber dann spricht sie weiter, immer hastiger, immer leiser, und ich verstehe ihre Worte kaum.

«Ich bin an allem schuld. Immer wieder sagen das die Stimmen. Fortgehen soll ich von hier und die Tabletten nicht mehr nehmen. Ich verhandele mit ihnen, aber meine Argumente wischen sie fort, sie drohen mir, ich bettele, aber sie geben nicht nach, Rede und Gegenrede, immerzu, ich kämpfe mit ihnen, aber die Stimmen sind stärker, und sie geben keine Ruhe. – Oh, ich darf das alles nicht sagen.» Sie schlägt beide Hände vor ihr Gesicht. «Ich darf nicht über die Stimmen reden. Jeder ist in Gefahr, der von ihnen weiß.» Sie schluchzt und wimmert. «Ich bin an allem schuld. Einer muss ja schuld sein.»

Dann packt sie plötzlich meine Arme mit beiden Händen, ihre aufgerissenen Augen sind ganz dicht vor meinen. «Du musst das wieder vergessen, hörst du! Ich habe dir nichts erzählt, gar nichts.» Sie wischt sich die Tränen ab. «Ich habe niemandem von den Stimmen erzählt, hast du gehört.»

«Und deinen Eltern?», frage ich. «Hast du ihnen auch nichts erzählt?»

Sie lässt meine Arme los. «Meine Mutter? Sie sagt, das kommt vom Kiffen, wenn es mir schlecht geht. Aber sie irrt sich. Diese Zeit ist lange vorbei.»

«Und dein Vater?»

«Ich weiß nichts von ihm. Er lebt irgendwo, oder er lebt nicht.»

«Kennst du ihn nicht?»

«Er interessiert mich nicht», sagt sie, und ich sehe ihre zusammengepressten Lippen, und in ihrem Gesicht ist die Zerstreutheit eines Menschen, der anders denkt, der verbittert ist und leidet. Dann hält sie wieder die Hand vor den Mund, sie verschließt ihn mit ihren Fingern, und es ist, als müsse sie sich den Mund zuhalten, als lauerten hinter den schmalen Lippen all ihre Enttäuschung, ihre Wut und Trauer über ihre Kindheit und als könnten sie hervorbrechen in einer unbezähmbaren Flut, die sie selbst und alles vernichten würde im tödlichen Strudel der Gefühle.

Am anderen Tag rufe ich Joachim an. «Nächste Woche ist Dr. Hamann wieder da», sage ich. «Du wolltest ihn doch sprechen.»

Joachim schweigt, als habe er mich gar nicht gehört.

«Das wolltest du doch», sage ich, «das war doch dein Vorschlag!»

«Ja, war es das?», fragt er gedehnt. «Wirklich, habe ich das gesagt?»

Er macht eine Pause. «Ja», sagt er, «vielleicht. Ich erinnere mich nicht so genau.»

«Hast du das ganz vergessen?», frage ich und kann es nicht glauben.

«Ja», sagt Joachim wieder. «Warum muss ich denn schon wieder mit Dr. Hamann reden? Er hat mir längst alles erklärt, was also soll das Reden?» Er wehrt sich, und ich weiß genau, es war sein Wunsch, mit dem Arzt zu reden. Joachim selbst hat es gewollt, aber er weiß, dieses Gespräch mit dem Arzt, unter sechs Augen, wird ihn festnageln. Es wird ihn in die Pflicht nehmen, bin ich doch schließlich seine Frau, auch noch als Kranke.

«Ich habe überlegt», sagt Joachim zögernd. «Lieber würde ich dich am Freitag nach Hause holen, und dann, am nächsten Tag, fahren wir gemeinsam zu Kai. Montag bist du wieder zurück.»

Was für erlösende, unerwartete Worte! Ich kann nicht glauben, was ich da höre, es ist wie ein Wunder. Also doch, es gibt eine Hoffnung! In vier Tagen gehe ich nach Hause, in fünf Tagen bin ich bei Kai! Da war vor mir ein riesiges, unüberwindliches Tor, hoch wie ein Turm und mit Eisen beschlagen. Dieses Tor wird sich öffnen.

Nur noch vier Tage!

«Ist das jetzt wirklich oder nur meine Phantasie?», frage ich, und Joachim sagt: «Das ist wirklich.»

Ich frage nichts mehr. Jedes weitere Wort hätte das Wunder zerstören können.

Dann ist er tatsächlich da, dieser ersehnte Freitag. Nichts hat sich diesem Tag entgegengestellt, nichts hat ihn verhindert. Dieser Tag ist nicht allmählich gekommen, in großen Schritten ist er näher gerückt. Mit jedem Einschlafen, mit jedem

Aufwachen ist er herangekommen – noch drei Tage, noch zwei, noch einer –, und die Nächte haben die Zeit zerstückelt, wie das Vorrücken des Zeigers der Bahnhofsuhr die Zeit in Minuten zerteilt. Aber mit jeder Nacht und jedem Tag, die vergingen, ist die Angst vor dem Kommenden gewachsen, vor dem Draußen, vor den Menschen, deren Teil ich nicht mehr bin.

Am Morgen stelle ich mich unter die Dusche, wasche meine Haare, ich bitte Simone um ihr Parfüm, und Ellen leiht mir ihre beste Hose. Noch acht Stunden! Nach dem Frühstück nehme ich zum ersten Mal meine große Reisetasche aus dem Schrank. Ich weiß nicht, was ich brauchen werde. Was mich erwartet, liegt in einer vagen Ferne und ist so fremd wie die Hitze des Sommers im kalten Winter. Wahllos stopfe ich in die Tasche, was ich im Schrank finde.

Am Nachmittag kommt Joachim, er nimmt mich in den Arm, und er sieht ein wenig ängstlich aus. Er trägt meine Reisetasche und wundert sich, wie schwer sie ist. «Es ist nicht für immer», sagt er, als hätte ich es vergessen. «Du kommst ja wieder hierher zurück.»

Ellen bringt uns zur Tür. Sie sieht ein bisschen traurig aus. «Viel Glück», sagt sie. Und: «Bis Montag dann.»

Draußen ist es heiß und schwül. Über den Himmel hat sich ein schmutzig grauer Schleier gelegt. Ein schleimiger Dunst hängt über der Stadt, Milchglas, hinter dem die Häuser verschwimmen. Die Menschen schleichen ermattet durch die staubigen Straßen, und bei den Bäumen riecht es nach Hundekot. Joachim ist mit dem Auto gekommen, es steht in der Sonne, die Sitze sind heiß, und über Joachims Stirn rinnen Schweißtropfen. Am Sendlinger Tor staut sich der Verkehr, aber die Feilitzschstraße vor unserem Haus liegt wie ausgestorben. Ein paar Spatzen streiten sich um eine Brotrinde im Straßenstaub, und ich denke, die Menschen müssen geflohen sein.

«Was ist das?», frage ich, als Joachim die Haustür aufschließt und zeige auf die Wand. Da ist ein schwarzes Ding ganz unten im Treppenhaus, ein rundes Gebilde aus glänzendem Kunststoff, eine merkwürdige, eine bedrohliche Dose, ein beängstigendes, nie gesehenes Teil. Es wird etwas mit mir zu tun haben, man muss es meinetwegen angebracht haben, und ich gehe nicht daran vorbei.

«Mach das weg!»

«Was meinst du?» Joachim versteht meine Frage nicht, er dreht an dem Ding wie zur Probe, und das Licht im Keller geht an.

«Meinst du den Schalter?», fragt er, und wirklich, da ist nichts an der Wand als dieser alte, immer schon hier gewesene Lichtschalter, den ich nicht mehr erkannt habe. Ich klammere mich an Joachim, als wir die Treppe hinaufgehen, ich fürchte mich vor der nächsten Tür und dem, was mich dahinter erwartet.

In der Wohnung ist es noch kühl, alle Zimmer sind aufgeräumt, und im Bad riecht es sauber. Auf dem Küchentisch steht ein Strauß großer roter Pfingstrosen. Über die Couch in meinem Zimmer ist eine bunte Tagesdecke gebreitet, im Schlafzimmer liegen mein Kopfkissen und meine Bettdecke glatt gestrichen neben Joachims. Er stellt meine Tasche ab. «Es ist dir doch recht?», fragt er, als er meinen Blick zu den Betten bemerkt.

«Ja», sage ich, «ja doch, sicher ist es mir recht.»

Ich weiß nicht, ob es mir recht ist, ich denke, ich brauche

noch Zeit, und dann, später, werde ich wissen, ob es mir recht ist. Aber jetzt ist keine Zeit, und ich sage noch einmal: «Es ist mir recht.»

Joachim geht in die Küche; jetzt ist Zeit für das Abendbrot. «Lass nur», sage ich. «Lass mich das machen», und dann stehe ich vor den Schränken, öffne die Türen, eine nach der anderen. Ich stehe in einer fremden Küche, die doch die meine ist. So vieles habe ich vergessen, so vieles verlernt! Ich warte auf ein erlösendes spöttisches Wort von Joachim, auf eine tröstende Bemerkung, auf eine Änderung seiner Miene, aber vielleicht hat er meine Verwirrung gar nicht bemerkt. Vielleicht war da auch gar nichts zu bemerken, und die offenen Schranktüren wären nichts als eine liebe Geste der Vertrautheit, des Wiedererkennens und der Besitznahme. Jetzt spreche ich aus, was gebraucht wird: «Zwei Teller, zwei Becher, Messer, Gabeln und Löffel.» Ich stelle auf den Tisch, was ich nenne, aber meine Gedanken wollen davon. Alles fällt so schwer und ist wie zum ersten Mal getan. Joachim ist bei mir geblieben, er schneidet das Brot, kocht den Tee und holt, was uns noch fehlt.

Dann sitzen wir uns am Tisch gegenüber. Es ist merkwürdig still, die roten Blütenblätter rieseln auf das Tischtuch, und zum ersten Mal höre ich das Ticken der Wanduhr. Die Stille füllt den Raum, legt sich auf meine Brust, nimmt mir die Worte, und noch nie war sie so groß wie jetzt.

«Es ist so still, seit Kai fort ist», sagt Joachim. Und jetzt frage ich es doch, was ich nicht fragen wollte: «Hast du mich deswegen nach Hause geholt? Bist du gekommen wegen der Stille?»

«Vielleicht», sagt Joachim, «vielleicht auch deswegen.» Und dann spricht er von Verantwortung, von einer Aufgabe. Er nickt mir aufmunternd zu. «Es reizt mich, eine schwere Aufgabe zu meistern», sagt er, und es ist, als sei er geradezu erfreut über die Schwierigkeiten, die ich ihm bereite. «Ich dachte, versuchen könnte ich es einmal, ja, doch, ich denke, diese Herausforderung nehme ich an.»

Nach dem Abendessen öffne ich die abgegriffenen Schranktüren im Bücherregal. Da stehen sie noch, all unsere alten Schätze, die Platten von Cat Stevens und Johnny Cash, von Leonard Cohen und Joan Baez, daneben die von Mikis Theodorakis und Mahalia Jackson, dann die von den vielen anderen und auf der anderen Seite die Platten von Genesis, Santana und Pink Floyd. Ich stehe vor den bunten Hüllen, ich kann mich nicht entscheiden, alle möchte ich hören, jetzt, hier, an diesem Abend mit Joachim, an unserem Abend. Ich fühle mich hilflos, suche vergeblich nach einer Entscheidung und bin froh, dass Joachim jetzt neben mir steht. Er nimmt eine von den schwarzen Scheiben aus ihrer Hülle. *«Hey, Mr. Tambourine Man, play a song for me»*, singt Bob Dylan, wir sitzen dicht nebeneinander auf der Couch und tauchen ein in eine längst versunkene Zeit.

«Warum haben wir so lange nicht mehr zusammengesessen, so nebeneinander wie jetzt, und geredet und Musik gehört?», fragt Joachim. Und als ich nichts sage, antwortet er selbst. «Vielleicht war es, weil Kai immer bei uns war.»

Dann schweigen wir, hier in unserer Wohnung sind wir uns wieder vertraut, es gibt so viele gemeinsame Erinnerungen. Hier sind sie noch gegenwärtig, die Berührungen, die Umarmungen, und ich lege meinen Kopf an Joachims Brust und lasse mich streicheln wie ein Kind. Ich schließe die Augen, fühle Joachims Atem und versuche mir mein Leben vorzustellen, wie es sein könnte, wieder in dieser Wohnung, wieder mit

Joachim, mit Kai. Aber auch ein Leben mit Tabletten, als Kranke, ohne meine Bilder, und ich weiß nicht, was die Zukunft bringen wird. «... *the answer my friend, is blowin' in the wind*», Joachim summt leise die Melodie, er greift vorsichtig nach meinem Kinn, dreht mein Gesicht zu sich und küsst mich.

«Hast du mich deswegen zu dir geholt?», frage ich ihn später, als wir im Bett nebeneinander liegen. Es ist immer noch hell, ich sehe, dass er verlegen ist. «Ja», sagt er, «vielleicht auch deswegen.»

Mitten in der Nacht werde ich wach. Die Gardine ist nur halb geschlossen, und ich sehe den stadthellen Himmel und das einzelne Licht drüben im Haus. Leise stehe ich auf und gehe zum Fenster. Irgendwann hat es angefangen zu regnen, sanft, ohne Blitz und Donner, ohne Sturm, und silberne Fäden hängen im Lichtkegel der Straßenlaterne. Ich sehe hinauf zu dem einsamen erleuchteten Fenster. Vielleicht ist da ein Mensch, der nicht schläft, ein Mensch, der wartet, und ich denke an Holger und seine geheimen Zeichen überall in den Straßen. «Es ist nicht Holger», sage ich ganz leise zu mir, «es ist nicht Holger. Dieses Licht hat keine Bedeutung für mich.» Eine Turmuhr schlägt zwölf, ich lege mich wieder hin und warte mit offenen Augen auf den nächsten Schlag, aber den höre ich nicht mehr.

Am nächsten Morgen fahren wir. Zum ersten Mal seit Monaten sehe ich wieder die Autobahn. Joachim sitzt am Steuer. Es regnet noch immer, und hinter den Autos staubt der Regen in dichten Schleiern. Es ist schrecklich voll, und alle fahren viel zu dicht und viel zu schnell. «Langsamer», rufe ich, «fahr doch bitte langsamer. So schnell kann kein Mensch fahren!» Joachim sieht mich verwundert an, «schau auf die Straße», schreie ich, und Joachim schüttelt den Kopf. «Ich fahre ganz langsam», sagt er, und wirklich, er hat Recht, die anderen sind viel schneller.

Drei Stunden später zweigt Joachim endlich ab aus dem lärmenden Gewühl. Der Regen hat aufgehört, die Wolken reißen auf. Wir fahren über kleine Straßen durch weites, welliges Land, Kirchtürme mit roten Ziegeldächern in den Dörfern, blühende Wiesen, Rapsfelder im Sonnenlicht, ein wildes Gelb unter schwarzen Wolkengebirgen, später unten im Tal die Türme einer kleinen Stadt, und der nasse Asphalt dampft in der Sonne. Dann endlich sind wir am Ziel, weiß getünchte Idylle hinter Gartenzäunen, Blumen überall, zwei Störche hoch oben auf dem alten Schulhaus. Aber jetzt bläht sich eine neue Angst in mir auf wie ein riesiges Gespenst und stürzt sich auf mich aus der Ordnung und der Stille des friedlichen Dorfes. Es ist die Angst vor den kommenden Stunden.

Wir halten vor einem kleinen weißen Haus. Nichts hat sich hier verändert, überhaupt nichts. Der Gartenzwerg mit der abgestoßenen Zipfelmütze hat sich nicht in ein furchtbares Ungeheuer verwandelt, und das kleine Reh aus Gips liegt noch immer zart und hilflos im Gras. Kai hat uns schon entdeckt. Er öffnet die Tür und bleibt auf der Schwelle stehen. Seine nackten Arme und die Beine in den Ringelsöckchen sind braun gebrannt, das Gesicht jedoch blass. Er sieht mich an mit weit offenen Augen, prüfend, sehr fremd und ernst. Dann läuft er auf uns zu, seinem Vater in die Arme. Ja, und dann dreht er sich zu mir um, und ich breite die Arme aus. Endlich drücke ich den kleinen Jungenkörper wieder an mich, ich spüre seine Wärme und die weiche Haut, atme den Geruch seines Haares, den Geruch von Sand und Schmutz und dem Schweiß eines kleinen Jungen.

Glücklich! Für diesen Augenblick bin ich glücklich!

Dann sehe ich wieder auf, ich blicke zur Tür, und da steht Joachims Mutter. Skeptisch und ohne Lächeln blickt sie mir entgegen. Ich nehme Kai an die Hand und gehe auf sie zu. Strahlend muss ich aussehen, gesund, zuversichtlich, und ich reiße mich zusammen mit meinem angstvollen Gesicht. Ich strecke ihr die Hand entgegen. «Grüß Gott», sage ich und weiß, sie muss sehen, wie dick ich geworden bin. «Grüß Gott, Mutter», strahle und lache ich in ihr verschlossenes Gesicht.

Sie hat gekocht für uns, der Tisch ist schon gedeckt mit steifen Servietten, dem Tafelsilber, den guten Gläsern und dem teuren Geschirr. Es gibt Zwiebelrostbraten mit Schupfnudeln und Sauerkraut, Joachims Leibgericht, «nicht wahr, das schmeckt dir», sagt sie zu ihm, denn niemand macht einen so guten Rostbraten wie sie. Und sie redet über Kai, was er bei ihr alles gelernt hat, «nicht wahr, das Fahrradfahren hat dir die Oma gezeigt», und Windeln braucht er nachts auch keine mehr. Ich sehe sie an, aber nicht ihr Gesicht. Ich sehe auf ihre goldene Brosche und auf die weiße Perle in der Mitte, versuche ihr zuzuhören, sammele ihre Worte auf, horche auf jedes einzelne, aber sie verheddern sich in meinem Kopf. Vergeblich suche ich nach Sätzen, die ich sagen könnte. Joachim hört ihr nicht zu, er spricht mit seinem Vater, der ein neues Auto hat, und das ist noch wichtiger als die Fortschritte von Kai.

«Gib Acht auf dein Glas», sagt seine Mutter zu mir wie zu einem Kind. «Gib Acht, das sind unsere guten Gläser.»

«Warum starrst du mich dauernd an», sage ich endlich und lege die Gabel hin.

«Ich habe nicht gestarrt», sagt sie und schüttelt den Kopf.

Kai sitzt neben ihr, nicht neben mir. Ich habe nicht aufgepasst, als die Plätze verteilt wurden. Sie ist es, die ihm das Essen auf den Teller tut, das Fleisch zerschneidet und den Saft in den Becher gießt.

«Du solltest wieder studieren», sagt sie zu mir. «Das bekommt dir sicher gut.» Sie streicht meinem Sohn über sein blondes Haar. «Ich kümmere mich um Kai, und du kannst studieren.»

Ich antworte nicht, alles hier geht über meine Kräfte. Ich merke, wie ich die Zähne zusammenbeiße, der Kiefer tut mir schon weh, aber irgendwie muss ich diese Stunden überstehen, und später werde ich sagen, was ich will.

Am Nachmittag helfe ich Kai, seine Schuhe anzuziehen, und dann gehen wir zur Haustür. Es ist immer noch schwül, und im Westen türmen sich blauschwarze Wolken.

«Ihr könnt jetzt nicht gehen», sagt Joachims Mutter. «Es wird gleich ein Gewitter geben.» Wir gehen trotzdem. Ich will mit Kai allein sein, will mit ihm reden, nur mit ihm, will hören, was er mir zu erzählen hat.

Sie folgt uns, als sei es das Natürlichste von der Welt. Keinen Augenblick lässt sie mich mit ihm allein, den ganzen Tag verliert sie ihn nicht aus den Augen.

Wir gehen zum Spielplatz. Kai hängt zwischen unseren Armen, er hockt sich hin, «ich will fliegen», ruft er, und wir reißen ihn empor. Er fliegt im großen Bogen an unseren Händen nach vorn, «noch höher», ruft er, und wir schleudern ihn empor wie einen Ball, «noch höher», ruft er, «noch höher.»

Mein Arm wird schwach, mir ist zu warm, aber seine Großmutter wird nicht müde, er fliegt und fliegt, bis ein Wind sich erhebt, der Himmel sich verdunkelt und der Donner grollt. Als die ersten schweren Tropfen fallen, macht Kai sich los von unseren Händen, läuft davon durch den stärker werdenden Regen, den kurzen Weg zurück, auf die offene Haustür zu, wo Joachim schon wartet. Seine Großmutter eilt ihm nach. Langsam gehe ich unter dem krachenden Donner durch den prasselnden Regen, der in Bächen über mein Gesicht rinnt. Plötzlich fühle ich mich so leicht und frei. Ich habe keine Eile.

Joachim kommt mir mit einem Schirm entgegen. «Warum tust du das?», fragt er besorgt. Es macht ihm Angst. Draußen bleiben im Unwetter, so ganz ohne Grund, das machen nur Verrückte.

Erst am nächsten Tag fahren wir wieder.

Kai will zu uns in den Wagen klettern, aber seine Großmutter nimmt ihn an die Hand und zieht ihn fort von unserem Auto. «Nicht wahr, du bleibst bei mir», sagt sie. Sie beugt sich zu Kai, hebt ihn an ihre Brust, küsst ihn. «Kai möchte bei mir bleiben», sagt sie.

Aber ich sehe doch, wie er sich ihren Armen entzieht. Ich sehe doch seinen Blick!

«Kai gehört nicht zu ihr», sage ich zu Joachim, der die Hand schon am Zündschlüssel hat.

«Er gehört doch zu uns!», rufe ich und reiße die Autotür auf.

«Wir müssen fahren», sagt Joachim. Er beugt sich über mich und zieht die Tür wieder zu. «Komm», sagt er. «Mach es ihm nicht so schwer.»

Um acht Uhr am Abend sind wir wieder in München. Ich gehe in Kais Zimmer. Hier ist eine beklemmende Ordnung, eine unwiderrufliche, todesähnliche Ordnung, wie im Zimmer eines verstorbenen Menschen. Wie in einem Museum. Ein paar Spielsachen sind zur nutzlosen Dekoration verkommen, der große Bagger, die Ritter auf ihren Pferden, aufgestellt zur letzten Schlacht, die nicht mehr stattfinden wird. Das Bett ist abgezogen und zugedeckt, Staub liegt auf dem Regal und dem Tisch, sonst ist alles sauber, keine Krümel, kein Bonbonpapier, keine fleckigen Ränder von Kais Becher.

In der Küche steht Joachim vor dem Kühlschrank, eine Flasche Bier in der Hand.

«Joachim?»

Er sieht mich an.

«Ich möchte noch fort», sage ich.

«Jetzt?» Joachim blickt auf das Bier, dann wieder auf mich. Er schließt die Kühlschranktür, nimmt schon den Flaschenöffner.

«Lass uns gehen», sage ich. «Hier ist es so leer.»

Joachim, noch immer mit der Flasche in der Hand, öffnet das Fenster, sieht prüfend in den noch hellen Abendhimmel: dunkle Wolken mit Goldrändern, rot leuchtende Häuserfronten, spiegelndes Licht der untergehenden Sonne in den Fenstern.

«Es regnet heute nicht mehr», sage ich.

Später sitzen wir am Seehaus unter Kastanien, es ist noch warm, wir nagen an unseren gebratenen Hähnchen, ziehen die Knochen durch die Zähne, und über dem See verdämmert das letzte Tageslicht.

«Was meinst du dazu, was Mutter gesagt hat?», fragt Joachim, «ich meine, dass du wieder studierst und sie für Kai sorgt?»

Er schiebt das abgenagte Gerippe beiseite, wischt sich die Finger ab und merkt nicht, wie ungeheuerlich seine Frage ist. Er putzt seine Finger, greift zu seinem Glas, und ich verstehe nicht, wie er so etwas sagen kann. Wie er es nur denken kann! Kai nicht bei uns, das ist ausgeschlossen und unvorstellbar.

«Was meinst du dazu?», fragt er noch einmal; jetzt endlich sieht er mich an und liest in meinem Gesicht, dass es undenkbar ist.

«Schon gut», sagt er und legt seine Hand auf meine. «Ich habe ja nur gefragt.»

Es ist eine feuchte, sternlose Nacht, noch ohne Regen, aber so, dass er nicht fern ist. Der Himmel ist hell, darin das Licht der Großstadt, eingefangen von Dunst und Wolken eines schwülen Sommertages. Wir gehen zurück durch den leeren Park in der Dunkelheit, es summt und wispert am See, Motten und Falter streifen mein Gesicht. Joachim hat einen Arm um meine Schulter gelegt und hält mich ganz fest.

«Ich will nicht wieder zurück», sage ich. «Ich bin doch gesund. Du musst es bezeugen, wenn Dr. Hamann dich fragt.» Joachim lässt meine Hand erschrocken los, als sei sie ihm zu heiß.

«Ich will nicht zurück, verstehst du?», sage ich, und vielleicht versteht er, denn er beginnt zu erklären, beteuert, verspricht, aber ich höre nicht mehr zu. Er merkt es und schweigt.

Wir sitzen am Frühstückstisch, als am nächsten Morgen das Telefon klingelt. Joachim stellt seine Tasse viel zu schnell ab.

«Ich gehe», sagt er rasch. «Es könnte Mutter sein.»

Ich beiße in mein Brötchen, dass es kracht. Ihr früher Anruf stört mich.

«Nein», sagt Joachim ins Telefon, «ja» und noch einmal «ja», dann schweigt er lange. «Wir müssen das nicht gleich entscheiden», sagt er. Endlich legt er den Hörer auf.

«Ich soll dich von Mutter grüßen.»

«Und, was wollte sie noch?»

Joachim zögert. «Darüber reden wir später», sagt er, und sein Gesicht ist sehr ernst.

«Was müssen wir nicht gleich entscheiden?» Ich will ruhig bleiben, will vernünftig sein, aber etwas macht mir Angst. «Ich will es jetzt wissen», rufe ich aus, «jetzt und nicht später.»

Und dann sagt er es, und es ist nur ein Satz:

«Sie will nicht, dass Kai zu dir zurückkommt.»

Ich habe es längst begriffen. Die ganze Zeit habe ich es durchschaut. Jetzt sehe ich Kai wieder vor mir in dieser unzugänglichen Burg mit den meterdicken Mauern. Er ist da drinnen und für mich unerreichbar.

«Sag doch was!», rufe ich aus. «Sag doch, dass du das niemals zulassen wirst.» Joachim schlägt nach der Fliege, die auf seinem Tellerrand balanciert, sie fliegt ein paar Runden. «Ja», sagt er, «wir müssen darüber reden», und die Fliege balanciert unbeeindruckt weiter.

Eine halbe Stunde später bringt mich Joachim zurück in die Klinik. Er trägt meine Tasche nach oben, stellt sie vor meinem Bett ab. Dann geht er zum Stationszimmer. «Meine Frau ist wieder zurück», und es ist Erleichterung in seiner Stimme. Er liefert mich ab wie einen geliehenen Gegenstand seinem rechtmäßigen Besitzer, beruhigt über die pünktliche und unversehrte Rückgabe.

Ich begleite ihn zur Tür. «Ich will hier nicht bleiben.»

«Es war doch so besprochen», sagt er, «verstehst du denn nicht, dass es sein muss?» Aber ich will nicht verstehen und will mich nicht erinnern, was gesagt war.

Joachim gibt mir einen Kuss und hält mich lange im Arm. «Bald bist du wieder zu Hause», sagt er und geht. Zurück in meinem Zimmer, verkrieche ich mich vor den anderen, die noch immer ein Teil meines Lebens sind. Die Welt hier drinnen ist mir zu eng geworden.

Am nächsten Tag ist Dr. Hamann wieder da.

«Wirklich, mir geht es gut», sage ich bei der Visite und erzähle von zu Hause, von Kai, von meinen Plänen und Wünschen. Kein Wort von meiner Angst, von der unerträglichen Beklemmung, den ungelösten Fragen, den vielen Zweifeln, den noch größeren Selbstzweifeln. Ich will mir nichts zuschulden kommen lassen, kein falsches Wort, keinen Satz, der meine Schwäche zeigt, kein Zeichen meiner Angst vor dem Scheitern.

«Helfen Sie mir, Herr Doktor», sage ich, «bitte helfen Sie mir, dass Kai wieder zu mir kommt.»

«Wir werden sehen», sagt er und: «Wenn Ihr Mann es für möglich hält.»

Aber da steht noch eine Frage zwischen uns, und die muss ich endlich loswerden. «Ist das, was Sie meine Krankheit nennen, denn …» Ich zögere und suche nach dem richtigen Wort. «Ist meine Krankheit ‹ansteckend›, ich meine, bekommt Kai dieselbe Krankheit, wenn er bei mir ist?»

«Ihre Krankheit ist nicht ansteckend. Nein, Frau Jahn, Ansteckung gibt es dabei nicht.»

«Dann brauche ich keine Angst um Kai zu haben?»

Er zögert, er schweigt. «Vor Ansteckung brauchen Sie keine Angst zu haben», sagt er endlich. Aber ich denke an meine Tante, an ihre Tochter, und ich weiß, dass er etwas verschweigt.

In den nächsten Wochen ein endloses Warten, Zaudern, ein endloses Miteinanderreden. Jeder spricht mit jedem, Dr. Hamann mit Joachim, Dr. Hamann mit mir, Joachim mit mir, dann alle gemeinsam, ein unaufhörliches Abwägen, Planen, Verwerfen, und was ich bin, was ich leide, was ich will, wird zerstückelt, zerredet und zerrissen.

«Sie müssen sich entscheiden», sagt Dr. Hamann, «entweder Ihr Sohn oder Ihr Studium», und ich weiß selbst, beides schaffe ich nicht.

Endlich verlasse ich die Klinik, die seit Monaten mein Zuhause war, und Joachim begleitet mich.

«Bald bist du wieder hier», sagt Ellen. «Alle kommen sie wieder zurück.»

Rückfall

Allmählich sehe ich die Dinge deutlicher, aber noch bleibt alles flach, lauter flache Flecken, und wie ich sehe, so höre ich auch. Kinderlachen, Kinderweinen, dazwischen Worte, die ich nicht entwirren kann. Chaos der Stimmen, Meinungen und Anschauungen. Ein jeder spricht, Worte von sich und für sich allein. Sich kreuzende Stimmen. Ein allgemeines Sprechen, das nichts anderes ist als ein allgemeines Durcheinanderreden. Ein jeder spricht. Worte von sich und für sich allein.

Eure Worte betreffen mich nicht. Fremd stehe ich neben euch.

Warum flieht ihr vor mir? – Bin ich eine Gefahr für euch?

Flieht ihr den Schmerz, den Gepeinigte und Peiniger, gleichermaßen ohnmächtig, erdulden und zufügen? Ist dieser Schmerz die Gefahr?

Jeder Kranke ist eine Gefahr. Man wird euch verstehen.

Wer die Straßenseite wechselt, um Platz zu machen, zeigt seine Schwäche.

Tage ohne Bilder, ohne Phantasie. Kunstwerke haben ihre Bedeutung verloren. Ich werfe Gedankennetze aus, aber ich fische Stückwerk. Der große Wurf, die Wahrheit, gelingt nicht. Tausendfach zersplitterte Wirklichkeit, welche Form hast du? Sehnsucht nach der reinen Form, die transzendent ist. Sehnsucht nach Zen.

Alles ist relativ, beängstigend maßstabslos, jede Ordnung ist willkürlich gesetzt. Sehnsucht nach etwas Absolutem. Sehnsucht nach Würde.

Ich bin wirklich wieder zu Hause. Nicht zu Besuch, nicht als Gast, den man irgendwann zur Tür begleitet, zum Bahnhof bringt oder dorthin, wo seine Wohnung ist. Hier ist meine Welt, meine Wohnung, meine Küche, mein Bett. Hier bin ich frei, den ganzen Tag, es gibt keine Kontrolle, kein Abmelden, und niemand ist da, der mich überwacht.

Am Abend sitzen wir nebeneinander auf der Couch, ein anspruchsloses Ehepaar, zufrieden wie Philemon und Baucis, mit Musik vom Plattenteller, Joachims rechte Hand auf meiner Schulter, in der linken ein Glas Wein.

«Wie geht es dir?», fragt er. Ich strahle ihn an, «sehr gut», denn es muss mir gut gehen, für Kai. «Es geht mir sehr gut», sage ich noch einmal, «ich fühle mich wieder gesund», und zu Joachim kommen keine Götter, die ihn warnen vor der drohenden Flut, wie sie Philemon und Baucis gewarnt haben. Aber ich denke an das, was mich quält, an meine Schwäche, meine Müdigkeit und die Angst vor jeder Herausforderung.

Dann ist die Musik zu Ende, und Joachim spricht aus, was ich hoffe, sagt es mitten hinein in die plötzliche Stille:

«Wenn es dir so gut geht, warum holen wir Kai nicht gleich nach Hause?»

Und dann, vier Tage später, sitzt Kai wirklich hinter uns in seinem Kindersitz, seltsam fremd und stumm.

«Wo ist mein Teddy?», fragt er irgendwann und viel zu spät.

«Welcher Teddy?»

«Der von Oma», sagt Kai, und Joachim hat ihn gesehen. «Der Teddy liegt noch auf deinem Bett.»

Das ist zu viel für ihn, «ich will meinen Teddy», ruft er, «ich will zu meinem Teddy», er weint, und dann ist es nicht mehr nur der Teddy, er will zu seiner Oma, zu seinem Opa, und alles ist falsch, was wir sagen. Kai weint nun nicht mehr, er schreit, er tobt. Joachim hält auf einem Parkplatz, aber immer noch ist alles falsch, denn wir kehren nicht um, und mit jedem Meter, den wir weiterfahren, geht es fort von seinem Teddy und seiner Oma.

Kurz vor München schläft Kai ein. Er wacht erst auf, als Joachim ihn die Treppen hinaufträgt. Und jetzt, nur einen kleinen Augenblick später, sieht er ihn wieder, diesen Anlass zu Jubel und Freude, den großen Bagger, den lange vermissten, nie vergessenen gelben Bagger mit der roten Schaufel. Aller Kummer ist vergessen. Endlich kann er wieder mit seinem Bagger fahren, und er fährt durch die ganze Wohnung, jedes Zimmer, jede Ecke erobert er sich. Wirklich, jetzt freut er sich, wieder zu Hause zu sein. Aber am Abend im Bett fragt er wieder nach seinem Teddy, er will nicht verstehen oder kann nicht verstehen, dass alles Weinen nichts nützt und alles Schreien vergeblich ist. Der kleine Affe aus Plüsch, der Seehund, das weiße Schäfchen mit dem blauen Band um den Hals, alle sind da, aber sie zählen nicht, Fehlschlag jeden Trostes, aber endlich der Schlaf, der neue Hoffnung verspricht.

Nach dem Wochenende stürze ich mich in meine Mutterrolle wie nie zuvor. Es ist so viel zu tun! Schon am Abend richte ich Kais Kleidung für den nächsten Tag. Nie wieder soll er mit schmutziger Kleidung in den Kindergarten kommen. Ich stelle ihn am Abend unter die Dusche, achte darauf, dass er die Zähne putzt, und schicke ihn vor dem Essen zum Händewaschen. Ich lese ihm Geschichten vor, und ich male mit ihm, kämme seine Haare, binde ihm die Schuhe. Ich übe mit ihm Zählen, zeige ihm, wie man seinen Namen schreibt. Jeden Morgen packe ich ihm das Frühstücksbrot ein, lege einen Apfel dazu, ein Päckchen Orangensaft. Ich muss genau sein, doppelt genau. Ich sage mir vor, was ich zu tun habe: die Frühstückstasche noch, die festen Schuhe, weil es regnet, die Regenjacke nicht vergessen.

Es fällt so schwer, eine gute Mutter zu sein!

Manchmal, wenn er fort ist, denke ich an meine Mutter. Ich denke an die unüberwindbare Schwäche, die sie manchmal befiel, diese plötzliche Unfähigkeit, uns – mich und meinen Bruder – zu waschen, anzukleiden, ja sogar zu ernähren. Ich denke an die Tage, an denen die Teller leer blieben, weil das Essen im Topf verkohlt war und die endlosen Stunden, wenn meine Mutter im Bett lag, kraftlos und nicht in der Lage, mit uns zu reden, sich um uns zu kümmern.

Ist ihre Schwäche meine Schwäche?

Ich habe Angst. Niemals darf sich so etwas wiederholen.

Von Tag zu Tag wird es leichter, sie kommen wieder, die Automatismen des täglichen Lebens, die Selbstverständlichkeiten, die Sicherheit bei allem, was ich tue. Es sind Tage voller Licht, Wärme und Staunen. Verschollen geglaubtes Leben, Nachmittage mit Kai im Ungererbad, ein fröhliches Kind, das Schwimmen lernt. Gemeinsamer Urlaub in den Bergen, Joachim mit Sonnenbrand, glitzernde Schneefelder auf fernen Gipfeln, blühende Wiesen mit dem süßen Geruch von Sommer und Sonne, klare Bäche, Vogelgesang in den Wäldern, Joachims Arm um meine Schulter, mein Kopf an seiner Brust, zwei breite Pferderücken vor unserer Kutsche, helle Wege durch helle Landschaft.

Aber ich stehe daneben, bei allem, was wir tun, ich bin nicht wirklich dabei. Es ist eine Fremde, die in mich gefahren ist, und alles geht auf merkwürdige Weise an mir vorüber. Ein trüber, zäher Behang ist über allem, ein Schleier hat sich über meine Gefühle gebreitet. Am Abend rückt Joachim im Bett auf meine Seite, ich spüre seine Wärme, und es ist schön, so zu liegen. Aber wenn er mich küsst, mich berührt und meinen Körper streichelt, bin ich steif und empfindungslos wie ein Stück Holz.

Immer wieder stehe ich an meiner Staffelei, nehme den Pinsel, tauche ihn in irgendeine Farbe, versuche ein paar Striche, aber dann weiß ich nicht weiter und denke, wie anders es war, als Holger neben mir stand. Ich habe Holger nicht vergessen, aber meine Sehnsucht ist erloschen, und die Liebe verleiht mir keine Flügel mehr. Kraftlos bin ich geworden, flügellahm ist meine Phantasie.

Das Leben ist eintönig geworden.

«Malst du mir einen Bagger?», fragt Kai an einem Tag. Ich male einen großen gelben Bagger, und Kai ist glücklich.

Oft suche ich nach neuen Wegen, nach Faszination und Begeisterung. Ich male schwarze Bilder, dann wieder grell und bunt, einmal ist das Papier fast leer, ein anderes Mal voll gestopft und überladen. Eines Tages finde ich meinen Weg. Mit einem dünnen Bleistift zeichne ich Striche, gerade Bleistiftstriche aus der freien Hand, einen unter den anderen waagerecht über das ganze Blatt, jeden dicht unter den vorherigen. Ich führe den Stift sorgfältig und langsam, zeichne nichts als Linien, ein Bild aus grauen Strichen. Dann setze ich wieder oben an auf dem Blatt, und jetzt sind die Linien senkrecht, dicht bei dicht, eine neben der anderen. Ich arbeite ordentlich und gewissenhaft, und das Blatt füllt sich mit einem Gitter, nein, mit Kästchen, vierzig Kästchen, achtzig, hundertachtzig, viele Hunderte, viele Tausende. Dann ist diese Arbeit getan, aber ich fahre fort mit neuen Linien, zerteile die Kästchen, male ganz kurze Striche, und es werden Dreiecke, winzig kleine, eines neben dem anderen. In jedem Kästchen setze ich den Stift neu an, ganz genau in einer Ecke, und ziehe ihn zur anderen. Mein Rücken schmerzt schon, und der Arm wird kraftlos. Stunden vergehen, denn ich will sorgfältig sein. Die Arbeit macht mich müde. Ich setze mich und schließe die Augen.

Erst am nächsten Tag fahre ich fort, die vielen Kästchen zu zerteilen. Es ist still im Zimmer, draußen zwitschern die Vögel, die Sonne scheint, und ich sehe die Schatten vor den Häusern kürzer werden. Um halb zwölf ist das Bild immer noch nicht fertig, aber ich muss das Essen richten für Kai. Er muss essen, er soll nicht leiden unter dem Bild. Erst am Nachmittag der letzte Strich. Auf dem ganzen Blatt nun keine Kästchen mehr, nur noch Dreiecke. Jetzt nehme ich den feinsten Pinsel. Ich greife zum Rot, tupfe es in ein Dreieck hinein, in ein zweites, ein drittes, dann das Grün für zwei andere, das leuchtende Blau für vier, dann noch drei, vier, fünf Punkte in sonnenhellem Gelb.

Als Joachim nach Hause kommt, bin ich fertig. «Wie findest du das Bild?», frage ich.

Joachim sieht es an, überlegt lange. «Ein Gitter hast du gemalt», sagt er langsam, «einen Käfig, und die Farben hast du darin eingesperrt.»

«Die Farben eingesperrt? Ja, doch», sage ich. «Alles ist eingesperrt. In mir ist alles eingesperrt.»

An diesem Abend nehme ich zum ersten Mal wieder ein Buch in die Hand. Meine Augen gleiten über die Zeilen, ich will lesen wie früher, aber es ist unmöglich. Ich lege das Buch wieder fort. Die Spanne meiner Gedanken ist zu kurz, um mich auf die unbekannten Sätze konzentrieren zu können.

«Ich will dieses Leben mit Tabletten nicht mehr.»

«Du weißt, dass du sie nehmen musst», antwortet Joachim.

«Ja», sage ich, aber ich will diese Medikamente nicht mehr. Solange ich sie nehme, bin ich nicht ich selbst. Sie sind wie eine unverdiente Strafe für etwas, woran mich keine Schuld trifft. Und vor allem: Wäre ich nicht längst gesund ohne die Tabletten? Ist nicht alles, was mich heute noch quält, eine Folge davon?

Am nächsten Tag stehe ich wieder an meiner Staffelei, zeichne Kästchen, ein vergittertes Bild, und die Farben sind noch immer eingesperrt.

Es ist schlimm, nicht mehr malen zu können, und es gibt Stunden, da sehne ich den Wahnsinn zurück. Dann träume ich davon, wie es einmal war, wie es wieder sein könnte. An die Angst denke ich nicht.

An einem Tag klingelt das Telefon. Es ist Ellens unbekümmerte Stimme am Telefon. «Jetzt bin ich zu Hause», sagt sie mit dieser unverschämt fröhlichen Stimme. Und dann erzählt sie von Senta, von der tollen Freude ihres Hundes, als sie in die Wohnung trat. «Kein Mensch hat sich so gefreut wie sie.»

«Kommst du mich besuchen?», fragt sie, als wir uns schon verabschiedet haben.

Drei Tage später fahre ich zu ihr. Ich irre eine Weile an der Tramstation umher, bis ich das richtige Eckhaus finde. Sie wohnt in dem größten Haus am Kurfürstenplatz, einem dieser alten, prachtvollen Wohnhäuser mit hohen Fenstern und einem stuckverzierten Giebel. Eine junge Frau mit einem weißen Pudel verlässt das Haus, und ich trete durch die hohe Tür aus dunklem Holz. Es riecht nach Bohnerwachs, und meine Schuhe quietschen auf den blank polierten Holzstufen. Alles ist gepflegt und würdevoll, alles ist hoch: der Flur, das Treppenhaus, die Wohnungstüren.

Die Wohnungstüren! Wofür haben sie diese kleinen Trichter aus Messing? Für wen die gläsernen Spione? Spione in den Türen, Messingtrichter wie Schießscharten? Ist das die Wirklichkeit?

Was ist los mit mir!

Erschreckt halte ich inne, warte minutenlang. Endlich gehe ich weiter, unsicher und verwirrt. Im zweiten Stock klingele ich an Ellens Tür. Dann eine Bewegung hinter dem gläsernen Auge, das doch nur ein Guckloch ist. Endlich öffnen sie mir. Senta, winselnd und aufgeregt, neben dem Hund Ellens Mutter.

«Ich möchte zu Ellen», sage ich.

«Sie ist nicht da.»

Die Frau ist hoch gewachsen, ganz anders als meine Mutter, eine gepflegte Frau, das Gesicht noch unverbraucht, aber in weiter Ferne, wie unter Zellophan hinter der sorgfältig hergerichteten Maske. Einen Augenblick sieht sie mich an, unruhig und ausweichend. In ihrem Blick ist etwas Ängstliches, wie ein Schatten. Sie versteckt etwas, und ich weiß nicht, was.

«Wann kommt sie wieder?»

Das Gesicht wird abweisend und undurchdringlich. «Ich

weiß es nicht.» Sie will die schon Tür wieder schließen, und plötzlich begreife ich, was geschehen ist.

«Ist sie wieder zurück …?», frage ich, und erst weiß ich nicht, welches Wort ich hier wählen muss. «Ist sie wieder zurück in der – Klinik?»

Das Gesicht vor mir verändert sich, alles Künstliche fällt ab. Für einen Augenblick sieht es erstaunt aus, dann traurig und bitter.

«Woher wissen Sie? Woher wissen Sie von der Klinik?»

«Wir kennen uns von dort.»

«Dann sind Sie Maria.» Wieder ändert sich ihr Gesicht, es verschließt sich wie eine Tür, die mit dem Windzug plötzlich ins Schloss fällt. Ihr Blick weicht meinem aus. Nichts will sie zu tun haben mit dieser Maria, die von dort kommt, wohin sie ihre Tochter verloren hat.

«Ja», sagt sie. «Sie ist wieder in der Klinik.» Das ist alles. Sie fragt auch nichts. Ich gehöre zu der Welt, die es nicht geben darf. Sie schließt die Wohnungstür zwischen uns, und dieses weiße, polierte Ding mit dem gläsernen Auge ist mehr als eine Trennung zwischen ihrer Wohnung und dem Draußen, mehr als ein Schutz vor Einbrechern und Dieben. Es ist eine Barriere zwischen ihrer Welt der Gesunden und meiner Welt der Kranken.

Manchmal, wenn Kai im Kindergarten ist, setze ich mich in die Tram und fahre zu Maren.

«Schön, dass du mich nicht vergessen hast, als du weg warst», sagt sie.

Sie sagt immer «als du weg warst», niemals sagt sie «als du in der Klapse warst», nicht einmal «als du krank warst». «Als du weg warst …», das verrät nichts, das tut nicht weh, das ist wie eine Reise, also kein Grund zur Besorgnis. Maren macht sich nie Sorgen, alles ist mühelos, ist es immer gewesen, die gemeinsame Schulzeit, das Abitur, Bekanntschaften, Freundschaften, die Liebe, alles ist mühelos.

Wir stehen in der Küche, sie füllt Wasser und Kaffee in die Maschine, stellt zwei Becher auf den Tisch und holt eine Dose mit Keksen aus dem Schrank.

«Ich bin immer so müde», sage ich zu ihr. «Ganz benommen.»

«Das kommt vom Wetter», antwortet sie. «Bei diesem Regenwetter bin ich auch immer müde», und ich denke, sie weiß nicht, was Müdigkeit ist.

«Aber deine Bilder, die malst du doch noch!»

«Nein», sage ich. «Nichts geht mehr wie früher. Meine Bilder sind langweilig geworden.»

«Jeder Mensch hat gute und schlechte Tage», sagt Maren. Sie steht in ihrer großen Küche, Töpfe mit Kräutern auf der Fensterbank, Blumen in der Vase auf dem Tisch, aufrecht und fröhlich steht sie vor mir, eine, die nichts erschüttert, nichts verwirrt.

«Mir fällt alles so schwer», sage ich. «Der Haushalt, Kai. Jede Kleinigkeit braucht so viel Zeit.»

«Ja», sagt sie. «Ich verstehe, wie es dir geht. Ein Kind in Kais Alter ist immer anstrengend.»

Nichts versteht sie. Sie deckt mich zu und sperrt mich ein mit ihrer Nachsicht und ihrem Verständnis für das, was sie nicht begreifen kann.

«Du brauchst dir wirklich keine Sorgen zu machen», sagt

sie, aber ich mache mir Sorgen, und ich weiß, dass Anlass zur Sorge ist.

An einem Tag ist sie nicht allein, als ich komme. Nora ist bei ihr, und ich strecke ihr meine Hand entgegen, wie ich es früher getan habe. Aber heute steht meine Hand für einen Augenblick in der Luft, es ist ein Griff ins Leere, ein Moment der Irritation, und ich will eben meine Hand zurückziehen, als Nora zugreift, ein wenig zu plötzlich, zu entschlossen.

Ihre Figur ist noch immer gertenschlank, wie vor Jahren, wie damals in der Schule. Sie hat sich gar nicht verändert. Ich bin dick geworden. Fett.

Sie sieht mich an mit ihren Augen, die blauer sind als blau, mit einer Oberfläche wie blanker Stahl, schön, aber kalt und leer, seltsam blicklos.

«Hallo, Nora», sage ich. «Wie geht es dir?»

Sie streicht sich eine Strähne ihrer blonden Haare aus der Stirn, schüttelt die ganze Mähne nach hinten: Siegerpose, Siegeslächeln. «Man kämpft sich so durch», sagt sie. Dann lässt sie sich auf einen Stuhl fallen, lässig, die langen Beine von sich gestreckt. Sie redet, Reisepläne, Ibiza vielleicht, vielleicht Kos, vielleicht Rhodos, nur fort aus dem Regen, Mittelmeer irgendwo, Hauptsache Sonne, nette Leute, die Ziele sind austauschbar. Sie redet und redet, und ich denke, sie redet sich die Angst weg vor dem, was ich sagen könnte, vor dem, was ich tun könnte, wenn sie schweigen würde.

Dann sieht Nora auf die Uhr, ehe ich noch einen Satz gesagt habe. «Oh, ich muss jetzt gehen», sagt sie.

«Gehst du, weil ich gekommen bin?»

«Hör mal», sagt sie, und ihre Stimme ist gefährlich leise, «was redest du denn da?»

Auf einmal steht sie sehr schnell auf, so als ob meine Frage sie noch mehr verstimmt hätte, aber ich kann sie nicht zurücknehmen. «Du bist nicht die Einzige, die geht, wenn ich komme», sage ich hinter ihr her.

Maren, mehr verlegen als bestürzt, bringt sie hinaus, kommt wieder, tut, als wäre nichts geschehen.

«Nora wollte sowieso nicht lange bleiben», sagt Maren, «du darfst nicht alles persönlich nehmen.»

«Maren, du bist die Einzige von euch, die noch mit mir redet», sage ich und kenne schon ihre Antwort.

«Ach geh», sagt sie. «Alle reden noch mit dir.» Und dann: «Du bist überempfindlich geworden.»

An diesem Tag gehe ich früh nach Hause, bestürzt und mit aufgestörten Gedanken. Ich höre noch einmal, was Maren gesagt hat, mehr noch, was sie nicht gesagt hat und was nicht einmal ihr Blick verrät. Ich höre das, was sie hätte sagen müssen.

Dann geht der Sommer dahin, die Spitzen des großen Ahorns vor dem Kindergarten werden gelb, dann rot, ein glühendes Karmesinrot, darunter die Blätter noch im tiefen Grün des Sommers, bis auch sie sich verfärben, von Tag zu Tag leuchtender, der ganze Baum eine Feuerlohe, endlich braun und sterbend.

Irgendwann im späten Herbst kommt der Tag, an dem ich meine Tabletten nicht nehme, ein zweiter Tag, ein dritter. Erst ist es nicht viel, was sich verändert, aber während sich Novembernebel über die Stadt legen, wird der Nebel in mir lichter, meine Arme schwingen wieder mit, wenn ich gehe, und wenn ich Musik höre, ist es wieder Musik.

Am vierten Tag rede ich mit Joachim. «Ist dir etwas aufgefallen?», frage ich. Er weiß nicht, wovon ich spreche. «Ich meine, an mir aufgefallen, wie es mir geht?»

«Ich denke, es geht dir gut», sagt er. «Sehr gut sogar. Es geht dir immer besser.»

Jetzt ist auch die Lust wieder da, die Lust am Malen, an den Farben, an den großen bunten Bildern. Sie fließen aus mir heraus, wie früher. Malen ist ein Rausch. Nicht ich bin es, die malt, als Akt des Willens, der Planung. Die Bilder sind in mir, und die Farben explodieren in meinem Kopf. Ich brauche nur den Pinsel zu führen. Auch die Lust in den Nächten ist wieder da, das Begehren. Und jetzt erwacht wieder die Sehnsucht nach dem, der nicht da ist, flüchtig und unbedeutend erst, aber dann immer mächtiger. Jeden Tag und jede Nacht denke ich an ihn, und meine Gedanken halten mich wach. Holger. Ich schlafe kaum, ich brauche keinen Schlaf.

Ich freue mich wieder über das Schöne, und ich schmücke die Wohnung. Überall stehen Kerzen. Es ist Advent, und jedes Zimmer soll strahlen im Lichterglanz.

«Nimmst du die Tabletten noch?», fragt Joachim.

«Die Tabletten?», sage ich. «Manchmal habe ich sie vergessen.»

«Du musst die Tabletten nehmen.»

«Ja», sage ich, «natürlich.» Ich muss die Tabletten nehmen, aber ich tue es nicht. Ich weiß, ich würde wieder zurückfallen in das Dunkel, die Tabletten würden die Phantasie zerstören, das Wissen, das Licht, die Erleuchtung, die Liebe. Ja, auch die Liebe zerstören.

Manchmal sitze ich mit offenen Augen, starre in die brennenden Kerzen und tauche ein in meine Gedanken. Ich begreife so viel, Menschheit und Religion, alles wird klar, und ich erfasse die großen Zusammenhänge. Warum hat vor mir noch niemand erkannt, dass Jesus ein Buddha war? Ochs und Esel an der Krippe, der Ochse, der ist wie ein Stier, das ist Boddidharma, der Kraftvolle, der Vorantreiber der Lehre. Und der Esel, das ist Boddhisattva, unendlich sanft und geduldig. Nicht eher geht er ins Nirvana, bis auch der Letzte erlöst ist. Ochs und Esel vereint an der Krippe, das sind Boddhidharma und Boddhisattva, und das ist der Beweis. Es gibt keinen Zweifel: Jesus muss ein Buddha sein. Alle Welt muss es erfahren, und das ist meine Mission! Die Trennung der Religionen: Wozu? Es gibt nur eine Religion! Allen muss ich es sagen, und Einigkeit wird herrschen, wo im Laufe der Zeit alles so schrecklich zerfiel.

«Was denkst du immer?», fragt Joachim, und dann hole ich mich zurück aus irgendeiner himmelshohen Ferne.

«Oh», sage ich, «nichts, eigentlich gar nichts», und niemand sieht meine Gedanken, niemand weiß, dass ich für eine Zeit die Welt der anderen verlassen habe.

«Es geht mir sehr gut», sage ich, als Joachim mich wieder fragt, und merke nicht, dass der Zug in die Unwirklichkeit rast. Und Joachim? Er sieht, was er sehen will, und glaubt, was er glauben will.

«Kai wünscht sich zu Weihnachten eine Eisenbahn», sagt er, und gemeinsam kaufen wir einen kleinen Schienenkreis, eine Lokomotive und ein paar Wagen. Einer davon hat winzig kleine Autos geladen.

Immer wieder, immer länger stehe ich an meiner Staffelei, das Eis ist gebrochen, die Mauern meines Kerkers sind gefallen, und ich fliege dahin in meinen Bildern. Was mich umgibt, ist die neue Welt, die schönere Welt.

«Gott muss ein Maler sein», sage ich zu Joachim. «Warum sonst hätte er all die Farben erschaffen?»

Joachim lächelt. Der Gedanke gefällt ihm. «Wo ist Kai?», fragt er dann.

Ich muss überlegen. Meinen Sohn habe ich vergessen.

Kai? – Was ist mit Kai? –

Dann endlich weiß ich es wieder, er ist bei einem Freund, aber bei welchem, das weiß ich nicht.

«Maria, ich mache mir Sorgen.»

Ich lache, ich verstehe Joachims Sorgen nicht. «Er wird schon kommen», sage ich.

«Ich mache mir Sorgen um dich», sagt Joachim. «Du vergisst Kai. Du vergisst jetzt so vieles.»

«Ich habe gemalt. Niemand kann an alles denken.»

«Wann gehst du wieder zum Arzt?»

«Nächsten Dienstag oder übernächsten, ich weiß es nicht. Ich habe den Termin vergessen.»

«Nächsten Dienstag? Da ist Weihnachten», sagt Joachim, und ich sehe, wie sich sein Gesicht verändert, Zorn oder Fassungslosigkeit, ich kann es nicht deuten, bis Furcht darin erscheint, und sein Gesicht ist wie aufgerissen.

«Maria, willst du alles wieder verlieren? Auch Kai?»

«Kai bleibt bei mir. Für immer. Ich bin nicht krank. Mir geht es gut.»

«Du musst zum Arzt! Versprichst du mir, dass du morgen zum Arzt gehst?»

«Ja», sage ich. «Morgen gehe ich zum Arzt.»

«Warum hast du den Tisch nicht gedeckt?», fragt Joachim, als er am nächsten Abend nach Hause kommt.

«Ich habe es vergessen», sage ich.

«Warst du beim Arzt?»

«Ich brauche keinen. Ich bin gesund. Hörst du: Ich bin gesund.»

Wieder diese Furcht in seinem Gesicht.

«Morgen früh gehen wir gemeinsam zum Arzt», sagt er.

Ich will mein Versäumnis wieder gutmachen, und als Joachim schon schläft, stelle ich mich in die Küche. Ich taue Braten auf, dazu den Spargel, eine Packung Spinat, ein Päckchen Kroketten, ich nehme, was ich finde, für Kai eine Pizza, als Vorspeise Tortellini, zum Nachtisch das Eis.

Ich decke den Tisch, putze das Silber, drei Messer, drei Gabeln, einen silbernen Löffel. Der ist für Joachim.

Um drei steht das Essen auf dem Tisch. Ich wecke Joachim, zeige ihm seinen Platz. «Wer den silbernen Löffel hat, hat die Macht», sage ich und lache.

Joachim starrt mich an.

«Freust du dich denn nicht?», frage ich.

«Nein», sagt er. «Was soll das? Mitten in der Nacht?»

Ich verstehe nun nichts mehr, aber an seinem Gesicht sehe ich, dass Anlass ist zu Furcht.

«Maria, du bist wieder krank.»

Ich lache über ihn.

«Maria!»

Ich beginne zu singen.

«Hör auf», sagt Joachim. «Du weckst das ganze Haus auf.»

Aber ich kann nicht anders. Es geht mir so gut. Ich eile

durch die Wohnung, singend und lachend, laufe auf den Balkon, ich singe, und meine Stimme schallt zurück von den Wänden der Häuser.

«Hör auf, um Gottes willen, hör auf!»

Ich kann nicht aufhören. Ich muss singen.

– Joachim am Telefon, mitten in der Nacht!

«Mit wem hast du telefoniert?»

«Mit dem Arzt», sagt er.

Zwischen Hoffnung und Furcht

Die Unruhe hat sich gelegt, und die Verwirrung ist abgeflaut. Noch ist die Sorge Teil meiner Existenz, denn es kann wieder sein, immerzu. Der Wahn ist wiederholbar, er kommt und geht wie Ebbe und Flut, doch ich weiß, ich komme nicht darin um. Er ist wie ein böser Nachbar. Ich kenne ihn, er lauert, bis ich die Tür öffne, und durchdringt mein Leben. Ich weiß um ihn. Er macht mir Angst, aber er tötet mich nicht.

Die Macht der Krankheit ist gebrochen, das Irresein wächst nicht wie eine Krebsgeschwulst, zerstörerisch und vernichtend. Es ist kein Feuer, das nicht zu löschen ist. Doch die Krankheit ist wie die Flamme in einer Lampe. Wehe, wenn der gläserne Zylinder zerbricht, die Flamme lodert, weil Sturm sie entfacht, sie wächst, das Haus niederbrennend, alles vernichtend.

Das Urteil heißt lebenslänglich.

Warum hat man mich begnadigt?

Alles stirbt, und der Tod kommt in vielerlei Gestalt. Doch solange unsere Welt besteht, ist das Leben stärker.

Die Erde hat den Geist einer jungen Frau. Was immer auch kommt, es wird etwas anderes sein, vom Ewiggleichen gezeugt und geboren.

– Irgendwann hört alles auf.

Ich bin zurückgekommen, immer wieder haben sie mich in die Klinik in der Nussbaumstraße gebracht. Wie oft sich das wiederholt hat? Ich mag mich nicht erinnern.

Meine erste Rückkehr ist am schwersten zu ertragen, mein Versagen, meine enttäuschte Hoffnung, ohne die Tabletten wieder gesund zu sein. Aber ich weiß jetzt, dass sich die Tür öffnen kann!

Alles hier ist wie vorher, dasselbe Zimmer, Ellen, die mich begrüßt wie eine lange vermisste Freundin, mein Bett, jetzt neben dem Fenster, sonst alles wie beim ersten Mal, Dr. Hamann, die Schwestern, die Pfleger. Ich fühle mich wie heimgekommen, dorthin, wohin ich nie wieder kommen wollte. Zurück in dieser großen, ausgesonderten Familie, zurück in diesem Schutzraum vor der Welt jenseits der dicken Mauern. Ich bin zurück bei meinen Verbündeten, meinem Hofstaat. Zurück bei meinen Untergebenen.

Vier Kerzen haben sie für mich angezündet, zur Begrüßung, und einen Kranz aus Tannenzweigen geschmückt.

Ich bin zurück bei meinen himmlischen Heeren!

«Ich bin Gott», sage ich ruhig in ihre Runde hinein.

«Sie sind nicht Gott», sagt Schwester Ulrike zu mir, «es gibt nur einen Gott, und der sind nicht Sie.»

Es ist wirklich wieder Schwester Ulrike, die große, kräftige Gestalt, noch immer vertraut, die großen Augen, der große Mund, und für eine kurze Zeit bin ich froh, wieder bei ihr zu sein.

Aber dann ist da wieder dieser Becher mit den Tabletten.

«Frau Jahn», sagt Schwester Ulrike, «Sie wissen das doch. Sie müssen sie nehmen.»

Da lauern sie, die Weißbekittelten, ihre Augen starrend, erschreckend, jetzt eine drohende Phalanx, feindlich und finster, beklemmend, nicht länger Verbündete. Würgende Angst und Verzweiflung! Sie sind in der Übermacht, sie werden mir Gewalt antun, wenn ich die Tabletten nicht nehme.

«Ich bin Gott», rufe ich ihnen zu. «Es wird Ihnen nicht gelingen, die Wahrheit mit Tabletten zu bekämpfen!»

Niemand tut mir Gewalt an.

Ich weiß nicht, wie es wieder gekommen ist. Ich habe die Tabletten genommen, ich nehme sie jeden Tag. Ich habe mich den Weißbekittelten gebeugt.

Was dann folgt, ist wieder dieses Einerlei der Tage, ein regelmäßiger Rhythmus von Morgen, Mittag und Abend, von Stunden dazwischen, von Stunden der Nacht, ein immer gleiches Gehäuse für mein Leben, meine Stimmungen, meine Angst. Aber ich selbst bin nicht immer gleich. Ein jäher Wechsel der Gefühle, Dumpfheit neben Verzückung, eine große Ermattung wie kaum noch am Leben, dann wieder ekstatische Freude. Und dann singe ich im Treppenhaus.

«Du hast eine Stimme wie ein Engel», sagt Ellen zu mir.

«Ja, ich bin ein Engel.»

Manchmal ist sie schön, diese andere Welt. Maria hier wie dort, aber hier die Besondere, die Heilige, göttlicher mit jeder Wiederkehr des Wahns, gottähnlich, endlich Gott selbst, mein Leben, eine «göttliche Komödie» als Fortsetzungsgeschichte mit Hölle, Fegefeuer und Paradies. Auf das Ende warte ich noch.

Joachim kommt jetzt jeden Tag. Oft warte ich müde auf ihn im unaufgeräumten Zimmer. Wir sitzen uns gegenüber, reden, schweigen, und draußen flattern die Krähen am verblassenden Himmel über winterkahlem Geäst. Abend für Abend geht an uns vorüber. Joachim ist schmal geworden, und eine große Traurigkeit ist in seinem Gesicht.

«Lass uns ein paar Schritte gehen», sagt er.

«Ich bin zu müde.»

In der hintersten Ecke meines Bettes habe ich die Knie an den Körper gezogen, den Blick zum Fenster hinaus. «Wie geht es Kai?», frage ich.

«Er war ganz glücklich über die Eisenbahn.»

«Die sollte ein Weihnachtsgeschenk sein.»

«Weihnachten ist vorbei», sagt Joachim, und ich brauche Zeit, bis ich begreife. Ja, das war jetzt meine Schuld, Weihnachten ohne Mutter, Weihnachten ohne die Lieder, die ich immer für ihn gesungen habe, Weihnachten ohne den gemeinsam gebastelten Schmuck für den Baum.

«Vater hatte einen riesigen Baum geholt. So einen großen hatten wir noch nie. Kai hat sich sehr gefreut.»

«Gefreut? Ohne mich?»

«Es war sehr schade, dass du nicht da warst. – Das hätte nicht sein müssen.» Joachims Worte sind ein unüberhörbarer Vorwurf, aber nur dieses einzige Mal, sonst nie ein Wort des Tadels, kein Wort des Zorns.

Was ist denn mein Vergehen? Dass ich die Krankheit nicht wahrhaben wollte als lebenslängliches Urteil, wenn ich mich gesund fühlte? Dass ich wieder malen wollte, trotz der Krankheit, an der mich keine Schuld trifft? Ich kann den Drang zu malen nicht von mir abhacken wie eine wuchernde bösartige Geschwulst. Ich habe mir dieses Schicksal nicht ausgesucht, und es gab nichts, womit ich es hätte abwenden können.

Hin und her gerissen zwischen Einsicht und Selbstbetrug habe ich die Medikamente weggelassen, die mich abstempeln als Kranke. Ganz fest habe ich daran geglaubt, gesund zu sein – auch ohne Tabletten. Ich fühle mich gesund, also bin ich gesund: ein verhängnisvoller Irrtum. Aber was bin ich für ein Mensch, wenn die Äußerungen meines Geistes durch Tabletten in Übereinstimmung gebracht werden zu Gesetzen und Erwartungen, die nicht meine sind? Wenn Medikamente mich passend machen zu den Normen anderer? Ich habe dieses von mir selbst abgeschnittene Leben nicht ausgehalten, wollte diese manipulierte Frau nicht sein, von Chemie bestimmt, die das Denken und Fühlen verändert. Entfremdung kann nicht als Gesundheit verstanden werden.

Ich will wieder gesund sein! Alles soll so werden wie früher!

Und wirklich, die Zeiten werden länger, wo ich wieder klar sehe und wo die Gedanken ruhig fließen. Doch zur gleichen Zeit steigt die Verzweiflung in mir hoch und die Angst vor der Zukunft, und irgendwie begreife ich, so wie früher wird es nie wieder sein. Ich weiß jetzt, dass dieses Haus ein Mittel sein kann und nicht das Ende ist. Aber ich muss mit dem Gesundwerden jetzt wieder ganz von vorn anfangen.

Nicht alles wird besser, und die Heilung ist auch in diesem Haus kein Prozess, der von Tag zu Tag fortschreitet, unaufhaltsam und von nichts abhängig als von der verstreichenden Zeit, den Gesprächen und Therapien und den bunten Pillen in den kleinen Bechern. Mir geht es besser. Und darüber bin ich froh.

Ellen spricht nicht mehr mit mir. Seit Tagen spricht sie mit niemandem. Sie presst die Hand an die Lippen, hält ihren Mund fest verschlossen, kein Wort dringt aus ihm hervor, kein einziges Wort zu einem Menschen, keines zu den niemals schweigenden Stimmen. Ich habe versucht, mit ihr zu reden, aber sie bleibt stumm. Wenn Visite ist, stehen die Ärzte jetzt lange vor unserer geschlossenen Zimmertür. Wir hören ihre gedämpften Stimmen in einem endlosen Hin und Her, und wenn sie im Zimmer sind, sprechen sie lange zu Ellen. Sie hat die Decke über den Kopf gezogen, unzugänglich und unerreichbar in ihrer Welt, und es ist, als würden die Worte der Menschen nicht mehr zu ihr dringen.

«Dr. Seehund», flüstere ich ihr einmal zu. «Weißt du nicht mehr?»

Zweimal in der Woche wartet Dr. Hamann auf mich in seinem Zimmer. Er sitzt dann wieder auf dem Schreibtischstuhl, wo er hingehört, die Arme auf den Lehnen rechts und links, weiße Kittelarme mit zwei blassen, hängenden Händen daraus, das Gesicht immer etwas gerötet, ein wenig spöttisch, nicht böswillig, ein «Ist doch alles nicht so schlimm»-Gesicht, das nichts mehr verwundern kann.

«Sie haben mir immer noch nicht Ihre Geschichte erzählt», sagt er an einem Tag, «erzählen Sie mir, was Ihnen wichtig ist. Ich möchte verstehen, was in Ihnen vorgeht.»

Ich weiß nicht, was ich sagen soll. Ich nähere mich meiner Vergangenheit wie der einer Fremden, und es fällt schwer, die Augen nicht vor ihr zu verschließen.

«Was wollen Sie denn wissen?», frage ich.

«Erzählen sie mir von Ihren Eltern, Ihrem Bruder.»

Meine Gedanken wandern zurück, und da ist wieder die Angst, da stehen die Schilder «Berühren verboten, Lebensgefahr», daneben «Reden verboten! Bei Zuwiderhandlungen droht die Todesstrafe.» Und hinter den Schildern tut sich ein

Höllenschlund auf, jeden zu verschlingen, der die Gesetze bricht.

«Ich habe nette Eltern», sage ich. «Meine Mutter hat viel für mich getan.»

«Wie meinen Sie das?»

«Sie hat mich zu Hause aufgenommen, als es mir schlecht ging, sie hat mich versorgt wie ein Kind. Ich bin ihr dankbar, dass ich kommen durfte», sage ich und denke an die Hilflosigkeit meiner Mutter, die sie durch ihr ganzes Leben begleitet. Denke an meine Kindheit neben dieser verhärmten, eingeschüchterten Frau und an ihre Schläge. Sie hat mich geschlagen, weil sie sich nicht anders zu helfen wusste, weil es ihr Angst machte, eine Tochter zu haben, die nicht so war wie die anderen Kinder, und sie dachte, das wäre ihre Schuld. Aber das habe ich erst sehr viel später begriffen.

«Verstehen Sie sich gut mit Ihrer Mutter?»

Ich muss überlegen. Wenn sie an ihren langen, einsamen Abenden ohne meinen Vater in mein Zimmer kam, ihn anklagend und weinend, haben wir uns dann gut verstanden? «Ich bin nicht dein Mann», habe ich einmal zu ihr gesagt, «auch nicht deine Freundin. Ich bin dein Kind.»

«Nein», sage ich zu Dr. Hamann, «wir haben uns nicht gut verstanden. Ich glaube, meine Mutter hat mich nie gemocht.»

Er sieht mich lange an, und vielleicht ist ihm wirklich jedes meiner Worte ganz wichtig.

«Warum glauben Sie das?»

«Sie wünscht sich eine Tochter, auf die sie stolz sein kann, die so ist, wie sie selbst hätte sein wollen.»

Oh, meine verängstigte, unterdrückte Mutter! Ich weiß, das war nicht leicht für sie mit diesem seltsamen Kind, mehr

Junge als Mädchen, Schule schwänzend, weil ihm die Schule zu langweilig war, allein, weil ihm die anderen nichts bedeuteten. Es war nicht leicht mit einer Tochter, die Kant statt Liebesromane las und Kataloge mit moderner Kunst mehr liebte als Modejournale.

«War Ihre Mutter nicht stolz, eine Malerin zur Tochter zu haben?»

«Niemals. Ich habe meine Eltern immer enttäuscht.»

«Und immer haben Sie sich nach Anerkennung gesehnt?»

«Ja», sage ich, «mehr als nach allem anderen. Von meinen Eltern habe ich sie nie bekommen. – Aber Gott, Gott war ...», und ich breche ab, mitten im Satz.

«Was wollten Sie sagen?»

Und als ich stumm bleibe: «War das jetzt ein Satz aus der anderen Welt?»

Es ist still im Zimmer, auch das Telefon schweigt, nur die Geräusche vom Flur dringen herüber, seltsam friedliche Stimmen heute, und Dr. Hamann sieht mich an, als verstünde er.

«Ja», sage ich endlich, und jetzt spreche ich aus, was ich nie einem Menschen zuvor gesagt habe: «Uneingeschränkte Anerkennung und Liebe gab es nur in der anderen Welt.» Und dann, als Dr. Hamann schweigt: «Ich bin froh, dass ich das erfahren durfte. Diese Liebe möchte ich niemals mehr vergessen.»

Die Dämmerung bricht in diesen Tagen herein, ehe es richtig hell geworden ist. Ich blicke in den Himmel, aus dessen schmutzig gelber Leere die ersten Flocken herunterschweben, dann mehr und mehr, sich verdichtend zu einem verwirrenden Tanz aus immer neuen Mustern, immer anderen Wirbeln.

«Und Sie, haben Sie Ihre Mutter geschätzt?», fragt Dr. Hamann endlich in die Stille hinein.

«Wie kann ich jemanden schätzen, der mich nicht mag?»

«Vielleicht ging es Ihrer Mutter ebenso, vielleicht hat sie sich immer nach der Liebe ihrer Tochter gesehnt, und vielleicht hat auch sie Wertschätzung und Anerkennung niemals erfahren dürfen.»

«Vielleicht», sage ich und denke an ihren Vater, einen herrischen, selbstherrlichen Mann, der ihr keine Luft zum Atmen gelassen hat. In seiner Gegenwart musste das Kind zu der Frau werden, die sie heute ist.

«Wie kann ein Mensch Anerkennung zeigen, der sie selbst nie erfahren hat, wie kann jemand lieben, der nie geliebt worden ist?», fragt Dr. Hamann.

Ich höre, was er sagt, aber es fällt mir schwer zu verstehen und noch schwerer zu verzeihen. Da ist eine Mauer zwischen meiner Mutter und mir. Wir haben sie gemeinsam errichtet, Stein für Stein. Jetzt ist sie riesengroß, und niemand weiß, wer angefangen hat.

«Ich habe Ihre Eltern nur einmal gesehen, und das ist lange her. Kommen sie nicht zu Besuch?»

«Wir haben uns nicht mehr viel zu sagen. Manchmal telefonieren wir miteinander.»

Es ist wieder ganz still, auch vom Flur ist nichts zu hören, und es ist schön, in diesem engen, unordentlichen Zimmer zu sitzen und zu reden.

«Diese Tante, von der ich in Ihrer Akte gelesen habe», fragt Dr. Hamann später, «diese Tante mit Schizophrenie, wer war sie? War sie die Schwester ihrer Mutter?» Und als ich nicke: «Aber Ihre Mutter will nicht gemerkt haben, dass Sie krank sind?»

«Sie hat es gewusst», sage ich. «Von Anfang an. Aber sie konnte diesen Gedanken nicht ertragen.»

«Ja, sagte er, «sie wollen es nicht wahrhaben. Jede Erklärung ist willkommener als die Wahrheit. Deswegen sehen sie sie nicht.»

Am nächsten Tag ist die Stationstür verschlossen. Niemand kann sie öffnen, der nicht den Schlüssel hat. «Es ist ein letzter Versuch auf unserer Station», hat Dr. Hamann bei der Visite zu Ellen gesagt, und niemand kann wissen, ob sie seine Worte noch hört. Uns allen wird geöffnet, nur für Ellen bleibt die Tür verschlossen.

Vor drei Tagen haben wir sie rennen sehen, eine hüpfende Spukgestalt ohne Schuhe, mit einem Gesicht, vollkommen abwesend in wilder Verrücktheit, die Treppe hinunter, den langen Gang entlang, zur Pforte hinaus, ein rasendes Bündel, hilflos in der Gewalt der Stimmen, die stärker waren als jedes Versprechen. Niemand konnte sie aufhalten. Zwei Tage war sie fort. Gestern wurde sie zurückgebracht. Seither ist die Tür verschlossen.

Ellen ist immer noch stumm. Sie isst nicht mehr, sie trinkt nicht mehr. Sie steht an der Tür, ein graues, abgemagertes Gespenst mit zusammengepressten Lippen, und wartet auf eine neue Chance zur Flucht.

An einem Abend ist sie wieder fort. Ich habe gewartet, aber ihr Bett ist leer geblieben, in dieser Nacht, in der nächsten, in allen Nächten danach.

«Sie ist verlegt worden», sagen die Schwestern. Wohin, das sagen sie nicht.

An den langen Abenden ohne Ellen liege ich in meinem

Bett und höre auf das Reden der anderen, es sind neue Stimmen, neue Geschichten, finster und erschreckend. Claudias Berichte von Ketten und Folter, von Peitschen und Stiefeln, düsterste Abgründe von Brutalität und Lust. «Ich liebe ihn immer noch», sagt sie. Das Kind, das in ihrem Bauch wuchs, hat er niemals gewollt. In der hintersten Ecke des Zimmers hockt Carmen vor ihrem Radio, reglos und redend, den ganzen Tag. Sie spricht mit dem Radio, mit uns nicht. Elisabeth steht vor dem Schrank und sucht nach ihren Tüchern. «Ihr stehlt mir meine Gedanken», kreischt sie. «Hinterhältige Diebe!» Und sie wickelt immer noch mehr Tücher um ihren Kopf, denn das könnte ein Schutz sein. «Hört auf, meinen Verstand auszusaugen!»

Es ist einsam um mich geworden, seit Ellen nicht mehr da ist. Gern hätte ich Abschied genommen, ein letztes Wort mit ihr gesprochen, noch einmal ihr Lachen gehört, das fast schon vergessen ist. Aber stumm ist sie aus meinem Leben gegangen, und das Schweigen wird nie mehr enden.

Ellen ist tot. Sie hat sich vor eine U-Bahn geworfen.

Es stand in der Zeitung, «eine Tote am Sendlinger Tor», das Alter von Ellen, die Uhrzeit, der Tag, als sie ging.

Es ist eine eintönige und trostlose Zeit. Das heftige Auf und Ab der Gefühle ist zur Ruhe gekommen, die überschwängliche Freude ebenso wie die Angst und die Verzweiflung. Oft denke ich an Kai, manchmal spreche ich mit ihm, aber die Fremdheit zwischen uns wird immer größer. Ich habe Sehnsucht danach, ihn wieder in die Arme zu nehmen. Das Telefonieren verbindet uns nicht.

Ich warte, dass die Tage vergehen, warte darauf, gesund zu werden, entlassen zu werden und wieder ein Ziel zu haben. Und dann, an einem Abend, kommt der Augenblick, an dem alles beginnt sich zu verändern. Erst ist es nur eine Hoffnung, aber heftig und überwältigend. Es ist kein hilfloses Bangen und Abwarten, es ist eine Hoffnung wie ein helles Licht, denn es liegt an mir, ob es gelingt, den Traum hereinzuholen in die Wirklichkeit.

Joachim ist an diesem Tag zögernd und unsicher.

«Ist das was für dich?», fragt er und schiebt mir einen Zettel zu, die Fotokopie einer Ausschreibung vom Kultusministerium. Erst lese ich nicht, schaue nur auf die unscharfen, kaum leserlichen Buchstaben und begreife endlich: Das, was dort steht, betrifft mich! Ein Wunschtraum könnte in Erfüllung gehen, eine Ausstellung in der *Galerie der Künstler*, ein eigener Katalog! Ich lese noch einmal. Das ist eine Chance für junge Künstler, für die drei Besten. Nur für drei. Trotzdem Hoffnung! Meine Bilder im Völkerkundemuseum! Meine Bilder in den Räumen der Galerie! Diese Vorstellung durchdringt meine Lethargie, vertreibt den Nebel. Aber es ist nur ein plötzliches Aufreißen, nur für einen Augenblick. Dann ist die Verzagtheit wieder groß.

«Ich kann nicht mehr malen.»

«Warum reichst du nicht ein, was du früher gemalt hast?»

Die Bilder von früher, was haben sie noch mit mir zu tun? Die blutende Frau im Wasser, die Vereinigung mit Holger, die Spinnentiere: Das sind nicht mehr meine Bilder. Und was davor war, das sind Bilder von einer Fremden, Überreste aus einer versunkenen Zeit.

«Nur wenn ich wieder malen kann, bewerbe ich mich.»

«Ja, meinst du?», sagt Joachim.

«Ich will die alten Bilder nicht, ich will mich nicht daran erinnern. Begreifst du das nicht?» Und Joachim lässt das Blatt achtlos liegen, enttäuschte Hoffnung, mich aus meiner Erstarrung zu wecken.

Als er gegangen ist, sitze ich im dichten blauen Dunst des Raucherzimmers wie an so vielen Abenden. Ich höre die Stimmen ringsum, den Chor eines nicht abreißenden Geredes, höre die belanglosen, unnötigen Worte. «Der Tumor», sagt Sandra. «Der Tumor zerfrisst mich. Der Tumor zerfrisst mein Gehirn. Der Tumor höhlt meinen Schädel aus! Der Tumor … der Tumor …», ein endloses Klagen und Jammern, und nichts ist in ihren Gedanken als dieser Tumor, den kein Arzt je finden kann.

Dann die Geschichten von den Schwestern, immer dieselben, und wenn nicht die, dann die von den Pflegern, ewige Wiederholung des Gleichen, wie das endlose Strömen eines nie versiegenden Flusses.

«Löhlein, das Schwein», keift die magere Magdalena und zündet die nächste Zigarette an. «Löhlein, das Schwein, war wieder da.» Sie streicht über ihren flachen Busen, kreist mit der Hand über der Brust.

«Halt den Mund», fährt Gaby sie an, aber die Dürre schweigt nicht, denn jede Nacht kommt Löhlein zu ihr und dringt in sie ein mit seinem riesigen Glied, das groß ist wie eine Keule. «Löhlein, das Schwein!»

«Hör auf mit dem Schwachsinn», sagt Gaby, «selbst der Löhlein nimmt Reißaus, wenn er dich sieht.» Und Magdalena schweigt beleidigt.

Ich bin nicht eine von ihnen! Ich blase den Rauch in die Luft und starre auf die Scheiben, die in diesem Licht undurchsichtig sind, starre dorthin, wo irgendwo in der Ferne das Museum sein muss. – Und wenn doch? Wenn es doch einen Weg gäbe? Eine eigene Ausstellung, ein eigener Katalog, das wäre ein unvorstellbarer Sieg! Die Hoffnung nagt in meinen Gedanken, und der Wunsch zu gewinnen wächst und bekommt mehr und mehr Macht über mich.

In dieser Nacht rasen die Gedanken in meinem Kopf, aufgestört aus ihrer Gleichgültigkeit. Ich will wieder malen! Ich will wieder studieren! Und dann denke ich an Kai, an die Krankheit, die Tabletten, an dieses Stückwerk meines Lebens, einzelne Punkte, die sich nicht zu einer Linie verbinden lassen.

Aber ich will anfangen, jetzt! Ich will das Ziel erreichen!

– Mit den Tabletten kann ich nicht mehr malen.

Ich muss nach Hause! Hier gibt es keinen Weg.

«Noch eine Woche bis zu Ihrer Entlassung», sagt Dr. Hamann. Und am nächsten Tag: «Sie wären nicht die erste Malerin, die nach der Krankheit zu ihrer Kunst zurückgefunden hat.» Und: «Sie sind am Genesen, wenn Sie wieder malen. Es ist kein Zeichen von Krankheit.»

Das sagt Dr. Hamann.

Und was er noch sagt: «Es ist noch zu früh, Ihren Sohn wieder zu sich zu holen. Noch brauchen Sie Zeit für sich selbst.»

Fünf Tage später werde ich entlassen. Bin ich schon gesund? Dieses Mal verabschiede ich mich von allen, denn es wird das letzte Mal sein. Ein paar Worte für Claudia, die um ihr ungeborenes Kind weint, ein letztes Wort für Birgit in der hintersten Ecke des Zimmers, wo sie immer sitzt, zitternd und zählend, ohne Blick, ohne Gruß. «Jetzt komme ich nicht wieder», sage ich auch zu Simone, und ein letztes Mal lege ich meine Hände auf ihren Rücken. «Ja, ich spüre deine Kraft», sagt sie mit ihrer matten Stimme, und ein wenig richtet sie sich auf aus ihrer Hinfälligkeit, ein verkrümmtes Häufchen noch in ihrer aufrechtesten Haltung. «Du hast die Kraft Gottes, du wirst mir fehlen.» Und dann: «Du bist Gott.»

Einen Augenblick bin ich verwirrt. Also doch? «Ja, Gott», sage ich. «Manchmal war ich Gott, aber heute, da bin ich es nicht.»

Noch einmal stehe ich vor dem Bett, das früher Ellens war. «Mach's gut», sage ich zu den weißen Tüchern, und ich denke an die Tote am Sendlinger Tor, vielleicht war das gar nicht Ellen, vielleicht war das nur einer von diesen seltsamen Zufällen, und was ich mir zurechtgedacht habe, ist vielleicht alles gar nicht wahr.

Doch ich weiß, es ist wahr.

Ich verabschiede mich von den Schwestern, den Pflegern, von Dr. Hamann, der die Entlassungspapiere schon in der Hand hält. Ein paar Worte zum Abschied, die Routine der letzten Ermahnungen, ein letztes Lächeln. «Wirklich», sage ich, «dieses Mal nehme ich die Tabletten.»

Und dann steht Joachim vor mir.

«Hallo, Maria», sagt er, und es ist wie eine Frage, eine Hoffnung: Ist jetzt alles wieder gut?

Es ist kalt draußen, aber im Auto wird es schnell warm. Es ist schön, wieder neben Joachim durch die Straßen zu fahren. Er hat die Kassette von Moustaki aufgelegt, griechische Musik im wintergrauen München, und ich fühle mich frei, endgültig befreit aus dem vergitterten Kerker, und die Welt ringsum macht mir keine Angst. Ich lehne mich zu Joachim hinüber und lege meinen Arm um seine Schulter. Er ist ein wenig erstaunt, dann lächelt er mir zu, als wolle er mir Mut machen, und als die Ampel vor uns auf Rot springt, küsst er mich auf den Mund. «Schön, dass ich dich wiederhabe», sagt er und küsst mich noch einmal. Hinter uns hupt ein Auto, und die Ampel zeigt Grün.

«Lass uns zum Völkerkundemuseum fahren», sage ich, als wir schon fast zu Hause sind.

«Jetzt ins Museum?», fragt Joachim, und ich sehe, schon zweifelt er wieder an meinem Verstand.

«Ich möchte die Ausstellungsräume sehen, die *Galerie der Künstler.*»

Joachim fährt weiter, wo er jetzt hätte abbiegen müssen.

«Was willst du dort?»

«Hast du die Ausschreibung vergessen?»

«Willst du dich doch bewerben?», fragt er, und jetzt ist Erstaunen in seinem Blick, eine zaghafte Freude auch. «Natürlich fahren wir zum Museum.»

Und dann stehen wir vor dem mächtigen Gebäude, und für mich ist alles wie noch nie gesehen. Die kraftstrotzenden Männer aus Stein unter dem Portal vor der gewaltig aufstrebenden Fassade, die hohen Arkaden mit dem prächtigen Balkon und ganz oben unter dem Wappen die Inschrift *Meinem Volk zu Ehr und Vorbild.*

Ich will es. Ich will, dass hier meine Bilder hängen.

Unter den Arkaden, noch vor dem Eingang zum Museum, biegt Joachim nach links. Dort, ganz an der Seite, ist eine kleine Glastür, der Eingang zur *Galerie der Künstler.*

«Ach, hier», sage ich. «Ach ja, hier ganz in der Ecke», und für einen Augenblick bin ich enttäuscht.

Die Tür ist verschlossen, und die Räume dahinter sind nur zu erahnen. Ein großes Plakat kündigt die nächste Ausstellung an: Eine karge Landschaft in Schwarzweiß, darunter drei Namen.

Und wenn das mein Bild wäre und mein Name auf dem Plakat?

«Wir kommen wieder, wenn die Ausstellung eröffnet ist», sagt Joachim.

Als wir zu Hause die Treppe hinaufgehen, bin ich aufgeregt, und mich erfasst eine Unruhe, die nichts mit der Ausstellung zu tun hat.

«Ich möchte mit Kai telefonieren», sage ich, als wir in der Wohnung stehen. «Rufst du bitte an?»

Joachim, noch mit meiner Tasche in der Hand, sieht mich unsicher an. «Jetzt gleich? Und warum tust du es nicht selbst? Hast du die Nummer vergessen?»

«Nein. Das ist es nicht.» Wir stehen nebeneinander vor dem Telefon, beide noch im Mantel, ich blicke auf den schwarzen Apparat, Joachim sieht mich an, dann das Telefon, dann wieder mich.

«Hast du Angst vor dem Telefon?»

Ich schüttele den Kopf: «Es ist … es ist, weil ich Mutter nicht sprechen möchte.»

«Du möchtest Mutter nicht sprechen?» Joachim ist bestürzt. «Habt ihr euch gestritten?»

«Wir haben uns nicht gestritten», sage ich. «Ich will nicht mit ihr reden, weil ich ihre Worte nicht hören will. Ich habe Angst vor dem, was sie sagen wird.»

«Was soll sie sagen? Sie wird froh sein, dass du wieder zu Hause bist.» Joachim schüttelt ratlos den Kopf. Er versteht nicht, wie ich mich fürchten kann vor seiner Mutter, die uns doch immer geholfen hat.

Ich versuche nicht, etwas zu erklären.

Joachim wählt die Nummer, kopfschüttelnd noch immer, er spricht ein paar Worte mit ihr, freundlich und unbefangen, er macht mir den Weg frei, und als ich den Hörer nehme, ist Kai schon am Apparat.

«Die Oma hat mir heute einen Schulranzen geschenkt», sagt er.

«Aber du gehst doch noch gar nicht zur Schule.»

«Aber bald», sagt er.

«Ja, bald», sage ich nun auch, aber ich muss rechnen, und wirklich, in ein paar Monaten wird mein Sohn ein Schulkind sein. Die Zeit ist ohne mich weitergegangen, monatelang.

«Und? Freust du dich auf die Schule?»

«Nö. Die Oma sagt, wenn ich nicht aufpasse, muss ich nachsitzen.»

«Du musst nicht alles glauben, was sie sagt.»

«Mama?»

«Ja.»

«Was ist denn nachsitzen?»

Am Abend dieses Tages stehe ich vor meiner Staffelei, unruhig und angespannt. Ich will anfangen. Jetzt! Jetzt!

Aber was soll ich malen? Lange stehe ich vor dem weißen Papier, und nichts rührt sich in mir. Es kommt mir kalt vor im Zimmer. Ich beginne zu frösteln, und mit der Kälte überkommt mich die Furcht, meine Hoffnung auf die Ausstellung begraben zu müssen. Endlich lege ich den Pinsel beiseite ohne einen einzigen Strich.

An den folgenden Tagen wieder die Suche nach einer Eingebung, nach einer Idee, die mir die Tür zu meiner Malerei wieder öffnen könnte. Es ist ein ständiges Überlegen, ein Abwägen, ein Grübeln, ich probiere ein paar Striche, dann werfe ich wieder ein Blatt in den Papierkorb.

Wie soll ich malen, ohne den Wahn, der der Kunst gewaltsam eine Tür in mein Inneres geöffnet hat?

Es geht nicht, nicht so!

Und es hilft nur der Zorn und der Hader mit meinem Schicksal, dass ich nicht in Enttäuschung und Selbstmitleid versinke. Ich gebe nicht auf, und manchmal keimt Zuversicht neben Verzagtheit, dann wieder fieberhafte Erregung neben Mutlosigkeit, es ist eine wilde Achterbahn der Gefühle, und hinter allem steht der absolute Willen, mein Ziel in dieser sinnlosen verbissenen Anspannung zu erreichen.

Ich weiß selbst, das wird der Weg nicht sein. Zeit muss ich geben, Zeit lassen, muss zulassen, dass es in mir geschieht, muss in mich hineinfühlen, hineinhören, abwarten.

Aber ich kann nicht warten!

Ich blättere in Kunstkatalogen, in den Heften der Akademie, ich betrachte meine alten Bilder, und lange starre ich auf die von Holger. Seite für Seite wende ich in seinem Katalog, dann nehme ich wieder den Pinsel, aber was ich male, bleibt leer und ohne Bedeutung.

Draußen breitet der Schnee noch einmal sein weißes Tuch über die Stadt; aus den Mündern der Menschen kommen graue Wölkchen, und die Geräusche der Straße sind weit entfernt. Mittags dringen die Strahlen einer matten Wintersonne durch den Nebel, und am nächsten Morgen wuchern Eisblumen am Küchenfenster. Ich stehe müde an meiner Staffelei, und an jedem Abend liegen neue Bilder unvollendet auf dem staubigen Boden. Noch acht Wochen bis zum Ende der Ausschreibung.

An manchen Abenden sitzt Joachim mit besorgtem Gesicht auf dem alten Lehnstuhl und sieht mir zu.

«Willst du es nicht lieber erst nächstes Jahr versuchen?», fragt er, der es längst bereut, mir den Vorschlag gemacht zu haben.

«Was wird in einem Jahr anders sein?», frage ich, und dann spreche ich aus, was mich so lange schon bewegt. «Ich müsste studieren, um wieder malen zu können.»

Und Joachim, der nichts mehr wünscht, als dass es seiner Frau wieder gut gehen möge, legt seine Stirn in Falten, streicht sich sacht über das Kinn, den Blick nach oben gerichtet, denkend, schweigend, als sei hier und jetzt eine Entscheidung von ungeheurer Tragweite zu fällen. «Und Kai?»

«Natürlich kommt Kai wieder zu uns», sage ich. «Sobald ich die Bilder eingereicht habe, holen wir ihn zu uns.»

«Das ist zu früh. Wir sollten uns daran halten, was Dr. Hamann gesagt hat. Wir werden ihn am Wochenende besuchen.»

«Es wäre besser, wenn du Kai gleich nach Hause holst», sage ich.

Ich möchte ihn wieder sehen, natürlich, aber ich habe Angst vor dem Besuch. Der Gedanke allein ist eine Pein: qualvolles Zusammentreffen mit den Großeltern, qualvolles Reden, qualvolles Schweigen.

«Glaub mir, das ist zu früh.»

Ja, ich weiß selbst, es ist zu früh. Noch immer sind die Lähmung und die Hilflosigkeit im Alltäglichen groß. Joachim deckt den Tisch und räumt ihn wieder ab, er kauft ein, er räumt die Wohnung auf. Was ich tue, ist daneben stehen und zusehen. Zögernde Versuche, ihm zu helfen.

«Und wenn Mutter und Kai zu uns kämen? Wenn Mutter dir helfen würde?»

«Niemals», sage ich, «das könnte ich nicht ertragen.»

Drei Tage später fahren wir zu Kai. Schneematsch auf den Straßen, Nebel in München, Nebel über der Alb, wir fahren Stunden, und der Nebel ist überall. Doch dann plötzlich gleißende Märzsonne über Wintermärchenlandschaft, alles ist ganz weiß, glitzernd in einer großen Helligkeit. Aber am Ziel ist wieder Nebel, Donaunebel in grauen, klebrigen, konturlosen Schwaden, an den Straßenrändern schmutziger Schnee, meterhoch aufgetürmt, und das kleine weiße Haus sieht heute grau aus.

Vor dem Gartentor steige ich aus. Durch die enge Straße weht ein schneidender Wind, und eine Eiseskälte ist hier draußen. Langsam gehe ich auf das Haus zu. Raureif ist an den Sträuchern und an der Tür, die sich schon öffnet.

«Guten Tag, Maria.» Kais Großmutter steht allein in der Tür, und die Kälte ist auch groß zwischen uns.

«Wo ist Kai?»

«Bei seinem Freund.»

«Weiß er denn nicht, dass wir kommen?» Ich kann es nicht fassen, der einzige Grund für die weite Fahrt, der einzige Anlass zur Freude ist nicht hier. Seine Abwesenheit macht mir Angst. Kai weiß doch, dass ich komme!

«Nachher holen wir ihn ab», sagt seine Großmutter.

«Jetzt gleich holen wir ihn.»

«Nein», sagt sie und geht in die Küche. Ich stehe allein im Flur und warte auf Joachim, bis er endlich mit den Taschen kommt.

«Kai ist noch bei einem Freund. Wir holen ihn vor dem Essen», sagt seine Mutter zu ihm. Ich warte darauf, dass er widerspricht, aber er nickt nur. Sie sieht nicht mehr auf. Sie schält die Zwiebeln für das Mittagessen, ich biete ihr an zu helfen, aber sie lehnt ab, und ich stehe nutzlos wie eine Fremde neben ihr.

«Wir müssen reden», sagt sie, ohne von ihrer Arbeit aufzusehen. «Ohne Kai».

Ich fahre zusammen, und die Alarmglocken der Angst gellen noch lauter. «Was willst du reden?»

«Ich habe Kai gestern zur Schule angemeldet, hier, bei uns.»

«Aber das geht nicht. Kai gehört zu seiner Mutter. Zu mir.»

«So sollte es sein», sagt sie. Sie schneidet die Zwiebel mit heftigen Bewegungen, das Messer knallt auf das Holzbrett, und ihr Gesicht ist ganz starr.

«Ich werde alles unternehmen, damit Kai zu mir zurückkommt», sage ich und kämpfe das Entsetzen nieder. «Ich werde nicht zulassen, dass er hier eingeschult wird.» Sie sieht mich an, skeptisch und ungläubig. Aber ich halte ihrem Blick stand. Ich darf mich nicht ducken wie ein furchtsamer Hund.

«Er ist doch schließlich trotz allem mein Kind!»

«Natürlich. Niemand will dir deinen Sohn wegnehmen. Aber was ist, wenn du wieder krank wirst? Dein Mann muss arbeiten, und ich kann Vater nicht allein lassen, wenn du wieder in der Klinik bist.»

Joachim, der sich schweigend auf dem Küchenschemel niedergelassen hat, räuspert sich und richtet sich auf, als wolle er eine wichtige Rede halten. «Niemand weiß, wie es weitergeht. Die Krankheit kann wiederkommen, immerzu.» Er greift nach meiner Hand, er sieht mich liebevoll an, aber er macht sich zum Fürsprecher seiner Mutter in einem schrecklichen Akt des Verrats.

«Ihr irrt euch», sage ich und weiß, dass ich jetzt nicht schreien darf. «Kai gehört zu mir. Er gehört zu seiner Mutter, und ich kann selbst für ihn sorgen.»

Jetzt lässt sie das Messer sinken. «Ich will nicht, dass Kai zu dir kommt, hörst du, um seinetwillen. Du bist nicht gesund.»

«Doch. Mit den Tabletten bin ich gesund.»

«Joachim sagt, du wirst nie wieder ganz gesund werden.»

Es gibt Augenblicke, da hört die Erde auf, sich zu drehen, eine Leere breitet sich aus, alles wird still, gespenstisch, und ganz weit weg. Ein riesiges Loch tut sich auf, und darin bin ich, allein, abseits von den Menschen und von den Dingen dieser Welt.

Nie wieder ganz gesund! Und das hat Joachim gesagt!

Sie dauern eine Ewigkeit, diese Sekunden oder Minuten, in denen niemand spricht, und wir sehen auf Joachim nieder, der auf diesem lächerlichen Schemel hockt, schweigend, den Blick auf seine Fußspitzen gerichtet. Joachim braucht immer Zeit, wenn er im Mittelpunkt der Aufmerksamkeit steht. Es könnte etwas Falsches sein, wenn er voreilig spricht. Endlich redet er, und seine Stimme ist ganz leise.

«Niemand weiß es. Niemand kann uns sagen, ob Maria wieder ganz gesund wird. Vielleicht ja, vielleicht nein. Niemand weiß es. Das habe ich gesagt.»

Dann steht er auf und geht auf mich zu, den einen Schritt,

der uns trennt. Er legt seinen Arm um mich und zieht mich an sich, als wolle er mich beschützen.

«Nicht wahr, Maria, du weißt das selbst. Jetzt hoffen wir, dass du gesund bleibst. Mehr können wir nicht tun.»

«Aber die Einschulung!»

Joachim lässt mich los und sieht mich nachdenklich an. «Wir müssen abwarten. Noch ist viel Zeit.»

Das Messer kracht auf das Schneidebrett, und es riecht nach Zwiebeln. Wir stehen und warten. Wir warten, dass die Zwiebeln geschnitten sind, wir warten, dass das Essen fertig ist, wir warten auf die Worte, die noch gesagt werden müssten. Aber niemand sagt etwas.

«Können wir dir helfen?», fragt Joachim endlich.

«Du kannst den Tisch decken.»

Er nimmt die Teller aus dem Schrank und die Bestecke. Ich folge ihm und setze mich auf den alten Schaukelstuhl neben dem Kachelofen. Traurig und müde sehe ich ihm zu, wie er den großen Esstisch deckt.

«Jetzt hole ich Kai», sagt Joachims Mutter, als das Essen fertig ist. Ich ziehe meine Stiefel an und nehme meinen Mantel.

«Du brauchst nicht mitzugehen.»

Ich will protestieren, aber Joachim kommt mir zuvor. «Wir holen ihn gemeinsam ab.»

Nun ist auch der Großvater dabei, und wir machen uns zu viert auf den Weg, eine kleine Prozession, weil niemand zurückbleiben will. Wir müssen nicht weit, ein kurzes Stück die Straße hinunter, am alten Schulhaus vorbei, und dann stehen wir vor einem mit Eternitplatten verkleideten Haus.

Eine junge Frau öffnet, sie spricht mit Joachims Mutter,

aber ihre Augen sind bei mir, prüfend, neugierig und befremdet. Kai sieht kaum auf, als wir kommen. Er hockt auf dem Bett neben seinem Freund und hält eine Fernsteuerung in der Hand. Ein kleines gelbes Auto rollt über den Boden. Ich will ihn umarmen.

«Wart doch mal.» Er weicht mir aus, und das kleine Auto verschwindet unter dem Schrank.

«Komm jetzt, wir wollen essen», sagt seine Großmutter.

Kai sieht kaum auf.

«Ihr könnt morgen wieder spielen», sagt Joachim. Ich sage gar nichts.

Endlich stoppt das gelbe Auto vor meinen Füßen. «Wenn es denn sein muss», sagt er, und in seiner Stimme ist alle Gleichgültigkeit und Herablassung, zu der ein Fünfjähriger fähig ist.

«Freust du dich denn gar nicht, dass wir gekommen sind?», fragt Joachim, und Kai sieht ihn etwas dümmlich an, als verstünde er nicht, wo der Grund zur Freude sein könnte. Er verdreht seine Augen und sieht seinen Freund viel sagend an: «Ich muss jetzt essen, dann komme ich wieder.»

«Kai kommt erst morgen wieder», sagt seine Großmutter, und ich bin ihr dankbar.

Beim Essen ist er unzufrieden und quengelig. «Immer dieser blöde Braten.»

Seinen Worten folgt ein jähes Schweigen, Blicke kreuzen sich, wandern zu der, die das Essen gekocht hat, wenden sich sogleich wieder den Tellern zu. «Dieser blöde Braten.» Ihr einzigartiger Zwiebelrostbraten! Insgeheim freue ich mich.

«Mir schmeckt es sehr gut», sagt Joachim, und seine Mutter schweigt.

Kai mault weiter: «Geht ihr wenigstens nachher mit mir zum Schlittenhang?»

Jetzt richtet sie sich kerzengerade auf, Zorn in der Stimme. «Der Hang ist viel zu gefährlich.»

«Papa, gehst du mit mir Schlittenfahren?»

Joachim sieht mich an, und ich nicke ihm zu. Nur fort aus dieser erstickenden Enge! Nichts kann so beklemmend sein, wie in diesem Hause auszuharren, keine Tiefe so beängstigend wie die Bedrohung, die hier in jedem Winkel lauert, keine Gefahr so groß wie die des Scheiterns in diesen Mauern. Dann nickt Joachim Kai zu: «Wir sehen uns den Hang einmal an.»

«Ich komme aber nicht mit», sagt die Großmutter. «Ich kann das nicht mit ansehen», und der Großvater schweigt zu alledem.

Wir müssen ein Stück mit dem Auto fahren. Als wir aussteigen, ist es nicht mehr so kalt. Der Nebel ist lichter geworden. Eine gelbe Sonnenscheibe schimmert hinter den weißen Schleiern. Oben am Waldrand brechen die Sonnenstrahlen durch, und ein Streifen des blauen Himmels leuchtet über den Fichten.

Jetzt sehe ich unser Ziel. Wir stehen unten. Über uns der Hang, hoch und steil. Was für ein Schlittenhang! Gewaltig. Wimmelnd von Menschen. Ein paar Kinder mit Skiern, dazwischen schwarze Gummireifen. Und so viele Schlitten! Alles ist riesig, alles ist rasend und laut, alles ist in Bewegung in einer wilden Jagd. Fichten stehen am Rand, zwei Fichten mittendrin, eine Bodenwelle zieht sich quer über den Hang. Dort kreischen sie. Immer neue Gefährte kommen geschossen, hinunterstürzend, umstürzend. Jemand schreit, brüllt.

Da rauf? – Da wieder runter?

Kai reiht sich ein in die Prozession, die nach oben zieht. Er stapft voran, Joachim hinter ihm mit dem Schlitten.

Ich warte unten, und nun habe ich doch Angst.

Dann sehe ich sie nicht mehr. Überall am Hang sind Kinder, überall sind Väter. Bei mir stehen die Mütter, ausschauend, wartend.

Wo sind Kai und Joachim?

«Mama, fährst du auch mal mit mir?» – Da sind sie schon wieder unten.

Ich fürchte mich, aber ich will ihn nicht enttäuschen. Der Hang ist steil, er ist lang, und ich ziehe den Schlitten hinauf.

«Von hier?»

«Von oben», sagt Kai.

Endlich sind wir ganz oben. Ich setze mich auf das hölzerne Gefährt, die Füße auf dem Boden und Kai zwischen meinen Knien. Überall startende Schlitten!

«Nun fahr schon!»

«Gleich.»

«Fahr doch endlich!»

Immer noch die vielen Schlitten!

Und dann fahren wir.

«Nicht bremsen!», schreit Kai, aber ich bohre meine Absätze in den harten Schnee. Es geht viel zu schnell.

«Schneller!», schreit Kai. Ich hebe meine Füße vom Boden. Der Schlitten stürzt talwärts, vor uns die Bodenwelle.

«Nicht bremsen.»

Wir rasen hinunter auf unserem Schlitten, schleudernd, stoßend, fliegend, und die Kufen halten wirklich die Spur. Endlich endet die wilde Fahrt.

«Eh, Mama, das hätte ich dir nicht zugetraut.» Kai sieht

mich geradezu ehrfürchtig an. «Sebastians Mutter ist noch nie hier runtergefahren.»

«Und die Oma?»

«Ach die», sagt er wegwerfend. «Nie im Leben.»

Jetzt fährt er wieder mit Joachim. Sie fahren den ganzen Nachmittag, Kai rotbäckig und jubelnd, und Joachim freut sich mit ihm wie ein Kind.

Es ist bald Zeit für das Abendbrot, als wir nach Hause kommen. «Ich habe mir Sorgen gemacht», sagt Kais Großmutter.

Joachim klopft ihr beruhigend auf die Schulter. «Du machst dir immer Sorgen.»

Eine Stunde später ist schon Zeit zum Abschiednehmen. Noch nie ging hier ein Tag so schnell vorüber und war so schön. Vor der Tür nehme ich Kai in den Arm. Er hält mich ganz fest, und zum ersten Mal seit langer Zeit entzieht er sich meiner Umarmung nicht.

«Wann kommt ihr wieder?»

«Nächste Woche», sage ich.

Jetzt steht seine Großmutter neben uns. «Nächste Woche? Warum schon nächste Woche? Denk doch an die Fahrt.»

«Was sind drei Stunden? Ich hoffe, wir kommen nächste Woche», sage ich, und Kai gibt mir einen Kuss zum Abschied. Dann steigen wir ins Auto, wir winken, und ich habe ein gutes Gefühl, Hoffnung auch. Ein bisschen bin ich froh, jetzt doch, ein bisschen glücklich noch beim Abschied.

Auf der Heimfahrt redet Joachim kaum ein Wort.

«Was denkst du immer?», frage ich.

«Ich denke nach.» Und nach einer Pause: «Über Kai, über dich, über uns drei.»

Er fährt sehr langsam, obwohl sich der Nebel verzogen hat. Autos überholen uns, ein Lindwurm von Lichtern schiebt sich an uns vorbei, klettert den Albaufstieg hinauf, ein rot glimmendes Band, das sich endlich hinter einer Biegung verliert.

«Was denkst du über uns?»

Joachim hält das Lenkrad, starrt geradeaus. Sein Schweigen macht mir Angst.

«Was denkst du?», frage ich noch einmal, jetzt ungeduldig.

«Maria, vielleicht solltest du doch wieder studieren, vielleicht ist es besser für dich.»

Einen Augenblick ist es still, bis auf das Dröhnen eines Lastwagens, der auf der linken Spur an uns vorbeizieht.

«Für wen ist das besser? Für deine Mutter? Für dich? Für Kai?» Ich bin laut geworden, ich kann nicht anders. «Sag es doch! Sag doch, dass es besser ist für Kai, wenn er nicht bei seiner verrückten Mutter ist.»

Joachim fährt noch langsamer, quälend langsam jetzt, Blick nach vorn, als läge dort vor uns die Zukunft. «Maria, nichts wünsche ich mehr, als dass Kai wieder bei uns ist. Aber bei Mutter geht es ihm gut. Manchmal glaube ich, es gefällt ihm besser dort als bei uns.»

«Warum sagst du das gerade jetzt! Kai war heute so glücklich mit uns.»

«Ja. Heute war er glücklich. Aber heute ist nur ein einziger Tag.»

Dann schweigt Joachim und ich auch. Ich weiß nicht, wo Kai lieber sein möchte. Aber ich weiß, dass ich ihm diese Frage erst einmal nicht stellen werde.

Ich habe Angst vor der Antwort.

Jede Woche gehe ich jetzt zu meiner Therapeutin.

Ich mag es nicht, dieses moderne Haus mit der Fassade aus Glas. Auch nicht das kahle Sprechzimmer und die drei schwarzen Ledersessel auf dem hellen Steinfußboden. Ich mag nicht, wie ihr Sessel steht, schräg vor dem Fenster, sodass ich ihr Gesicht im Gegenlicht kaum erkennen kann. Sie selbst mag ich nicht, diese kühle, gepflegte Psychologin mit den roten Locken. Ich gehe zu ihr, weil Dr. Hamann sie mir empfohlen hat.

«Frau Jahn, wie ist es Ihnen in der letzten Woche ergangen?»

Ich erzähle ihr von Kai. «Manchmal glaube ich, sein Freund ist ihm wichtiger als ich», sage ich, und da lacht sie.

«Warum lachen Sie?»

«Ja», sagt sie. «So sind die Kinder.»

«Frau Jahn, was tun Sie, wenn Sie allein zu Hause sind?», fragt sie.

Und: «Frau Jahn, wie wäre es, wenn Sie wieder mehr Kontakt zu Bekannten aufnehmen würden?»

«Frau Jahn, wie stellen Sie sich Ihr weiteres Leben vor?»

Fragen, Fragen, nichts als Fragen. Antworten brauche ich!

Ich versinke in dem schwarzen Ledersessel und lausche auf den Regen, den der Wind gegen die Fenster peitscht. Die Fenster sind sehr groß, man kann die Haltestelle von der Tram überblicken. Die Menschen dort unten sind wie seltsame Puppen, wie zusammengestaucht unter ihren Regenschirmen.

«Frau Jahn, haben Sie mir gar nichts zu sagen?»

Sehnsucht nach Wärme, Sehnsucht nach Verständnis.

«Ich möchte wieder malen können», sage ich einmal. «Früher, ohne die Tabletten, da geschah die Kunst, da kam sie aus mir heraus ohne eine Anstrengung, und das Bild und ich, wir waren eins.»

Für einen Augenblick ist in ihren Augen ein Funken von echtem Interesse, der aber sogleich wieder erlischt.

«Sie wissen, dass Sie die Tabletten nehmen müssen.»

Überhaupt ihre Ermahnungen:

«Wenn Sie die Tabletten nicht mehr nehmen, werden Sie wieder krank.»

«Ob Sie gesund bleiben oder nicht, liegt an Ihnen.»

«Sie sind der Krankheit nicht hilflos ausgeliefert. Sie sind es, die den Verlauf der Krankheit beeinflussen kann.»

Ich schweige. Was sie sagt, macht mich ärgerlich. Als könne ich die Krankheit bei gutem Willen und mit gehörigem Bemühen wieder loswerden!

Dann ihre Ratschläge:

«Sie müssen Ruhe lernen, Sie müssen gelassener werden.»

«Sie müssen lernen, Ihre Grenzen zu erkennen, denn Sie sind nicht so belastbar wie andere Menschen.»

«Sie müssen lernen, Zeitdruck und große Anstrengungen zu vermeiden. Zu große Belastungen sind gefährlich für Sie. Sie könnten zu einem Rückfall führen.»

«Sie müssen Hilfe in Anspruch nehmen, die Ihres Mannes, die Ihrer Schwiegermutter.»

Ich höre ihre Stimme, ich zweifele nicht einmal an dem, was sie sagt, aber ihre Worte erreichen mich nicht.

«Frau Jahn, wie war das, als es zum ersten Mal anfing?»

«Ich weiß das nicht mehr.»

«Wissen Sie nicht mehr, wie Sie damals gelebt haben? Wissen Sie nicht mehr, was damals geschehen ist?»

«Ich will das nicht mehr wissen.»

«Verletzungen müssen ans Licht gerückt werden, um geheilt zu werden.»

Ich weiß, dass sie Recht hat, aber ich schweige. Sehnsucht nach einem Arzt, dem ich vertraue.

Sehnsucht nach Dr. Hamann.

Die Tage vergehen in einem zähen Fluss. Es ist so viel Zeit ohne Kai. Nachts wache ich erschreckt auf, und in meinem Kopf beginnt das Grübeln. Wege tun sich auf in einem undurchschaubaren Durcheinander, Irrwege meist, Abwege, daneben Hauptwege, Kreuzwege, Auswege, die ins Nirgendwo führen.

Nur ohne die Tabletten kann ich wirklich gesund sein!

– Und ich will wieder malen!

Nur noch vier Wochen, bis ich die Bilder abgeben muss.

Ich weiß, dass ich die Tabletten nicht weglassen darf, nicht so einfach, nicht wieder von einem Tag zum anderen. Wenn ich es versuche, muss ich vorsichtig sein. Ich darf keinen Fehler machen. Aber ich kenne mich besser, als es die Ärzte tun, und ich kenne meine Krankheit. Eine halbe Tablette weniger am Morgen, das könnte ein Versuch sein, ein Anfang, der nicht schaden kann. Ich brauche Geduld und werde sie haben. Nur so kann ich wieder gesund werden.

Dann wage ich es.

Jeden Tag beobachte ich mich jetzt quälend genau, jede Geste, jede Äußerung kontrolliere ich. Eine schlaflose Nacht, ein unsinniger Gedanke, ein falsches Wort, ein Lachen, wenn die anderen ernst bleiben, das Summen eines Liedes, wenn die anderen schweigen: Das kann die Krankheit sein, denke ich, das kann der Anfang sein. Normaler als normal muss ich sein, denn wenn es anfängt, ist die Welt schon durcheinander geraten, und ich weiß, dass ich wieder wahnsinnig werde.

Aber da ist nichts, was mich ängstigen könnte. Das Gespenst der Wahnsinns hat sich verzogen.

Zwei Wochen später nehme ich nur noch eine Tablette. Die vielen Tabletten brauche ich nicht! Allmählich weicht die Müdigkeit und mit ihr meine Zweifel. Ich spüre, wie die Hoffnung mich wieder belebt, und der Wille, mein Ziel zu erreichen, ist mächtiger als zuvor.

Wie viele Tabletten sind nötig? Eine? Eine halbe? Oder keine?

Bin ich geheilt?

Dann kommt der Tag, an dem ich die Tabletten nicht mehr nehme. Es ist einer von diesen südwindwarmen Tagen im späten März, ohne Dunkel, ein Tag der Zuversicht und des explodierenden Lebens.

Ich kann wieder leben. Ich lebe mit der Krankheit, als sei ich gesund.

Und jetzt male ich!

Wirklich, es geht wieder, es malt, es strömt aus mir heraus. Prall und voller Leben sind die Bilder. Ich habe angefangen, meinen Zeichenblock überall mit mir hinzunehmen, die Pastellstifte, Pinsel, die Farbtuben in Weiß und in Schwarz. Wo immer ich bin, male ich, und die Zuversicht verleiht mir Flügel. Ich male einen bunten Harlekin auf dem Jahrmarkt, ich male die Frühjahrsblumen in den Gärten, ich male ein Mädchen auf einer Bank in einem rosa Kleid. Wunderschön ist das Bild.

«Sie sind eine Künstlerin», sagt die junge Frau zu mir.

Noch zehn Tage!

«Nimmst du noch die Tabletten?», fragt Joachim, und ich sehe die Beunruhigung in seinem Blick.

«Natürlich», lache ich. «Ich weiß doch, dass ich sie nehmen muss.»

Meine Bilder werden immer besser, immer mehr. Drei, vier, fünf male ich an einem Tag, und alles ist in Ordnung, alles ist schön.

«Nimm doch die alten Bilder für die Bewerbung», sagt Joachim wieder. «Ich mache mir Sorgen um dich.»

Ich verstehe ihn nicht. Ich kann malen, besser als je zuvor.

Noch eine Woche!

Ich kann jetzt nicht aufhören. Meine Bilder sind gut, sehr gut sogar. Aber das reicht nicht. Die Beste muss ich sein.

«Du musst dich entscheiden, welche Bilder du einreichen willst», sagt Joachim. «In fünf Tagen ist der letzte Termin für die Abgabe.»

«Ja», sage ich. «Morgen werde ich mich entscheiden.»

Dann, in einem klaren Augenblick in den Morgenstunden nach einer schlaflosen Nacht, plötzlich die panische Gewissheit: Da ist sie schon, die Katastrophe, das schreckliche Ende hat schon begonnen. Die Krankheit ist hereingekommen durch die Tür, die ich geöffnet habe, und jetzt, wenn ich die Tür schließen will, ist es zu spät.

Ein paar Stunden später habe ich neue Ideen, ich male auch an diesem Tag, am nächsten, am übernächsten, und meine Bilder werden immer besser. Alles gelingt! Alles ist mein! Die ganze Welt ist mein! Warum sollte ich nicht die Beste sein?

Bilder, Bilder, immer neue Bilder, sie füllen mein Zimmer,

den Flur, das Wohnzimmer, die ganze Wohnung, sie quellen unter den Schränken vor, aus den Regalen, liegen auf allen Tischen.

«Komm», sagt Joachim, «lass uns gemeinsam aussuchen. Übermorgen ist der letzte Termin.»

«Ja», sage ich. «Morgen. Heute will ich noch malen.»

«Morgen bin ich nicht zu Hause.»

«Morgen suche ich die Bilder selbst aus.»

Joachim glaubt mir nicht. Traurig und bestürzt sieht er aus, als er ein Bild vom Boden aufhebt. «Nimm doch dies.» Er zieht ein anderes aus dem Regal. «Und dies.»

«Morgen», sage ich. «Es hat Zeit bis morgen.»

Und dann, am nächsten Tag, muss Joachim wirklich nach Stuttgart, ein lange geplanter Termin, eine wichtige Besprechung, unaufschiebbar, selbst an diesem besonderen Tag.

«Ich komme erst in der Nacht zurück. Versprichst du, dass du nicht fortgehst, bis ich wieder zurück bin?»

Natürlich verspreche ich es. «Zeit zum Fortgehen werde ich nicht haben. Ich muss die Bilder aussuchen.»

Als Joachim gegangen ist, stehe ich allein inmitten der Bilder. Jedes ist ein Kunstwerk. Wie soll ich mich entscheiden? Ich fange an, sie zu zählen, sieben, siebenundsiebzig, noch viel mehr, vielleicht sieben mal siebzig, ich zähle und verzähle mich, ich beginne von neuem, verzähle mich wieder. Alle sind sie wunderbar. Jede Auswahl wäre ein Verlust.

Klar wie noch nie sehe ich jetzt das Völkerkundemuseum vor mir, das ganze mächtige Gebäude, die Ehrfurcht gebietenden Flure, die weiten, hohen Säle, und in jedem Raum, wirklich überall, hängen meine Bilder. Es sind unzählige, es sind Hunderte.

Das ist es! Hunderte müssen es sein. Alle Bilder werde ich einreichen!

Plötzlich ist alles ganz einfach. Wozu meine Unruhe, meine Ratlosigkeit? Nur einen Karton brauche ich, einen großen. Es ist alles so einfach und leicht!

Kartons gibt es beim Supermarkt, gleich hinter der Tür, ein ganzes Regal voll, alle zum Mitnehmen, ich brauche bloß hinzugehen, alles ist so leicht. Ich nehme einen Karton, einen zweiten, einen dritten. Mit einem Einkaufswagen fahre ich sie durch den Supermarkt.

Und dann kaufe ich ein.

Auch das fällt mir leicht, ich brauche nicht zu überlegen, es ist alles meins, sowieso, ich brauche nur zuzugreifen, die duftenden Strauchtomaten, die herrlichen Papayas, die saftige Ananas, brauche nicht auf den Preis zu achten, denn alles ist meins, der beste Wein, die Schnecken im Glas, die frischen Garnelen, Einkaufen macht Spaß, und ich weiß nicht, warum ich nicht jeden Tag gehe. Endlich sind die Kartons voll, jetzt muss es reichen. Ich gehe zur Kasse, durch die Sperre hindurch, «es ist alles meins», sage ich, und ich weiß nicht, was die Frau von mir will. Ich gehe vorbei, natürlich gehe ich weiter, ohne anzuhalten, ohne auszupacken, warum auch.

Die Polizei bringt mich nach Hause.

Da ist niemand.

Die Polizei bringt mich zu meinem Arzt.

«Ladendiebstahl?»

Ich verstehe nicht.

«Ja, Ladendiebstahl.»

Ich schäme mich.

«Sie sollten wieder in die Klinik gehen, freiwillig.»

«Aber ich kann jetzt nicht, ich muss malen. Für die Klinik habe ich keine Zeit.»

«Nur so lange, bis Ihr Mann wieder da ist», sagt der Arzt.

Ich habe mich nicht länger gesträubt, und vielleicht war da sogar die Spur einer Einsicht. Ein Krankenwagen ist gekommen und hat mich nach Hause gebracht. Ich habe meine Tasche gepackt. Ich habe ein paar Bilder mitgenommen, den Zeichenblock, Stifte.

«Ist das alles, was Sie brauchen?», hat der Sanitäter gefragt.

Wenig später sind wir am Ziel, sind wieder in der Nussbaumstraße. Im Aufnahmezimmer ist es viel zu warm, viel zu eng.

«Lassen Sie mich raus! Ich kann hier nicht bleiben!»

Eine Frau fragt nach Namen und Adresse.

«Wissen Sie, warum Ihr Arzt Sie zu uns geschickt hat?»

«Ja», sage ich und laufe hin und her wie ein Hund in seinem Zwinger. «Ich soll malen. Mein Arzt hat mich zum Malen geschickt. Jeden hier soll ich malen. Und morgen holt mich mein Mann wieder ab.»

Sie hat mich auf die Station gebracht, und ich habe gemalt, den ganzen Tag, und als der Block nicht reichte, habe ich auf die Tische gemalt. Und als die Tische nicht reichten, habe ich auf die Wände gemalt.

Sie haben mir meine Stifte weggenommen!

Joachim ist am nächsten Tag gekommen. Müde und traurig stand er in meinem Zimmer. Er hat mich nicht abgeholt, und ich bin nicht allein fortgegangen. Es war zu spät zum Gehen.

Es war zu spät, weil ich zu müde war, zu dumpf, wieder verdunkelt von Tabletten, träge und gleichgültig.

«Wann muss ich meine Bilder für die Ausstellung einreichen?», frage ich Joachim am folgenden Tag.

«Das ist vorbei», sagt er. «Für dieses Mal ist es vorbei.»

Dann Stille plötzlich, schauen, uns anschauen, warten. Begreifen durch den Schleier der Verwirrung hindurch. Begreifen, dass es vorbei ist. Für dieses Mal.

«Sie winken doch», sage ich zu Joachim. «Sieh nur, sie winken mir zu. Es ist nicht vorbei!» Joachim sieht auch zum Fenster. Regen draußen, kahle Bäume, rote Gesichter in den Zweigen, nickend, lächelnd, winkend. «Sieh doch», rufe ich. «Sieh doch! Sie winken!»

«Meinst du den Luftballon dort im Baum?»

Wieder quälen sich die Stunden dahin. Wieder verstreichen die Tage in einer ungeheuren Sinnlosigkeit. Nichts ist mehr einfach, alles ist mühsam und zäh. Aber wenn ich Dr. Hamann sehe, lächle ich. Denn gut muss es mir gehen, von Tag zu Tag besser mit seinen Tabletten. Also lächle ich, um seine ärztliche Zuversicht nicht zu erschüttern.

Nach zwei Wochen spricht Dr. Hamann schon von Entlassung!

«Das freut mich», sage ich und lächele. Aber noch habe ich Angst vor allem, Angst vor den Tagen allein zu Hause, Angst vor den vielen kleinen Anforderungen, Angst selbst vor dem Kleinsten. Ich habe Angst vor den Menschen, Angst vor den Begegnungen. Ich habe Angst, Kai noch lange nicht versorgen zu können. Enttäuschte Hoffnung, wieder gesund zu sein! Ich habe Angst vor der Zukunft.

Aber ich will fort von hier, fort aus dem Irrsinn ringsum. Diese Welt ist nicht mehr meine Welt.

Gestern ist ein neuer Patient gekommen. Er heißt Fredy. Er ist hier, weil es ihn aussaugt.

«Was ist ‹es›?»

«Weiß nicht.»

Aber «es» reißt seine Gedanken aus ihm heraus, aus seinem Gehirn, und dann spült es sie fort durch das Klo, jedes Gurgeln, jedes Rauschen sind seine Gedanken – sagt er –, sein Schädel ist ausgeraubt, leer. Alle Gedanken fort, alle.

«Ist ‹es› im Klo?»

«Weiß nicht.»

Und dann schreit Fredy.

Am nächsten Tag hat er die Kloschüssel aus der Wand gerissen. Er hat diesen Sog ausgemerzt, hat vernichtet, was ihn vernichtet. Vier Pfleger sind über ihn hergefallen, aber sie waren nicht stark genug, ein fünfter, ein sechster, noch mehr sind gekommen, und dann haben sie Fredy auf die geschlossene Station gebracht.

In der Nacht höre ich plötzlich diese Schreie, unmenschlich, jede Mauer durchdringend, jeden Schlaf zerreißend, unartikulierte, tief dröhnende Laute wie von einem Tier in Todesangst, manchmal leiser, dann verstummend für Minuten, endlich in einer entsetzlichen Steigerung anschwellend, ein unentwegtes Geheul, und die Atempausen werden immer kürzer. Dann plötzlich Stille, absolute, beängstigende Stille.

Am nächsten Tag ist es wieder da.

«Was ist das für ein Gebrüll?», fragt Joachim.

«Das kommt von der Geschlossenen, das ist Fredy, der Neue. Gestern war er noch hier.»

«Du warst auch einmal auf der geschlossenen Station», sagt Joachim. Er sagt es so, als könne es mir entfallen sein.

Niemals werde ich es vergessen!

Und mit einem Mal ist diese Erinnerung wieder ganz nah: Angst, Hilflosigkeit und Verzweiflung.

«Kannst du dir das vorstellen, wie es ist, wenn du auf die geschlossene Station kommst?», frage ich. «Alles ist grauenvoll und bedrohlich, weil dir die Wirklichkeit schon lange verloren gegangen ist. Und dann noch diese Tür. Sie fällt ins Schloss, und mit diesem schrecklichen Geräusch ist auch der letzte Schein von Normalität unwiderruflich beseitigt. Kannst du dir das vorstellen? Nichts verstehst du mehr. Die Gesetze der Welt haben längst ihre Gültigkeit verloren. Und nun bist du auch noch eingesperrt, eine Gefangene, und niemand sagt dir, ob sich die Tür jemals wieder öffnen wird. Kannst du dir vorstellen, wie das ist? Dann hörst du dieses knirschende Geräusch, wenn sich der Schlüssel im Schloss dreht, den ganzen Tag, überall das Knirschen. Was dir bleibt, sind Angst, nur Angst, unbeschreibliche Angst und maßlose Verzagtheit. Ich weiß nicht, warum ich nicht gebrüllt habe. Man muss brüllen dort.»

Ein paar Tage später werde ich über das Wochenende nach Hause entlassen. Ich bin froh, wieder daheim zu sein, und gehe rasch die Treppen hoch, ohne Angst und ohne zu zögern. Aber dann: Ist das noch meine Wohnung? Überall liegen Bilder, mein ganzes Zimmer ist voll, Stapel auf dem Schreibtisch, sorgfältig aufgehäuft, Stapel auf dem Boden, Stapel auf den Schränken. Überall, erdrückend und unüberschaubar.

Wie kann ein Mensch so viele Bilder malen?

«Wirf sie weg», sage ich zu Joachim. «Wirf sie alle weg.» Er nimmt zögernd eins in die Hand und schüttelt den Kopf.

«Ich brauche das alles nicht mehr», sage ich. «Es ist vorbei. Der Wahnsinn ist vorbei.» Ich nehme das Bild, das er eben noch in der Hand hielt, eine heftige Bewegung, ein schnelles Zerreißen, und dann lasse ich die Fetzen zu Boden fallen. Ich zerreiße das zweite Bild, das dritte. «Tu die Bilder weg», sage ich. «Sie sind sinnlos geworden. Tu sie weg!» Wieder reiße ich ein Bild in Fetzen, nehme das nächste. «Ich will nichts mehr mit ihnen zu tun haben!»

«Hör auf», sagt Joachim plötzlich. Er nimmt mir das Bild aus der Hand. «Auf viele Bilder kannst du stolz sein.» Er hält das *Mädchen in Rosa* in der Hand, «und hier», er zeigt auf den *Tänzer*, auf den *Bunten Harlekin*. «Ich hebe sie für dich auf. Später würde es dir Leid tun.»

Am Abend beginnt Joachim, sie zu ordnen. Ich sehe ihm zu und lasse ihn gewähren, wie er Bild für Bild in die Hand nimmt und es geduldig ansieht. Noch zwei Abende beugt er sich darüber. Am Ende zeigt er mir zwei große Mappen. «Diese Bilder bewahre ich für dich auf. Vielleicht brauchst du sie noch einmal.»

Die Zukunft liegt in meiner Hand

Die Frage zu stellen
laut
vor aller Ohren
wäre ein Wagnis.
Die Frage zu stellen
still und unbemerkt
ist wie die Hoffnung selbst:
Bin ich wieder gesund?

Es ist ein Mittwoch, als ich zum dritten Mal aus der Klinik in der Nussbaumstraße nach Hause entlassen werde, ein warmer, sonniger Tag im frühen April, es geht ein leichter Südwind, und der Himmel ist wie hellblaue Seide. Joachim hat frei an diesem Tag, und wir fahren aus der Stadt hinaus. Am Ammersee ist es noch leer und still. An einem Steg verleiht eine junge Frau Boote an die ersten Ausflügler. Joachim mietet für uns ein Ruderboot. Ganz friedlich ist es und ruhig bis auf das leise Gurgeln des Wassers, wenn Joachim die Ruder durch das Wasser zieht. Es ist schön auf dem See, grüne Ufer, Häuser im Sonnenlicht, Kirchtürme und darüber, wie zum Greifen nah, die schneebedeckten Berge. Der Wind weht durch meine Haare, und ich fühle mich endlich wieder frei und ganz leicht.

Aber dann, am nächsten Tag, ist die Erinnerung wieder da:

Ladendiebstahl! Ein unhaltbarer Vorwurf, geradezu lächerlich, aber noch lange nicht ist er vergessen, nicht von mir und nicht von der Frau an der Kasse. Sie kannte mich, sogar meinen Namen! Ja, ich weiß es noch: eine Verrückte, die Aufsehen erregt, durchgeknallt – «alles ist meins» – die Leute gaffen – «alles meins» – grinsende Gesichter, jemand sagt: «Hast du die gesehen?», zeigt mit dem Finger auf mich. Dann die Polizei, die mich mitnimmt.

Einen Prozess hat es nicht gegeben, auch keine Strafe. Ich bin ja nur eine Verrückte.

«Du solltest wieder dort einkaufen», hat Joachim gesagt. «Du solltest zu dem stehen, was du getan hast. Du warst krank. Niemand wird dich deswegen zur Rechenschaft ziehen.» Aber ich habe nicht auf ihn gehört.

Sechs lange Monate habe ich den Supermarkt nicht mehr betreten. Als ich endlich wieder an der Kasse warte, kennt man mich nicht mehr. Die beiden Kassiererinnen habe ich noch nie gesehen. Niemand weiß, was ich hier getan habe, und ich bin froh darüber.

Auch dieses Mal muss ich ganz von vorn anfangen, als ich wieder zu Hause bin. Ich muss mit den Alltäglichkeiten beginnen, dem Aufstehen, dem Zähneputzen und Waschen. Ich muss anfangen, Teller auf den Tisch zu stellen, die Tassen, Messer und Gabeln. Ich muss anfangen, allein aus dem Haus zu gehen, anfangen einzukaufen. Ich muss anfangen mit dem Kleinsten. Ich bin weit davon entfernt, einen Haushalt zu versorgen oder einen Sohn zu erziehen. Schon das Aufstehen fällt so schwer. Oft sitze ich in der Wohnung und tue nichts.

In dieser Zeit fahren wir immer wieder zu Kai. Der Schnee schmilzt von den Hügeln der Baar, Schlüsselblumen blühen auf den Frühlingswiesen, und an einem klaren, kalten Sonntag verstecken wir Ostereier für Kai im Garten. Die Wochen vergehen. In München blüht schon der Flieder, aber wo Kai jetzt lebt, sind die Bäume noch kahl. Das Frühjahr kommt spät am Oberlauf der Donau. Doch an einem Tag sind die Störche auf dem alten Schulhaus zurück, die Wiesen sind gelb vom Hahnenfuß, und über die Fichtenwälder wehen gelbe Wolken von Blütenstaub. Sie ist schön, diese Landschaft im Wechsel der Jahreszeiten, und doch sind die Besuche eine Qual. Mühsam sind die Gespräche, mühsam die Sätze und qualvoll ihre immer gleiche Wiederkehr: «Du bist dem Jungen nicht mehr gewachsen», sagt Kais Großmutter zu mir. Oder: «Er braucht Beständigkeit. Eine kranke Mutter wird er nicht verkraften.» Und immer wieder, wie eine verlogene Litanei: «Glaub mir, niemand will dir deinen Sohn wegnehmen.»

Joachim ist unschlüssig, monatelang. «Vergiss die Einschulung nicht», sagt er. «Kai mal hier, mal dort: Das geht nicht.»

«Natürlich geht das nicht», sage ich.

«Er braucht eine feste Bezugsperson.»

«Selbstverständlich braucht Kai eine feste Bezugsperson», sage ich.

Niemand traut mir zu, für ihn zu sorgen!

Im Mai fällt mir ein Brief in die Hände. Wer hat ihn geöffnet? Wer hat ihn hier hingelegt, vielleicht vor Wochen schon? War ich das? Ich kann mich nicht erinnern. Der Absender: Schulreferat der Stadt München. Im Umschlag stecken ein buntes Heftchen, ein Merkblatt, ein Formular.

Ein Anmeldeformular! Es ist die Grundschulanmeldung für München.

Am zwölften Mai ist der letzte Termin.

Heute ist der zehnte.

«Joachim!» Ich rufe, als ginge es um Minuten. «Joachim!» Er ist nicht in der Wohnung.

«Joachim! Joachim!»

Ich kann ihn nicht finden!

Aber dann ist er endlich da, aus dem Keller zurück mit einem Kasten Sprudel.

«Die Anmeldung zur Schule!»

Er sieht den Brief kaum an, nur mich, und er ist verwundert. «Kai ist doch längst zur Schule angemeldet.»

«Aber nicht hier, nicht bei uns in München!»

Joachim nimmt die Anmeldung, ein flüchtiger Blick, dann legt er sie achtlos beiseite.

«Leg doch die Anmeldung nicht weg!»

«Maria, was soll das?»

«Bitte, lass uns Kai hier anmelden.»

«Wenn er wieder bei uns ist, wird er natürlich in München zur Schule gehen.»

«Aber die Frist! In zwei Tagen läuft die Frist ab!» Ich flehe, als würde sich in diesem Augenblick alles entscheiden.

Joachim versteht meine Aufregung nicht. «Wir werden sehen, wenn es so weit ist.» Dann geht er in die Küche, kopfschüttelnd und mit gesenktem Blick. Er wäscht das Geschirr ab, das schon den ganzen Tag in der Küche steht, trocknet es ab, räumt es in den Schrank. Kein Vorwurf an mich, die ich das alles hätte längst tun sollen, kein Wort der Enttäuschung.

Ich sitze in dieser Stunde allein vor dem Formular. Nicht einmal diese lächerliche Anmeldung kann ich ohne Joachim ausfüllen. Die Aufregung hat meine Gedanken aufgescheucht, sie wirbeln durcheinander wie ein tanzender Mückenschwarm, ein ständiges Auf und Ab, ein unaufhörliches Hin und Her, und was ich lese, kann ich kaum begreifen.

Vielleicht morgen, denke ich. Aber am nächsten Tag ist es nicht besser.

Der Juni geht dahin mit warmen Abenden und hellen Nächten, und mit dem Licht und der Wärme werden meine Wege länger, ich gehe allein hinaus, ich kaufe wieder ein, und wenn Joachim nach Hause kommt, ist die Küche aufgeräumt, und das Abendbrot steht auf dem Tisch.

Jetzt frage ich fast jeden Tag: «Wann endlich holen wir Kai?»

«Bald», sagt Joachim.

«Wann ist bald?»

«Ich weiß es nicht. Noch sollten wir warten.»

«Wie lange willst du warten, vier Wochen, sechs, noch länger?»

«Wir müssen uns nicht heute entscheiden.»

«Wann denn? Erst nach den Ferien?»

«Ich weiß es nicht.»

Zwei Tage später: «Wann holen wir Kai?»

Joachim sitzt am Küchentisch, er hat seinen Kopf zwischen den Händen und die Ellenbogen in die Tischplatte gebohrt, Sonnenstrahlen fallen durchs Fenster, Staubkörner taumeln im hellen Licht, und auf der Balkonbrüstung lärmen die Spatzen.

«Wann holen wir Kai?», frage ich wieder.

«Bald», sagt er. «Vielleicht schon ganz bald.» Er fährt sich mit der Hand durchs Haar, die Staubkörner tanzen, draußen hupt ein Auto, hupt und hupt, bis es endlich still ist.

«Ich habe nachgedacht», sagt Joachim langsam in diese Ruhe hinein. «Heute Nacht habe ich lange überlegt. Es gibt so vieles zu bedenken.» Wieder macht er eine seiner langen Pausen. «Ich meine, es ist doch besser, wenn Kai in München eingeschult wird. Es wird Zeiten geben, da werden wir Hilfe brauchen. Aber wenn wir sie brauchen, werden wir Hilfe bekommen, jemanden, der auf Kai aufpasst, jemanden, der den Haushalt versorgt.»

«Ja, meinst du wirklich?»

«Ja. Doch. Ich meine das wirklich. Kai gehört zu uns. Jetzt, ehe die Schule beginnt.»

Am nächsten Tag ruft Joachim seine Mutter an. Ich höre nicht, was sie sprechen, und sitze angstvoll in meinem Zimmer, gefasst darauf, dass Joachim wiederkommen wird, mir ernst und traurig die schlechte Nachricht überbringen wird, dass es doch Gründe gibt, Kai noch nicht zu uns zu holen.

Eine Viertelstunde später kommt Joachim zurück, sehr ernst und blass, und ich fürchte schon das Schlimmste.

«Sie war sehr traurig», sagt er.

«Und?»

«Am Samstag holen wir Kai zurück.»

Mir geht es in dieser Zeit nicht gut. Immer wieder dieses Grübeln, dieses Wegtreiben in Welten, die es nicht gibt, diese Suche nach Antworten auf Fragen, die mir niemand stellt. Und immer wieder fühle ich mich blutleer und körperlos wie ein

Geist. Dazu ein Drücken und Hämmern in meinem Kopf, das unerträglich ist. Dazwischen liegen Tage, da geht es mir gut, und alles ist wie früher. Beinahe jedenfalls.

Zwei Tage, ehe wir Kai holen wollen, sehe ich mich. Ich sehe mich von oben über meinem Körper. Er ist unten, eingesperrt zwischen den glatten weißen Wänden einer öffentlichen Toilette. Ich bin gefangen in dem engen Verließ, und irgendwie muss ich mich verlassen haben, oder mein Geist hat meinen Körper verlassen, ich verstehe das alles nicht, und mit einem Mal ist die Welt wieder aufs schrecklichste durcheinander geraten.

Mein Gott, fängt das jetzt wieder an?

Doch dann geht es wieder vorüber, und ich öffne die Verriegelung, drücke die Klinke herunter. Man hat mich nicht eingesperrt, nichts ist geschehen, ich bin in mir, bin in meinem Körper, und alles ist wie sonst.

Am nächsten Tag bin ich mutlos und erschreckt. Gerade jetzt, wo Kai zu uns kommt, tritt der Wahnsinn wieder in mein Leben.

Ich habe die Tabletten doch genommen!

«Sie müssen ein zusätzliches Medikament nehmen», sagt Dr. Hamann, als Joachim mich zu ihm bringt. «Nur jetzt, nur für kurze Zeit.» Und: «Sie müssen sich schonen.»

Ich tue, was er sagt. Die Aufregung um Kai, das Warten, die Unsicherheit, die Vorbereitungen zu seiner Rückkehr: Es war einfach zu viel. Und tatsächlich, die Klinik bleibt mir erspart. – Dieses Mal.

Dann geht alles ganz schnell.

Nur noch einmal, ein einziges Mal fahren wir zu Kai.

Seine Großmutter steht vor dem Haus mit versteinertem Gesicht. Kälte, schlimmer als zuvor, Kälte mitten im Sommer. – Oder ist das Trauer? Ist das Sorge?

Wir packen Kais Sachen. Ist das alles seins? Die neuen Schuhe, Stiefel für den Winter, Halbschuhe, Sandalen, Turnschuhe, Badeschuhe, alles ist neu, dazu die Hosen, die Pullover, die T-Shirts, Unmengen von Wäsche, die vielen Spielsachen.

«Warum hast du so viel für Kai gekauft?», fragt Joachim.

Seine Mutter steht daneben, als wir packen, einfach so, und schweigt.

«Sollen wir alles mitnehmen?», fragt Joachim.

Sie antwortet nicht.

«Möchtest du hier behalten, was du für Kai gekauft hast?»

Endlich ihre Antwort, mit Tränen in den Augen. «Nehmt es mit, nehmt alles mit. Es gehört doch Kai.»

Dann ihre Frage: «Aber er kommt doch wieder?»

«Wir werden dich besuchen, mit Kai. Das haben wir doch immer getan.»

Unser Sohn hockt bei alledem mitten in seinem Zimmer, verwirrt und still, seinen Teddy auf den Knien und das Gesicht in das braune Fell vergraben.

Im Flur und in dem Zimmer, das für lange Monate Kais war, hängen Bilder, die er gemalt hat, Strichmännchen mit zu vielen Fingern an jeder Hand, Häuser mit schiefen Schornsteinen und immer wieder Autos, grüne, rote und vor allem blaue.

«Die Bilder lässt du mir doch?», sagt sie zu mir. «So grausam kannst du nicht sein.»

Ich bin nicht grausam. Nie war ich grausam.

«Kai schläft erst ein, wenn du ihm eine Geschichte erzählt hast», sagt sie zu Joachim. Und zu mir: «Kai erkältet sich so schnell. Du musst immer trockene Kleidung dabeihaben, zum Umziehen, wenn er geschwitzt hat.»

Endlich ist alles gepackt. Obenauf liegt eine riesige Schultüte.

Die Großmutter nimmt Kai in die Arme, der hält seinen Teddy an die Brust gepresst. «Mach es gut, mein Kleiner», sagt sie mit einem Gesicht, als bräche er in ein fürchterliches Abenteuer auf.

Sie weint, als wir fahren. Ihre Tränen erschrecken mich. Ich habe sie noch nie so weinen sehen, nicht so heftig, so verzweifelt.

Es ist nicht leicht in der ersten Zeit mit Kai. Die Vertrautheit ist uns abhanden gekommen, und auf seltsame Weise sind wir uns fremd geworden. Zärtlichkeiten wehrt er ab.

«Er ist kein Kleinkind mehr», sagt Joachim. «Es ist normal, wenn er nicht mehr schmusen will.»

Oft sitzt Kai inmitten seiner Legosteine still am Boden, ein kleiner Fremdling in unserer Wohnung. Stundenlang baut er so, ohne mich zu beachten. Nur ganz selten ein «Mama, hilfst du mir mal?».

Ich knie dann neben ihm auf dem Teppich nieder, glücklich, dass ich ihm helfen darf, und gemeinsam gelingt es, wir setzen die Fenster ein, ich halte sie fest, Kai steckt die Steine. Wir bauen das Dach, es ist wirklich nicht leicht mit den dreieckigen Steinen, aber zu zweit ist es leichter, und endlich steht es fertig da, sein Haus, unser Haus, mit vielen Fenstern und zwei Türen.

«Eine zum Reingehen und eine zum Rausgehen», sagt Kai.

Und dann geht er wirklich zum ersten Mal zur Schule, wirklich hier in München.

Kai hat die größte Zuckertüte. –

Jeden Morgen macht er sich nun stolz auf den Weg mit seinem bunten Schulranzen, stolz kommt er wieder nach Hause. «Ich kann das schon alles», sagt er. «Die Oma hat mir längst gezeigt, wie man schreibt.»

Drei Wochen später die Enttäuschung, Tränen: «Frau Kruse sagt, dass ich die Buchstaben so schreiben muss, wie sie an der Tafel stehen, und nicht, wie meine Oma schreibt.»

Am nächsten Tag will er zum ersten Mal nicht zur Schule gehen.

«Das wirst du schaffen, das mit den Buchstaben», sagt Joachim. «Wenn es die anderen Kinder lernen, lernst du es schon lange.» Und: «Natürlich gehst du heute zur Schule.»

Überhaupt Joachim: Monatelang besteht Kai darauf, dass ihn sein Vater zu Bett bringt!

Nach den ersten Schultagen beginnt die Zeit auf eine geheimnisvolle Weise gleichmäßig dahinzufließen. Schultage wechseln mit Wochenenden, Schulwochen mit Ferienwochen, die ersten Herbstferien, die ersten Weihnachtsferien, Osterferien, Pfingstferien, die Sommerferien, und dann ist schon das erste Schuljahr zu Ende, bald das zweite, ein drittes, ein viertes.

Es ist nicht so, dass nichts geschähe in dieser Zeit. Die Tage sind voller großer und kleiner Ereignisse, aber die vergehende

Zeit ist wie ein steter Fluss. Seine Gleichförmigkeit hat etwas Beruhigendes, etwas Tröstliches inmitten der Unsicherheit. Sie ist immer noch da, auch die Angst vor den unscheinbaren, kaum spürbaren Veränderungen, die auftauchen wie aus dem Nichts. Von einem Tag zum anderen ist es da, dieses unaufhörliche Herumdenken, das Schwanken zwischen Besessenheit und Gleichgültigkeit und der Rückzug von den Menschen, die mir begegnen. In diesen Zeiten bleibt mir nur noch das Telefon zum Reden, planlos wähle ich die Nummern, und dann sind die Gespräche endlos, am Tage oder nachts, und unsinnig wie meine Briefe. Ich schreibe sie meiner Mutter und dem Pfarrer, vor allem aber schreibe ich Dr. Hamann.

Lieber Herr Dr. Hamann,

die Mutter liebt den Sohn, aber sie begehrt ihn nicht. Die Mutter liebt auch das Kind, das von den Sternen gekommen ist. Der Krieg ist vorbei, zwei Familien sind nun miteinander verwandt.

Der Wolf näherte sich den Schafen des Hirten. Er trat in den magischen Kreis und wandelte sich vom Wolf in den Hütehund. Nun bellt und beißt er. Nur ein wirklich einfältiger Hund aber beißt das Schaf des Hirten. Nur ein wirklich einfältiges Schaf hört nicht auf den Hund des Hirten.

Ich bin nicht Gott. Gott ist Geist. Wann immer ich Schwierigkeiten mit meiner Identität habe, schlucke ich

Medikamente. Aber Holger ist Gott. Er ist zuständig für die Alten, die aus der Götterdämmerung die ersten rudimentären Formen der Liebe lernen – die Neonazis.

Ein Zug fährt durch die Welt. Wer nicht einsteigt, muss ihn später suchen. Es ist eine Sünde, den heiligen Geist zu ignorieren. Neurologie und Kinesiologie gehören zusammen.

Eine Welt war außerhalb des Raumes. Sie ist jetzt am Rand des Universums angelangt und bewegt sich auf die Mitte zu. Das ist Gott.

Liebe Grüße, Ihre Maria Jahn

PS: Warum schreibe ich Ihnen? Weil Sie teilhaben wollten.

Als ich das schrieb, war es längst zu spät. Am nächsten Tag war ich wieder in der Klinik.

Zwei- oder dreimal war ich noch im Krankenhaus, als Kai wieder bei uns war, aber das letzte Mal liegt schon Jahre zurück. Es hat lange gedauert, bis ich gelernt habe, schon die kleinsten Anzeichen zu erkennen, wenn sie noch kaum spürbar sind und niemand außer mir sie wahrnehmen kann. Eben dann, wenn es noch nicht zu spät ist.

Fast nichts kann es sein, wenn es wieder beginnt, ein seltsam intensives Erleben, ein merkwürdiger Druck im Kopf, der unruhige Schlaf in der Nacht, der Rückzug von den Menschen. Die Dinge des Alltags werden mühsam, das Aufräumen, das Kochen zu einer Qual. Ich weiß jetzt, dass dies der Anfang sein kann, erste Zeichen, wenn der Wahn schon auf der Türschwelle steht. Ich weiß inzwischen, was dann zu tun ist.

Viel Ruhe brauche ich an diesen Tagen, vielleicht andere Tabletten, und dann geht die Gefahr vorüber wie Gewitterwolken, die sich bedrohlich auftürmen, immer höher, dann plötzlich in sich zusammenfallen, ohne Regen, ohne Blitz und ohne Sturm. Es liegt an mir, ob das Gewitter losbricht! Dies zu wissen ist eine große Beruhigung.

Nein, ein Wunder ist nicht geschehen, jedenfalls nicht so, wie ich es erhofft habe. Das Urteil Schizophrenie ist nicht aufgehoben worden, und eine völlige Erlösung von der Heimsuchung hat es nicht gegeben. Es hat lange gedauert, bis ich begriffen habe. Jetzt nehme ich die Tabletten und gehe regelmäßig zum Arzt. Seit Jahren war ich nicht mehr auf der Station. Warum hat mir niemand gesagt, dass man sich an so vieles gewöhnt, auch an die Tabletten?

Was auch immer sich verändert hat durch die Medikamente, irgendwann wurde es erträglich. Oder waren es die neuen Tabletten, die geringere Dosis? Es mag Jahre gedauert haben, bis der Schleier, der sich über mein Empfinden gebreitet hatte, lichter wurde und die Welt wieder Konturen bekam. Oder habe ich vergessen, wie sie einmal war? Wie sie war, bevor ich krank wurde? Ist das, was jetzt normal erscheint, eine andere Normalität? Ich weiß es nicht.

Man gewöhnt sich.

Ich bin dick, immer noch. Die quirlige Maria, diese zierliche, immer ein wenig verrückte Frau, gibt es nicht mehr. Aber es gibt eine andere. Diese Maria ist toleranter, ist vernünftiger, ist einfühlsamer, und ihre Augen haben gelernt, die

Menschen deutlicher zu sehen. Nichts ist mehr so, wie es einmal war. Nicht nur die Krankheit, auch die Psychiatrie verändert die Menschen. Die Wochen und Monate, losgelöst von aller Beschränktheit, von Gewohnheit und Vernunft, von Engstirnigkeit und Intoleranz, von den Regeln der normalen Welt, gehen nicht spurlos vorüber.

Mein Arzt ist wieder Dr. Hamann. Zweimal im Monat gehe ich zu ihm in die Ambulanz. Heute komme ich ohne Angst in die Klinik in der Nussbaumstraße. Ich gehe ein und aus wie die gesunden Besucher. Niemand hält mich hier fest. Unbefangen betrete ich den ehrwürdigen Bau und nicke freundlich der Dame in ihrem Glaskasten an der Pforte zu. Wenn sie es sieht, lächelt sie zum Gruß. Hinter der geschwungenen Flügeltür trete ich durch eine dunkle Holztür, die hoch ist wie die einer Kathedrale. Dahinter liegt der lange Flur der Ambulanz. Nie gehe ich hindurch, ohne einen Blick auf die wechselnden Bilder an den Wänden zu werfen. Wer hat sie gemalt, die Kohlestiftzeichnungen von Kindern, die Aquarelle, die Bilder in Öl? Es stehen Namen darunter, aber ich kenne sie nicht.

Es sind Namen von Künstlern.

Namen von Verrückten?

Dr. Hamanns Zimmer ist ganz am Ende des Flures. Ich spreche gern mit ihm und vertraue ihm. Erst war mein Vertrauen nur ein kleines empfindliches Pflänzchen, störbar durch die kleinste Meinungsverschiedenheit, durch die Spur eines Missfallens. Das ist vorbei. Dr. Hamann hat mir geholfen zu verstehen, was mit mir geschehen ist. Er hat mir geholfen, die Krankheit anzunehmen, ohne Verzweiflung, ohne Wut und ohne

Werturteil. Durch ihn habe ich gelernt, dass ich kein weniger wertvoller Mensch bin als ein gesunder. Wer würde einen Menschen verachten, nur weil er Diabetes hat oder eine Lungenentzündung? Wer würde einen Menschen verachten, nur weil er Tabletten nimmt, um seine Krankheit zu behandeln?

Durch Dr. Hamann habe ich endlich verstanden, was ich längst hätte wissen können: Da ist etwas, was in mir entsteht. Es entsteht nicht immer, und es entsteht nicht aus dem Nichts. Ich bin es, die Einfluss darauf nehmen kann! Eine vollkommene Beherrschung der Krankheit ist nicht möglich, aber ich bin ihr nicht hilflos ausgeliefert. Also habe ich mein Leben geändert. Ich lebe ruhiger, mute mir nicht mehr so viel zu, nehme meine Medikamente. Nur so habe ich eine Chance auf ein normales Leben, nur so spült mich die Krankheit nicht immer und immer wieder fort in den Irrsinn.

Von Zeit zu Zeit schreibe ich meine Gedanken auf. Oft sind es Gedichte, und in ihnen versuche ich zu begreifen, was mit mir geschehen ist.

Manchmal,
wenn ich mit dem anderen Auge schaue,
dem «verrückten»,
kommt es mir vor,
als hörte ich Trommeln
vom Horizont.
Es ist,
als sei ich weiter fort gewesen
als der Tod.
Es ist,
als käme ich zurück.

Während die Angst vor meiner Krankheit immer kleiner wird, wächst die Sorge um Kai. Es sind Kleinigkeiten, die nur ich bemerke, vielleicht sind sie belanglos, und ihre Bedeutung ist aufgebläht durch meine unsinnige Angst.

Da sind die Tage, an denen er nicht zur Schule gehen will: «Mama, mein Bauch gluckert so», sagt er. Oder: «Mama, die anderen Kinder sehen mich so komisch an.»

«Du gehst trotzdem», sage ich und bringe ihn zur Schule. Einmal weigert er sich, das Schulhaus zu betreten. Ich ziehe ihn zur Tür. Er wehrt sich. Andere Kinder lachen. Er macht sich los und geht hinein.

«Ich habe Kopfschmerzen», sagt er am nächsten Tag. Er bleibt zu Hause, auch den nächsten und den übernächsten Tag. Dann sind Sommerferien. Als die Ferien vorbei sind, kommt er in eine andere Klasse. Er geht wieder zur Schule, bringt gute Zensuren nach Hause, sehr gute sogar.

Es ist nichts, rede ich mir ein, was mich beunruhigen müsste. Kai ist ein Kind wie jedes andere.

An einem Abend sehe ich ihn auf dem Plattenweg vor unserem Haus. Er hüpft vor mir, er hüpft von Kästchen zu Kästchen, balanciert auf einem Bein für Augenblicke, er müht sich um das Gleichgewicht, wackelt, fängt sich wieder, springt weiter, eine zuckende, hopsende Gestalt auf den grauen Steinen.

«Mama, wir dürfen nicht auf die Linien treten», ruft er mir zu. «Wer auf die Linien tritt, verbrennt.»

Wer auf die Linien tritt, verbrennt! Das ist Kais Angst, das ist der Grund für sein Hüpfen! Er hat Angst vor den Linien, er hat Angst wie der Mann mit dem Schlapphut. Ist das der Anfang? Ist das die Krankheit? Sie kann fast unbemerkt beginnen, ein Schwelbrand hinter verschlossenen Türen, der sich unaufhaltsam weiterfrisst, bis er endlich das letzte Hindernis durchbricht, hoch auflodernd mit vernichtenden Flammen, und der Brand nicht mehr zu löschen ist: die Blicke der Kinder, die Kopfschmerzen, die Magie der Linien. Das kann ein Anfang sein: Wer auf die Linien tritt, verbrennt!

Dann dreht sich Kai auf einem Bein zu mir um, sieht mich an.

«Mama, warum schaust du so ängstlich?»

«Nichts», sage ich, «nein, es ist nichts», und versuche ein Lächeln in meiner Not.

Er steht jetzt breitbeinig auf zwei Platten. «Das war doch nur ein Spaß. Du verbrennst nicht, wenn du auf die Linien trittst», ruft er mir zu, und dann hüpft er davon.

Niemand teilt meine Furcht, nicht Joachim und nicht Dr. Hamann.

«Ich denke, Sie machen sich unnötige Sorgen», sagt Dr. Hamann, und für eine Zeit vergesse ich meine Angst.

Mein Weg zurück in die Normalität war kein geradliniger Weg, es war ein stetiges Auf und Ab, und doch ist das Leben von Jahr zu Jahr leichter geworden. Es war Joachims Geduld, die mich aus meiner Einsamkeit zurück ins Leben geholt hat, es war seine Beständigkeit, die mir immer wieder aufs Neue Sicherheit gegeben hat in meiner tiefen Irritation über die Zuverlässigkeit der Welt. Es war Joachim, der mein Interesse für die vielen Dinge geweckt hat, die mir einmal wichtig waren. Er hat mich auf die Schönheit der Natur aufmerksam gemacht, auf die Bilder, die Kunst.

Er war es, der mich in die Normalität zurückgeholt hat,

aber es war Dr. Hamann, der mir Mut gemacht hat, wieder zu malen.

Ich habe den Faden da wieder aufgenommen, wo ihn mir die Krankheit aus der Hand genommen hat. Wie lange ist es her, dass ich die toten Kinder im Fernsehen gesehen habe? Die erstarrten braunen Klumpen in ihren Steingräbern, die niemand erkennen konnte außer mir in einem Film, den es vielleicht niemals gegeben hat? Wann war es, dass ich die versteinerten Kinder gemalt habe? Sieben Jahre mögen seither vergangen sein, vielleicht auch acht. Irgendwann habe ich die Blätter wieder in die Hand genommen. Es ist viel Traurigkeit in diesen Bildern und ein großer Schmerz. Er war es, der mir endlich, Jahre später, die Tür zur Kunst wieder geöffnet hat. Jetzt war es ein anderer Schmerz als damals, als ich die versteinerten Kinder nicht erwecken konnte, aber in den neuen Bildern habe ich meine Trauer wieder gefunden, meine Einsamkeit, mein Eingeschlossensein in einer befremdlichen Welt und die Spuren der erduldeten Schmerzen.

Die Trauer beim Malen ist heute vergangen, nicht aber der Traum vom großen Erfolg, vom überwältigenden Durchbruch. Das schlichte Wollen ist zu wenig, erst das Begehren, die Vision und der unerschütterliche Glaube an sich selbst führen zum Sieg. Vielleicht wird es doch wahr: Maria, die Besondere. Warum denn nicht?

Jeder Mensch ist etwas Besonderes. Ich muss nicht wahnsinnig sein, um auf Erfolg zu hoffen. Unmögliches werde ich nicht wollen. Warum auch? So vieles ist möglich!

Meine Kunst hat gewonnen durch die Krankheit, freier ist sie geworden, ungehemmter, selbstverständlicher und kühner. Ich habe etwas mitzuteilen mit meinen Bildern. Die Erfahrung von Angst und Einsamkeit, die Verletzungen, die tiefe Not und die Sorgen finden darin ihren Ausdruck. Aber die Erfahrung hat mich reifer gemacht, und in der Zerstörung ist wieder Hoffnung. Frieden und Liebe. Auch das ist in meinen Bildern.

Erst sind es kleine Erfolge, aber auch sie zählen: meine Bilder im Flur der Ambulanz, meine Bilder bei einer Ausstellung mit Werken psychisch kranker Künstler, die Ausstellung im Speisesaal eines Hotels und in unserer Sparkasse. Und sie werden gekauft! Nicht wie früher nur von Verwandten und Freunden. Unter den Käufern sind Fremde, sind Menschen, die ich nie gesehen habe.

Jeder kleine Erfolg ist ein Grund zur Freude. Aber ist das schon alles? Ich habe meinen Traum vom eigenen Katalog nicht aufgegeben, den Traum von einer Ausstellung in einem richtigen Museum, in dem die Kenner meine Bilder sehen, mich wahrnehmen.

Mein Name ebenbürtig unter anderen, von denen ich schon oft gehört habe: Ist das verboten?

Die Hoffnung auf Erfolg ist ein Motor, der mir immer und immer wieder Flügel verleiht. Und doch: Manchmal beneide ich die, denen ihre Kunst nichts anderes ist als ein inneres Bedürfnis nach Ausdruck, losgelöst von jeder Eitelkeit und ohne Verlangen nach Anerkennung.

«Dieses Jahr werde ich mich wirklich für eine Ausstellung in der *Galerie der Künstler* bewerben», sage ich eines Abends zu Joachim.

Er lässt die Zeitung sinken und sieht mich an mit weit aufgerissenen Augen. «Meinst du?»

Ich sehe das Erschrecken in seinem Gesicht und die Furcht.

Die Erinnerung ist noch nicht ausgelöscht, nicht bei ihm und nicht bei mir, an meine Unrast, den wilden Rausch beim Malen, den Taumel der Erregung, an dessen Ende der Wahn unausweichlich war.

Ich greife nach seiner Hand und lache ihn an: «Was immer auch kommen wird, was damals geschah, wird sich nicht wiederholen.»

Vier Wochen später suchen wir gemeinsam die Bilder aus. Joachim sitzt auf dem Sofa, aufrecht und angespannt wie vor einer schweren Prüfung, und ich schleppe meine neuen Bilder herbei, *Torso*, *In der Manege*, *Zerbrochen* und die vielen anderen, dann die versteinerten Kinder, braune, zusammengekauerte Wesen auf zerknittertem Seidenpapier, eine ganze neue Serie. Gemeinsam ordnen wir die Bilder, und ich schichte sie auf, die besten hierhin, die guten dorthin, die weniger guten ganz auf die Seite.

Aber was ist gut, was weniger?

Ich sammele die Bilder vom Boden wieder auf, und wir beginnen aufs Neue, sie zu ordnen, probieren es ein drittes Mal. Stundenlang ist es ein unaufhörliches Abwägen, ein endloses Diskutieren.

«Dieses Bild ist schöner», sagt Joachim, und er legt es auf den kleinsten Stapel.

«Ich will nicht einfach nur schöne Bilder zeigen. Ich möchte den Betrachter berühren.»

Jetzt steht Joachim auf, geht aus dem Zimmer und kommt mit zwei verstaubten Sammelmappen zurück. Er breitet den Inhalt auf dem Boden aus, die halb vergessenen Schätze aus einer anderen Welt, *Der Tänzer*, *Das Mädchen in Rosa*, *Sterben und Menschwerdung*, zwei, drei Bilder von der blutenden Frau im Wasser und immer wieder die versteinerten Kinder aus dieser vergangenen Zeit.

Versteinerte Kinder von damals, versteinerte Kinder von heute. «Die neuen gefallen mir noch besser als die alten», sagt Joachim. «Die solltest du nehmen.»

«Nein», sage ich. «Ich will mich nicht danach richten, was gefällt.»

«Warum zeigst du dann deine Bilder?»

Ich möchte, dass der Betrachter meine Bilder versteht, mich versteht und – vielleicht – sich selbst wieder findet.

«Entscheide du selbst über die Bilder», sagt Joachim.

Ja, jetzt entscheide ich mich, denn ich weiß, was ich mit ihnen sagen will. Am nächsten Tag geben wir die große Mappe gemeinsam ab.

Verletzungen und Heilungen habe ich mein Thema genannt.

In den nächsten Wochen bleibt mir nur das Warten. Auf die Zusage. Auf die Absage. Auf das Wunder. Auf die Enttäuschung.

Manchmal treffe ich Holger. Seine schwarzen Haare sind grau geworden. Er lächelt, wenn wir uns sehen. – Wie damals.

Er hebt die Hand zum Gruß. – Genau wie damals.

Was mir geschehen ist mit Holger, meine Liebe bis zum Wahnsinn oder meine Liebe aus Wahnsinn, ist nicht einzigartig. Es gibt noch eine andere Frau, und ihre Geschichte ist meine. Eines Tages – es liegt schon Jahre zurück – habe ich sie getroffen. Sie kam in die Nussbaumstraße, weil sie verrückt war nach Holger. Wirklich, nach meinem Holger! Sie war irrsinnig vor Liebe. Wie kann ein Mann zwei Frauen in den Wahnsinn treiben?

An einem Abend, als wir zusammen im Raucherzimmer saßen, hat sie mir alles erzählt. Sie hat mir erzählt von der Nacht in der Akademie, allein hinter den verschlossenen Türen. Sie hat mir erzählt, wie sie gewartet hat in einem dunklen Abstellraum mit den zwei Eimern Acrylfarbe, bis alle Lichter gelöscht waren und auch der Letzte gegangen war. Dann hat sie die Kerzen angezündet und so, im Flackern der Flammen, hat sie gemalt. Die frisch geweißten, ehrwürdigen Bogengänge der Akademie hat sie über und über mit roter und schwarzer Farbe beschrieben. «Ich liebe dich», hat sie geschrieben und immer wieder «Ich liebe dich», in allen Stockwerken auf diese Wände, die weißer sind als weiß, «Ich liebe dich» in großen Lettern, rot und schwarz, «Ich liebe dich» eine ganze Nacht nur drei Worte: «Ich liebe dich».

Heute, wenn ich die Augen schließe und an die Akademie denke, sehe ich die weißen Flure vor mir, die nicht endenden Gänge, die Bögen wie in einer gotischen Kathedrale, alles ist frisch gestrichen, alles ist weiß, kreideweiß, aber an einem Morgen sind Worte da, «Ich liebe dich» in Rot und in Schwarz in riesigen Lettern, hastig hingeschmiert, den ganzen Flur entlang, das ganze Stockwerk, alle Stockwerke.

Manchmal, wenn ich mit Joachim ins «Atzinger» gehe, sehe ich Holger mit Studentinnen. Es tut mir nicht mehr weh. Ein klein wenig bin ich ihm sogar dankbar. Holger hat mich stark gemacht. Seine unendliche Liebe im Wahnsinn zu spüren, den Wahnsinn der Liebe zu spüren, hat mir geholfen, die Liebe dort zu entdecken, wo sie sich bescheidener zeigt. In Joachims karger, unerschütterlicher Liebe und der Anerkennung, die nicht laut und unecht ist.

Ich habe den Wahnsinn gebraucht, um Achtung und Zuneigung da zu entdecken, wo sie alltäglich sind, und ich bin stärker geworden, die Ablehnung auszuhalten, wo immer sie mir entgegenschlägt. Es gibt so viele Menschen, die mich mögen. Soll mich etwa jeder schätzen, jeder lieben?

Es gab eine Zeit, lange Jahre waren das, da wurde mir Zuneigung nur als kümmerliches Rinnsal zuteil. Die, die mich hätten lieben sollen, Vater und Mutter, waren verstrickt in ihre eigenen Probleme. Ist es ein Wunder, dass ich mich immer nach Liebe gesehnt habe? Ist es ein Wunder, dass in den Zeiten, als sich die Realität im Wahn aufgelöst hat, das allerkleinste Signal, das noch so kleine Zeichen der Zuneigung, ja der Anerkennung bloß, zu einem gewaltigen Strom der Liebe wurde? Ohne Distanz überwältigte mich, was in mir und um mich herum geschah. Schutz und Abwehr waren verloren gegangen.

Zu begreifen allerdings, dass Holgers Liebe nur ein Hirngespinst war, fällt mir noch heute schwer.

Ein Tag im Juli. Zäh und erdrückend flimmert die Hitze über den Straßen, schwarze Gewitterwolken hängen über dem Maximilianeum, und über der Stadt ist der Himmel wie geschmolzenes Blei. Es ist still unter den Arkaden des Völkerkundemuseums, ein paar Touristen sitzen an den runden Tischen, still auch sie, ermattet in ihrem Bildungseifer, erschöpft von der Hitze.

Noch ist die *Galerie der Künstler* leer, noch sind die Besucher nicht gekommen, nur wir drei sind hier, eine Bildhauerin, ein Maler und ich, dazu ein paar Freunde, Angehörige.

Wir haben es wirklich geschafft! Ein Traum ist in Erfüllung gegangen, das niemals für möglich gehaltene, das unglaubliche Wunder ist geschehen. Das endlose Warten war nicht vergeblich, zehn Wochen lang dieses tägliche Warten auf den Briefträger, hoffnungsvoll, bis er endlich kommt, dann die Enttäuschung, wenn wieder und wieder der ersehnte Umschlag nicht eingetroffen ist.

Das Warten hat längst ein Ende genommen, und viel gab es noch zu tun. Heute, wirklich heute hat er sich eingestellt, dieser Anlass zu himmelhoch jauchzender Freude. Alles ist vorbereitet, die Sektgläser, daneben in hohen Stapeln die drei Kataloge. Ein Redner ist bestellt, das Mikrophon gerichtet, dazu die Lautsprecher, und in allen Räumen hängen unsere Bilder, stehen die Skulpturen.

– Und wenn niemand den Weg zu uns findet an diesem glutheißen Tag, wenn niemand unsere Bilder sehen will?

Eine Viertelstunde später kommen die ersten Besucher, dann immer mehr, bald herrscht Gedränge im ersten Saal. Vor allem Frauen sind gekommen, auffällige Frauen mit bunten Tüchern um den Hals, eine Dame mit Turban, überall großer Schmuck, große Muster in den Kleidern, selbst die Brillen sind groß. Dicht vor den Bildern stehen die Stillen, die In-sich-Gekehrten, die sich Zeit lassen beim Betrachten, dahinter die Enthusiastischen, die Lauten: «Ist dieses Bild nicht großartig! Außergewöhnlich! Wirklich außergewöhnlich!»

Ich stehe in der hintersten Ecke, Joachim und Kai neben mir. Ich halte die warme Hand meines Mannes und klammere mich mit der anderen an mein Sektglas. Ich habe Angst, dass alles hier über meine Kräfte geht. So viele Menschen!

Sie sind nicht hereingekommen, sie sind plötzlich da. Erst ist es nur ihr geblümtes Kleid, das mir auffällt, dann ihr Gesicht, daneben ein zweites, das ich kenne.

Kai läuft ihnen entgegen, während ich zurückweiche in den dunkelsten Winkel. Sie kommen auf mich zu mit ausgestreckten Händen.

«Ich dachte, du würdest dich freuen, wenn wir zu deiner Ausstellung kommen», sagt meine Schwiegermutter. «Es sollte eine Überraschung sein», sagt ihr Mann.

Ich bin wirklich überrascht, und ich denke, ich müsste mich darüber freuen, dass sie für mich und meine Bilder so weit gefahren sind.

«Ja», sage ich. Aber die Überraschung ist zu groß. Ich kann mich nicht wirklich freuen, noch nicht. Ich zeige ihnen meine Bilder, zögernd erst, mutiger dann, und jetzt ist es doch schön, dass sie gekommen sind.

Ein wenig sind wir uns näher gekommen, von Jahr zu Jahr mehr. Der Aufruhr, die heftigen Gefühle und meine Angst sind vergangen. Den Kampf um Kai habe ich gewonnen. Aber die Entfremdung hat ihre Spuren hinterlassen.

«Maria, ich habe immer gehofft, dass du Erfolg haben wirst», sagt sie zu mir, und ich weiß nicht, ob ich ihr glauben darf.

Ein Knacken in den Lautsprechern unterbricht uns, ein durchdringendes Pfeifen. Ein Redner im zerknitterten Anzug klammert sich mit beiden Händen ans Mikrophon, seine Stimme ist viel zu laut in dem dröhnenden Widerhall von den Wänden. Was er sagt, ist nicht zu verstehen, bis jemand den Ton leiser stellt. Und dann spricht er von den Straßenkindern, denen meine Bilder gewidmet sind, von ihrem Leben ohne

Liebe und Geborgenheit, von der Verletzlichkeit der kindlichen Seele, zerreißbar wie das Seidenpapier meiner Bilder.

Da horchen sie auf, sie vergessen ihre Sektgläser, es wird still hier drinnen mit einem Mal, draußen krachender Donner, regenschwere Finsternis hinter der Glastür, und was der Redner noch sagt, höre ich nicht mehr. Endlich findet er ein Ende.

Später stehe ich vor meinen Bildern und trinke den zu süßen Sekt, ich stehe und rede viel zu viel: «Ja, dieses Bild habe ich gemalt, als ich krank war. Nein, dieses ist erst im letzten Jahr entstanden.» Ich rede, und sie hören mir zu, Unbekannte und Bekannte, sie sind begierig auf meine Worte.

Um acht Uhr ist das erste Bild verkauft.

Von meiner Mutter ist eine Karte gekommen. «Sehr gern wäre ich zur Vernissage gekommen, um an deinem Erfolg teilzuhaben», schreibt sie, «aber wie du weißt, geht es mir nicht gut. Sicher wäre ich sehr stolz auf dich.» Und dann wünscht sie mir viel Erfolg, dazu Grüße von meinem Vater.

Das ist es also. Jetzt hängen da meine Bilder, steht mein Name auf den Plakaten, und in den Händen der Besucher sehe ich meinen Katalog.

Diese Ausstellung war ein Ziel, ein denkbares, ein mögliches. Es war ein gewaltiger Schritt, hierher zu kommen, aber es wird nicht der letzte sein. So viele sind noch zu tun auf dem Weg nach oben. Jeder Erfolg ist ein Grund zur Freude, aber nie soll er mein einziger Antrieb zum Malen sein. Ich habe etwas zu sagen, und ich weiß, ich werde meinen Weg weitergehen, was auch immer geschieht, als Suchende, als Enttäuschte, als Erfolgreiche und als Hoffende. Immer wieder als Hoffende. Werde ich meinen Weg weitergehen als Gesunde?

Joachim legt stolz seinen Arm um meine Schultern. «Bist du jetzt glücklich?»

Ich nicke. «Ja, ich bin glücklich. Heute bin ich sehr glücklich. – Und morgen suche ich einen Galeristen, der meine Bilder nimmt, wenn diese Ausstellung zu Ende ist.»

«Was sagst du da?»

Ich lache Joachim an, und er kann nicht sehen, wie ernst es mir ist.

Vita der Hauptperson

«Maria Jahn» (Name geändert), Jahrgang 1959, Studium der Philosophie, der Freien Malerei und der Sozialarbeit/Sozialpädagogik. In der Zeit von 1988 bis 1994 durchlebte sie insgesamt fünf psychotische Episoden aus dem schizophrenen Formenkreis. Sie ist verheiratet und hat zwei Söhne, von denen der ältere ebenfalls psychoseerfahren ist. Ihre letzte, 1994 aufgetretene Psychose hat sie mit Hilfe ihrer Familie ohne Klinikaufenthalt zu Hause bewältigt. Seit 1994 ist sie Mitglied im «Bundesverband der Psychiatrie-Erfahrenen e.V.». Sie betreibt zusammen mit ihrem Mann Öffentlichkeitsarbeit mit Vorträgen und Seminaren zu den Themen Psychosebewältigung in Partnerschaft und Familie, Frühwarnzeichen, Zusammenleben mit psychosekranken Kindern. 2003 wurde sie zum Mitglied des erweiterten Vorstandes im «Kompetenznetz Schizophrenie», einer Einrichtung zur Schizophrenieforschung, ernannt. Sie hat zwei Fachbücher veröffentlicht. Seit 1998 künstlerische Ausstellungstätigkeit.